BESCHERELLE 2

L'orthographe pour tous

BESCHERELLE 2

L'orthographe pour tous

**LES PIÈGES DE L'ORTHOGRAPHE
LES HOMONYMES
L'ÉTYMOLOGIE
LEXIQUE DE 18 000 MOTS**

ÉDITIONS HURTUBISE HMH Ltée
TÉL. 364 0323
7360 bd. Newman
Ville La Salle
Québec H8N 1X2

Avant-propos

Le *Bescherelle 2,* pour quoi faire ?

Le *Bescherelle 2* répond à deux difficultés majeures dans l'apprentissage et l'utilisation de la langue française : la prononciation et l'orthographe.
1. A un même son correspondent souvent plusieurs graphies :
[s]   **s, ss, c(e), ç, sc**...
2. Une même lettre peut se prononcer de différentes façons :
s   [s] - [z]
voire ne pas se prononcer du tout : *le dos*.
Ainsi, le *Bescherelle 2* part de la prononciation des sons pour amener l'utilisateur aux différentes façons de les écrire.

Que trouverez-vous dans le *Bescherelle 2* ?

1. Les pièges de l'orthographe.
2. Les homonymes.
3. L'étymologie des mots français.
4. Un lexique.

1. **Les pièges de l'orthographe en 32 fiches**

Les 25 premières fiches présentent toutes les graphies possibles pour un son donné. Elles sont classées en partant des plus simples et des plus fréquentes pour aller aux plus complexes et aux plus rares (A, B et C).
Exemple : fiche 14 (cf. p. 32), consacrée au son [k], vous trouverez :
dans la partie A : la lettre **c** (cacao)
dans la partie B : les lettres **qu** et **c** (quai, accord)
dans la partie C : les lettres **k, ch, ck, cqu** (képi, chorale, bifteck, acquis).
Chaque exemple se présente en fonction de la position occupée par la graphie dans le mot : initiale, médiane, finale, et devant un **e** muet final.
Les fiches 26, 27, 28 et 29 traitent du **e** muet, des consonnes muettes, des alternances et du rôle joué par le **h** et le tréma.
Les 3 dernières fiches sont consacrées aux variations liées au genre et au nombre.

2. Les homonymes

De nombreux mots de la langue française se prononcent de la même façon mais diffèrent par l'orthographe. Vous les trouverez inscrits dans une phrase, pour que le sens en apparaisse bien clairement.

3. Étymologie : les principales racines grecques et latines

De nombreux mots sont formés à partir des racines grecques ou latines. Les racines plus fréquentes sont présentées avec leur signification.

Exemples : **hémi-** (gr.) : demi → hémicycle, hémisphère.
cycle (gr.) : cercle → bicyclette, cyclothymique.

4. Un **lexique** de plus de 18 000 mots (dont 1 500 mots composés) et plus de 100 mots (ou locutions) invariables.

Le *Bescherelle 2,* mode d'emploi

Vous hésitez sur l'orthographe d'un mot ?
Consultez le lexique final. Vous trouverez le mot suivi d'un chiffre sur fond turquoise qui vous renvoie au chapitre des **homonymes**.

Exemple : coq ..... `14` 14.B le **coq** du poulailler
le **coke** de la chaufferie
la **coque** du navire
un œuf à la **coque**

Sans avoir étudié le latin ni le grec, vous désirez découvrir la composition de certains mots ?
Consultez la partie **étymologie**.

Exemple : hypoglycémie   **hypo** (gr.) sous, dessous
glycémie (gr.) sucre.

Vous désirez en savoir plus sur l'orthographe du mot ?
Le chiffre et la lettre noire sur fond jaune qui suivent le mot vous indiquent à quelle fiche et à quelle partie de la fiche vous devez vous reporter dans la partie **Les pièges de l'orthographe**.

Exemple : ablation 25.A
chlore 14.C

les pièges de l'orthographe en 32 fiches

1 [a]
- a
- â - à
- e (mm) - ao (nn) - as - at - e (nn)

2 [ɛ]
- è - ê
- ai - ei - et - êt - aî
- e + double consonne
  e + consonne
  ey - ay

3 [e]
- é
- ée - er
- ed - ez - ef - es - oe
  e + double consonne

4 [i]
- i
- y - ie - î - ï
- is - it - id
- ea - ee

5 [ɔ] - [o]
- o
- au - eau - ô - ot
- oc - op - aud - os
- aut
- oa - oo - um

6 [ø]
- eu
- eux
- eue - œu - ö

7 [œ]
- eu
- œu - uei
- er - u - i

8 [ɛ̃] - [œ̃]
- in - en
- im - ain - ein - aim - aint - eint
- inct - yn - ym - un - unt - um

9 [ã]
- an - en
- ant - ent - am - em
- anc - and - ang aon - end

10 [ɔ̃]
- on
- om - omb - ompt
- ond - ont - onc

11 [j] - [ɲ]
- i - y
- il - ill(e)
- gn - ni

12 [p] - [b]
- p - b
- pp - bb
- b(s) - b(t)

13 [t] - [d]
- t - d
- tt - dd
- th - dh

14 [k]
- c
- qu - cc
- k - ch - cqu - ck - kh

15 [g]
- g
- gu
- gg

16 [m] - [n]	**17** [f]	**18** [s]
▶ m - n ▶ mm - nn ▶ mn	▶ f ▶ ff ▶ ph	▶ s - c - ç ▶ ss - c(e) ▶ sc - cc - t(i) - x

19 [z]	**20** [ʃ]	**21** [ʒ]
▶ s - z ▶ x ▶ zz	▶ ch ▶ sch - sh	▶ j - g ▶ ge (+ voyelle) ▶ gg - j

22 [l]	**23** [r]	**24** [wa] - [wɛ̃]
▶ l ▶ ll	▶ r ▶ rr ▶ rh - r (d - t - s)	▶ oi ▶ oi (s-t-d-e) - oî ▶ wa ▶ oin ▶ ouin - oint oing - ouen

25 [sj]	**26** e muet	**27** consonnes muettes
▶ tion - sion ssion - xion ▶ cieux - tieux ssieux ▶ tiel - ciel ▶ ciaire - tiaire cière - ssière ▶ cien - tien ssien	▶ « e » ▶ r(e) ▶ bl(e) cr(e) gl(e) pl(e) tr(e) *etc.*	▶ s ▶ p ▶ t ▶ c ▶ x ▶ g - b - l ▶ d ▶ h

28 alternances	**29** h et tréma	**30** masculin/ féminin
▶ â/a - ô/o - ê/é ▶ è/é ▶ ê/es - ô/os - î/is m/mm - n/nn	▶ h (de coupe) ▶ anticoagulants (h, tréma) ▶ rencontres de voyelles	

31 pluriel

32 pluriel des mots composés

Sommaire

LES PIÈGES DE L'ORTHOGRAPHE   11

graphies des sons simples du français	graphies des sons complexes du français	lettres muettes et alternances	genre et nombre
1 : [a] **13** : [t] [d]	**24** : [wa] [wɛ̃]	**26** : e muet	**30** : féminin
2 : [ɛ] **14** : [k]	**25** : [sj]	**27** : consonnes	des
3 : [e] **15** : [g]		muettes	adjectifs
4 : [i] **16** : [m][n]		**28** : â/a - ô/o	**31** : pluriel des
5 : [ɔ] [o] **17** : [f]		ê/é, *etc.*	noms et
6 : [ø] **18** : [s]		**29** : h et	adjectifs
7 : [œ] **19** : [z]		tréma	**32** : pluriel
8 : [ɛ̃] [œ̃] **20** : [ʃ]			des mots
9 : [ã] **21** : [ʒ]			composés
10 : [ɔ̃] **22** : [l]			
11 : [j] - [ɲ] **23** : [r]			
12 : [p] [b]			

LES HOMONYMES   65

L'ÉTYMOLOGIE   99
Principales racines grecques et latines   100
Préfixes d'origine savante   104
Quantités   105

MOTS ET FORMES INVARIABLES   106

LEXIQUE (+ mots composés)   107
Renvoi aux fiches de 1 à 32
A : graphie simple et fréquente.
B : graphie complexe mais fréquente.
C : graphie particulière et rare.

ALPHABET PHONÉTIQUE   253

Les pièges
de l'orthographe

[a] ▶ a â à e(mm) ao(nn) e(nn)

A Le son [a] peut s'écrire **a**.
A un **son** entendu correspond un signe graphique, une **lettre**.

INITIALE	MÉDIANE	FINALE	
abri	b**a**ccara	acaci**a**	colza
absent	bar	agenda	delta
accès	car	alinéa	extra
acteur	cauchemar	boa	gala
affaire	gare	camélia	mimosa
agile	guitare	caméra	opéra
ami	mare	choléra	pano-
			rama
analyse	phare	cinéma	tapioca
argent	square	cobra	tombola
assez			véranda

Bien que la distinction [a] (patte)/[ɑ] (pâte) existe pour de nombreux franco-
phones, nous avons préféré ne pas en tenir compte dans ce premier chapitre.
Elle ne sera retenue que pour les **homonymes**, afin d'opposer :
acre/âcre, mal/mâle, tache/tâche.

B Le son [a] peut s'écrire **â** ou **à**.
Alors que la graphie **â** n'apparaît qu'à l'initiale et entre voyelles ou
consonnes, le **à**, lui, n'apparaît qu'en finale.

INITIALE	MÉDIANE			FINALE
âcre	acari**â**tre	châssis	mâchefer	à
âme	albâtre	châtain	mâle	au-del**à**
âne	bâbord	château	pâture	celle-là
âpre	bâillement	crâne	râle	celui-là
âtre	bâtiment	débâcle	râteau	ceux-là
	bâton	gâche	relâche	déjà
	blâme	grâce	saumâtre	holà
	câble	hâte	tâche	là
	câpre	infâme	théâtre	par-delà
				voilà

▲ On notera que, contrairement à **théâtre** ou à **acariâtre**, les composés du grec
-iatre (qui signifie médecin) ne prennent pas d'accent : pédi**atre**, psychi**atre**.

C Le son [a] pourra s'écrire **-e(mm)** dans les adverbes dérivés d'un adjectif se terminant par **-ent** (fréquent) du type **fréquemment**, et, cas isolé, pour le nom **femme**.

ardent	→ ardemment
conscient	→ consciemment
décent	→ décemment
différent	→ différemment
éminent	→ éminemment
fréquent	→ fréquemment
imprudent	→ imprudemment
impudent	→ impudemment
indifférent	→ indifféremment
pertinent	→ pertinemment
prudent	→ prudemment
récent	→ récemment
violent	→ violemment
	sciemment

Cas isolés : paonne, couenne, solennel.

▲ Lorsqu'un adverbe en **-ment** sera dérivé d'un adjectif terminé par **-ant**, il s'écrira **-amment**.

abondant	→ abondamment
brillant	→ brillamment
bruyant	→ bruyamment
complaisant	→ complaisamment
constant	→ constamment
courant	→ couramment
galant	→ galamment
incessant	→ incessamment
indépendant	→ indépendamment
savant	→ savamment
suffisant	→ suffisamment
vaillant	→ vaillamment

On se reportera également à la fiche 27, sur les **consonnes muettes** en finale.
bras - cas - repas / achat - climat - résultat

2

[ε] ▶ è ê et ai aî ei êt ey ay
e + double consonne - e devant consonne

A Le son [ε] peut s'écrire **è** ou **ê**. C'est le cas le plus simple. Pour un son
entendu, nous n'aurons qu'à écrire une **lettre** et un **accent**.
En dehors du mot **être**, les graphies **ê** et **è** n'apparaissent jamais à
l'**initiale** ni en **finale**.

è

alg**è**bre	clientèle	flèche	obscène	stèle
anathème	crèche	gangrène	oxygène	stratagème
arène	crème	glèbe	pièce	système
artère	dièse	homogène	piège	théorème
ascète	ébène	hygiène	pinède	tiède
bibliothèque	emblème	liège	plèbe	zèle
blasphème	éphèbe	mèche	poème	
brèche	espèce	mélèze	remède	
cèdre	fève	modèle	siège	
chèque	fidèle	nièce	solfège	

▲ Devant **s** final prononcé : alo**è**s, cacatoès.
Devant **s** muet final : abc**è**s, accès, décès, excès, procès, succès.

ê

al**ê**ne	bête	enquête	frêle	pêche
ancêtre	carême	extrême	grêle	rêve
arête	champêtre	fêlure	guêpe	revêche
baptême	chêne	fenêtre	hêtre	salpêtre
bêche	conquête	fête	honnête	trêve

B Le son [ε] pourra s'écrire également : **ai, ei, et, êt, ai**.

ai INITIALE · MÉDIANE · FINALE

aide	ar**ai**gnée	fraise	migraine	b**ai**
aigle	aubaine	gaine	mortaise	balai
aigre	braise	glaise	raide	délai
aile	cimaise	glaive	rengaine	essai
aine	falaise	maigre	vingtaine	gai
aise	fontaine	malaise		geai

ei Cette graphie n'apparaît ni à l'initiale ni en finale.

bal**ei**ne	haleine	peine	seize
beige	neige	reine	treize
enseigne	peigne	seigle	veine	▲ eider

et FINALE

alphab**et**	chevet	filet	juillet	sujet
bouquet	complet	guet	muguet	volet
budget	couplet	gui-		
		chet	projet	
cabinet	effet	jet	secret	▲ mets

êt FINALE			aî MÉDIANE	
apprêt	benêt	genêt	chaîne	chaînon
arrêt	forêt	intérêt	chaînette	

On se reportera à la fiche 27 sur les consonnes muettes finales, où l'on trouvera de nombreux exemples : **-ais, -ait, -aix, -aid**.

bordel**ais**	irlandais	lait	souhait	Roubaix
charentais	bien**fait**	parfait	p**aix**	pl**aid**

⚠️ La graphie **-ai** pourra également apparaître devant un **e** muet final : baie, futaie, haie, pagaie.

Non moins fréquente, mais plus complexe, la réalisation du son [ɛ] pourra être obtenue par **-e** suivi d'une **double consonne : -e(lle), -e(tte), -e(nne), -e(sse), -e(mme)**.

-e(lle)	-e(tte)	-e(nne)	-e(sse)	-e(mme)
aiss**e**lle	bagu**e**tte	ant**e**nne	faibl**e**sse	dil**e**mme
chapelle	brouette	benne	forteresse	flemme
dentelle	raquette	méditerranéenne	princesse	gemme
vaisselle	squelette	parisienne	sécheresse	

On notera que la finale **-enne** est très productive, pour obtenir le féminin des noms et adjectifs désignant les habitants d'une ville ou d'un pays : algérienne, parisienne, ukrainienne.

A l'**initiale**, on trouvera **e** devant certaines consonnes :

escabeau	esclave	**e**xamen	excursion	**e**czéma
escalier	escrime	excellent	exemple	ennemi
escargot	espace	excessif	exercice	ethnie

Devant une consonne, en position **médiane**, le son [ɛ] est souvent obtenu par la seule présence du **e** :

-e(c) : sec		**-e(p)** : cep	
-e(ck) : teck		**-e(pt)** : sept	
-e(f) : bief, chef, nef		**-e(r)** : cancer, concert, dessert, mer	
-e(l) : actuel, auquel, ciel, hôtel		**-e(s)** : est, ouest, test, zeste	
-e(m) : requiem, totem		**-e(x)** : sexe, texte	
-e(n) : abdomen, spécimen		**-e(z)** : Rodez, Suez	

C Enfin, en position **finale**, on trouvera la graphie **-ey** (empruntée à l'anglais), ainsi que **-ay**.

-ey		-ay		
hock**ey**	poney	Bomb**ay**	Épernay	Tokay
jockey	volley	Du Bellay	Paraguay	Uruguay

On se reportera au **Bescherelle 1** pour les terminaisons verbales en **-ai, -ais, -ait, -aient, -aie, -et, -ets** : je chanterai (futur), tu chantais (imparfait), elles allaient, aie, je mets, il met.

3

[e] ▶ é ée er ez ed ef oe
e + double consonne

A Le son [e] peut s'écrire **é**.

INITIALE	MÉDIANE	FINALE	
		masculin	**féminin**
écho	c**é**l**é**brité	aparté	acidité
éclat	déréglé	comité	acné
éclipse	désespéré	côté	beauté
électrique	déshérité	pâté	communauté
émission	généralité	pavé	faculté
épreuve	récépissé	pré	gaieté
équipe	téléspectateur	thé	pitié
été	témérité	traité	quantité
éveil	véracité		

B Un certain nombre de noms se terminent par **-ée**. Ils sont le plus souvent féminins, parfois masculins.

FÉMININS			MASCULINS	
bouch**ée**	épée	orchidée	apog**ée**	musée
bouée	fée	pâtée	caducée	périgée
buée	fusée	plongée	coryphée	périnée
chaussée	idée	risée	lycée	pygmée
durée	marée	traversée	mausolée	scarabée

En position finale, le son [e] est très souvent rendu par **-er**, aussi bien pour l'infinitif des verbes (chanter, aller), pour le masculin de certains adjectifs (dernier, premier), que pour un grand nombre de **noms** (notamment de métiers).

aci**er**	cendrier	dîner	luthier	plâtrier
atelier	chantier	droitier	mobilier	premier
banquier	charcutier	entier	ouvrier	singulier
boulanger	charpentier	escalier	palier	sommier
cahier	chevalier	février	passager	souper
calendrier	coucher	infirmier	petit déjeuner	voilier

C On trouve encore quelques graphies rares et plus complexes.
-ed, -ez, -ef, -œ

pied	chez	clef	Œdipe	œsophage
assez	nez	(ou clé)	œnologue	phœnix

e devant une double consonne initiale

ecchymose	effarant	effort	ellipse	essence
ecclésiastique	effet	effroi	essai	essentiel
effaçable	efficace	effusion	essaim	essor

▲ **Sauf** : errance, erreur, erroné, prononcés [ε]

A Le son [i] peut s'écrire **i**, en toutes positions.

INITIALE	MÉDIANE		FINALE	
ici	actr**i**ce	cime	abr**i**	fourmi
icône	alpiniste	comestible	ainsi	jeudi
idéal	arithmétique	épique	apprenti	oui
idée	auditif	fils	appui	parmi
illettré	banquise	girafe	canari	qui
ironique	biche	humide	épi	tri
islam	cantine	liste	étui	voici

B Cas fréquent, mais plus complexe, le son [i] peut s'écrire :
î, ï, y, ie, is, et **it**.

î, ï en MÉDIANE				INITIALE	FINALE
ab**î**me	huître	alcalo**ï**de	maïs	**î**le	inou**ï**
dîme	presqu'île	cycloïde	naïf		
dîner	puîné	exiguïté	ouïe		
épître		héroïque	stoïque		
gîte					

La graphie **y** se trouve le plus souvent dans des mots d'**origine grecque**, en position **médiane**.

ank**y**lose	cycle	hypoténuse	onyx	pseudonyme
apocalypse	ecchymose	hypothèque	oxyde	psychose
apocryphe	gypse	lycée	paroxysme	style
bombyx	hydravion	martyr	polygone	xylophone
cataclysme	hydrogène	myrrhe		
collyre	hyperbole	mythe		

Origine anglaise : derby - hobby - penalty - rugby

⚠ abbaye, pays, puy.

i + voyelle ou consonne muette (nous renvoyons le lecteur aux fiches 26 et 27 consacrées exclusivement à ces problèmes).

allergie - avis - appétit - nid - fusil

C Certaines graphies, beaucoup plus rares, indiquent une **origine anglaise**, parfois même **allemande** (lieder).

jean - leader - sweater   sw**ee**pstake - tweed - yankee

Les cas où la lettre **i** se prononce [j] (rac**i**al, gén**i**al) sont traités dans la fiche 11, consacrée exclusivement à toutes les réalisations de ce son (**y, i, ill**).

5 [ɔ][o] ▶ o au eau ô ot oc os op
-aux -aut -aud

A A l'exception des noms **Paul** (masculin), **saur** et de quelques mots d'origine latine (album, etc.), le son [ɔ] s'écrit toujours **o**.

INITIALE	MÉDIANE	
oasis	ab**o**rd	gorge
obéissance	accord	loterie
objet	amorce	moderne
océan	azote	mort
odeur	bord	politique
officiel	cloche	poterie
opéra	coca	tort
ordre	drogue	tortue
oxygène	forêt	vaporisation

Le son [o] peut s'écrire **o**. Il apparaît sous cette forme presque exclusivement en position **finale**.

carg**o**	domino	écho	loto	scénario
casino	duo	lavabo	piano	

▲ MÉDIANE (uniquement devant **-se**)

cellul**o**se	dose	glucose	pose
chose	glose	ecchymose	rose

On le trouve également à l'intérieur de mots. Il marque alors la **fin** du préfixe (mon**o**-, pseud**o**-) ou du premier mot d'une composition (soci**o**-, psych**o**-, therm**o**-).

agr**o**-alimentaire	monologue	oxydo-réduction	sociolinguistique
audiovisuel	neurochirurgie	psychothérapie	vidéocassette

B Graphies complexes, mais fréquentes : **au** et **eau**.

INITIALE	MÉDIANE	FINALE		
aubade	astron**au**te	boy**au**	ann**eau**	ham**eau**
aube	chaude	étau	bateau	lionceau
audace	émeraude	joyau	caniveau	pinceau
audiovisuel	épaule	landau	cerceau	rideau
auprès	faute	sarrau	ciseau	traîneau
autocollant	gaufre	tuyau	eau	trousseau
autonome	haute		escabeau	vaisseau
autoroute	jaune			
	pause	On notera que la graphie **eau**		
	taupe	n'apparaît qu'en **finale**.		

Le son [o] peut également s'écrire **ô**. On le trouve essentiellement en position **médiane** ou devant des consonnes muettes (exception : all**ô** !).

apôtre	contrôle	geôle	monôme	rôle
arôme	côte	hôte	pôle	rôti
chômage	enjôleur	icône	pylône	symptôme
clôture	fantôme	môle	rôdeur	tôle
cône				

Dans quelques mots, on trouve la graphie **-ôt** en **finale**.

dépôt - entrepôt - impôt - suppôt
aussitôt - bientôt - plutôt - sitôt - tantôt - tôt

En position finale, on trouvera fréquemment **o** ou **au** suivis d'une consonne muette : **t, c, p, s, d** (cf. fiche 27).

-ot				**-oc**	**-op**
argot	ergot	haricot	pavot	accroc	galop
chariot	escargot	hublot	sabot	croc	sirop
coquelicot	goulot	javelot	trot		trop

-os	**-au + t, d, x**		
dos	artichaut	badaud	chaux
tournedos	défaut	crapaud	taux
repos	héraut	réchaud	
	saut		

C Graphies très rares

Origine anglaise : cr**a**wl, footb**a**ll, g**oa**l
Origine arabe : alc**oo**l
Origine latine : alb**u**m, aquari**u**m, maxim**u**m, opi**u**m

6 [ø] eu eu(x) -œu -eue ö

Précision : Nous ne traiterons pas ici le cas du [ə] du français, qui s'écrit **e**. On le trouve dans des mots aussi fréquents que : **je**, **me**, **te**, **le**, **ce**, **se** ou dans de nombreux noms tels que **cheval**, **regard**. A l'oral, il peut être supprimé sans gêner la compréhension (ex. : boul(e)vard, lot(e)rie, bib(e)ron. Il est prononcé plus « ouvert » que le son [ø], ce qui permet d'opposer : **je** et **jeu**.

A Le son [ø] peut s'écrire **eu**.

INITIALE	MÉDIANE	FINALE	
eucalyptus	balad**eu**se	adi**eu**	feu
eucharistie	berceuse	aveu	hébreu
euclidien	chanteuse	bleu	jeu
eunuque	chauffeuse	chef-lieu	lieu
euphémisme	danseuse	cheveu	milieu
euphonie	lessiveuse	désaveu	moyeu
euphorique	monstrueuse	dieu	neveu
eurasien	morveuse	enjeu	non-lieu
euristique	nerveuse	épieu	peu
européen	placeuse	essieu	pieu
euthanasie	pulpeuse		
eux	religieuse		

B La graphie **-eux** sert à former de nombreux adjectifs masculins qui s'écrivent **-eux** au singulier et au pluriel.

ambiti**eux**	épineux	honteux	moelleux	rigoureux
belliqueux	fougueux	ingénieux	nerveux	rugueux
boiteux	glorieux	majestueux	nuageux	sinueux
chanceux	grincheux	merveilleux	paresseux	veineux
courageux	hasardeux		périlleux	vieux
douloureux	herbeux			

On trouvera quelques noms se terminant également par **-eux** (pluriels particuliers) : ciel / cieux - œil / yeux

C Dans quelques cas le son [ø] s'écrit **-eue** : banli**eue** - li**eue** - qu**eue**.

Quelques mots (souvent au pluriel) s'écrivent **œu**, suivi d'une ou plusieurs consonnes muettes : b**œu**fs - n**œu**ds - œufs - v**œu**x

La graphie **-ö** indique une origine étrangère : angstr**ö**m - maelstr**ö**m.

A Le son [œ] s'écrit le plus souvent **eu**.
Il n'apparaît jamais à **l'initiale** ni en **finale**.
On le rencontre essentiellement devant les consonnes : **r** (le cas le plus fréquent), mais aussi **l**, **f**, **v**, ainsi que devant les groupes **bl**, **gl**, **pl** et **vr**.

-eu(r)	-eu(l)	-eu(f)	-eu(ble)	-eu(ple)
admirat**eu**r	aïe**ul**	n**eu**f	imm**eu**ble	p**eu**ple
amplificateur	filleul	veuf	meuble	
auditeur	glaïeul	**-eu(ve)**	**-eu(gle)**	**-eu(vre)**
chanteur	gueule			
compositeur	linceul	épr**eu**ve	av**eu**gle	coul**eu**vre
éditeur	seul	fleuve		pieuvre
imitateur	tilleul	preuve		

B On trouve la graphie **œu** dans les mots suivants :

b**œu**f
c**œu**r (et ses composés)
œuf
œuvre (et ses composés : chef-d'œuvre, hors-d'œuvre, main-d'œuvre)

▲ Un certain nombre de mots de finale [œ] ont une graphie très particulière en raison de la consonne qui précède et qui impose la présence d'un **u**.
ac**c**ueil - cer**c**ueil - é**c**ueil - or**g**ueil - re**c**ueil

C Dans quelques mots **empruntés à l'anglais**, le son [œ] peut s'écrire **e**, **u** ou **i**.

-e(r)		u	i
bookmak**er**	manager	bl**uff**	fl**i**rt
clipper	quaker	trust	
computer	speaker		
flipper			

8 [ɛ̃] [œ̃] ▶ in en im ain ein aint eint
aim inct ym yn un unt um

A Les deux graphies les plus fréquentes du son [ɛ̃] sont, en français, **in** et **en**.
Le son [ɛ̃] s'écrit **in** :

INITIALE		FINALE	
incorrect	insecte	br**in**	jardin
indigne	intérêt	butin	matin
individuel	intervalle	colin	raisin
infinitif	inven-		
	teur	déclin	ravin
influence		enfin	vilebre-
			quin
		engin	

Le son [ɛ̃] s'écrit **en** uniquement en **finale**.

académici**en**	citoyen	magicien	europé**en**
aérien	collégien	mitoyen	lycéen
ancien	combien	moyen	méditerranéen
aryen	doyen	musicien	pyrénéen
bien	égyptien	norvégien	vendéen
chien	électricien	parisien	
chirurgien	lien	physicien	
chrétien	luthérien	rien	▲ Benjamin

On remarquera que la graphie **en** est très utilisée pour produire des noms de **métiers** et d'**habitants** (ville, région ou pays).

On notera également que l'on trouve toujours :

-in après une consonne : marin, raisin.
-en après les voyelles **i**, **y** et **é** : ancien, lycéen. **Sauf :** examen.

B Plus complexes et moins fréquentes, nous trouvons les graphies : **ain, ein, aint, eint**.
Signalons également la graphie **im** devant les consonnes **p** et **b**.
(Pour **im + m**, cf. fiche 16.)

INITIALE	MÉDIANE		FINALE	
imbattable	**lim**pide	contr**ain**te	b**ain**	fr**ein**
imbécile	pimpant	maintenant	gain	plein
impact	simple	plainte	levain	rein
impair	simplicité	p**ein**ture	main	sein
imparfait	timbale	teinture	nain	contr**aint**
impatient	timbre		quatrain	maint
impérial			sain	saint
important			souterrain	ét**ein**t
impôt			terrain	peint
imprudent			train	teint

C Les graphies les plus rares sont : **ym, yn, inct, aim**.

MÉDIANE			FINALE		
c**ym**bale	lar**yn**x	pharynx	th**ym**	dist**inct**	d**aim**
lymphe	lynchage	syncope		indistinct	essaim
symphonie	lynx			instinct	faim

Les sons [ɛ̃] et [œ̃] sont **de moins en moins différenciés**. On peut cependant opposer :

[ɛ̃]	[œ̃]
br**in** / br**un**	
empreinte / emprunte	

Le son [œ̃] s'écrit le plus souvent **un**.

auc**un**	commun	opportun
brun	embrun	quelqu'un
chacun	jeun (à)	tribun
		un

Il peut aussi s'écrire :

unt	um
déf**unt**	parf**um**
emprunt	

9

[ã] ▶ an en am em ent ant
end and ang anc aon

A Les deux graphies les plus simples du son [ã] sont : **an** et **en**.

INITIALE	MÉDIANE	FINALE	INITIALE	MÉDIANE
ancien	avala**n**che	artis**an**	**en**chanteur	att**en**tion
ancre	banque	cadran	encre	calendrier
anglais	langage	cardan	endroit	cendre
angle	manche	divan	enfant	centre
angoisse	manque	écran	enfin	commentaire
antenne	rançon	océan	enjeu	menthe
antérieur	scaphandre	ruban	ennui	tendre
antique	tranquille	slogan	enquête	tension
		volcan		

On remarquera que la graphie **en** du son [ã] n'apparaît **jamais** en position finale.

Il n'existe pas de règle permettant de prévoir la graphie du son [ã] devant une consonne prononcée. Observez les listes suivantes :

ande	**ende**	**ante**	**ente**
comm**an**de	comm**en**de	ami**an**te	att**en**te
contrebande	dividende	brocante	charpente
demande	légende	dilettante	descente
guirlande	prébende	épouvante	entente
offrande	provende	jante	fente
		soixante	trente

ance	**ence**	**anse**	**ense**
abond**an**ce	abs**en**ce	d**an**se	d**en**se
alliance	adhérence	ganse	dépense
ambiance	affluence	panse	immense
assistance	concurrence	transe	intense
circonstance	contingence		
croissance	décence		
distance	différence		
finance	évidence		
nuance	indigence		
substance	influence		
tolérance	urgence		

▲ On trouvera **em** ou **am** devant les consonnes **b**, **p** et **m** :

ambre, ample, alambic, camp / ens**em**ble, tempe, temps, emmuré

B On trouve, en position finale, d'autres graphies fréquentes.

-ent		-ant
absent	insolent	aimant
aliment	licenciement	auparavant
argent	régiment	carburant
arpent	sentiment	croissant
bâtiment	supplément	fabricant
dent	urgent	flamant
divergent	vêtement	piquant
équivalent	violent	stimulant
expédient		volant

adverbes en -ment		participes présents en -mant	
gentiment	précisément	aimant	fumant
modérément	spontanément, etc.	dormant	ramant, etc.

C Graphies rares et « pièges » :

-and : chaland - flamand - goéland - marchand
-ang : étang - rang - sang
-anc : banc - blanc - flanc
-aon : faon - paon - taon

On ne confondra pas :

différend (nom)
différent (adjectif)
différant (participe présent)

ou encore :

résident (nom)
résidant (participe présent) (cf. Homonymes, p. 71)

10 [õ] on   on + consonnes muettes (d, t, c)
om   om + consonnes muettes (p, b)

A En règle générale, le son [õ] s'écrit **on**.

INITIALE	MÉDIANE		FINALE	
oncle	b**on**jour	condition	accordé**on**	jambon
onde	bonsoir	confiserie	balcon	nourrisson
ondée	bonté	congrès	béton	saucisson
ondulatoire	concert	conseil	carton	torchon
ongle	concurrent	contraire	faucon	
ontogénèse				
onze				

On se reportera à la fiche 25, consacrée aux finales particulières : **-tion, -sion, -ssion, -cion,** où le son [õ] apparaît très fréquemment.

B Lorsqu'il est suivi des consonnes **p** ou **b**, le son [õ] s'écrit **om**, à l'exception des mots : b**on**bon, b**on**bonne, b**on**bonnière et emb**on**point.

INITIALE	MÉDIANE			FINALE (devant consonne muette)
ombre	b**om**be	compagnon	comptable	apl**om**b
	combat	compétition	comptant	coulomb
	combien	complet	compte	plomb
	comble	complice	compteur	prompt
	compact	comptabilité	comptine	surplomb
	compagnie			

Exceptions : comte, comté, comtesse, surnom, nom, prénom, pronom, renom.

C On trouve enfin la graphie **on** devant certaines consonnes muettes : **d, t, c,** (ainsi que **s**, dans la conjugaison des verbes).

FINALE **-ond**			FINALE **-ont**	FINALE **-onc**
bas-**fond**	gond	profond	d**ont**	aj**onc**
bond	haut-fond	pudibond	entrepont	jonc
fécond	moribond	second	pont	
fond	nauséabond	vagabond		
	plafond			

▲ tréfonds - fonts   ▲ long

On pourra parfois trouver la consonne muette, en cherchant un mot de la même famille.

bond / bondir   pont / appontement   second / secondaire
fécond / fécondation   profond / profondeur   vagabond / vagabonder
fond / fondation

gn ni y i il ill [j] [ɲ] — 11

A Les deux graphies les plus simples du son [j] sont : **y** et **i**.

INITIALE		MÉDIANE			
yacht	yoga	attra**y**ant	balayeur	débrayage	crayon
yack	yog(h)ourt	bruyant	employeur	essayage	doyen
yankee	yougoslave	clairvoyant	frayeur	nettoyage	maya
yaourt		effrayant	mareyeur	voyage	moyen
yéti		non-voyant	nettoyeur		moyeu
yeux		payant	payeur	ennuyeux	rayon
yiddish		seyant		joyeux	
				soyeux	

INITIALE	MÉDIANE			
iode	all**i**ance	antérieur	commercial	bijoutier
ion	confiance	extérieur	glacial	cahier
ionien	défiance	inférieur	racial	cellier
ionique	insouciance	ingénieur	social	luthier
iota	méfiance	supérieur	spécial	papier

On aura remarqué que les graphies **y** et **i** sont très rares en début de mot et qu'elles n'apparaissent jamais en finale pour traduire le son [j].

B Complexes, mais fréquentes, nous trouvons : **il** et **ill**.

MÉDIANE		DEVANT **-e** MUET FINAL			
aigu**ill**age	bataillon	b**ill**e	bataille	abeille	chèvrefeuille
coquillage	brouillon	brindille	faille	corneille	feuille
feuillage	carillon	chenille	taille	groseille	millefeuille
grillage	échantillon	famille	volaille	oreille	
outillage	oreillons	faucille			
pillage	réveillon	fille			
		pupille (de l'œil)			

FINALE				
ail	appareil	cerfeuil	accueil	
bail	éveil	chevreuil	cercueil	
bétail	orteil	fauteuil	écueil	
soupirail	pareil	seuil	orgueil	
		treuil	recueil	▲ œil

▲ Quelques mots comportant la même graphie **ille** se prononcent [il] :

bac**ille**	mille	tranquille	Lille
codicille	pupille (de la nation)	ville (et ses composés)	

La graphie **-ill** apparaît également très fréquemment dans les finales **-iller** et **-illier** (notamment pour l'infinitif des verbes en **iller**).

conseiller	poulailler	groseillier	marguillier
écailler		joaillier	quincaillier

On pourra ainsi opposer :

verbe	**nom** (métier)
aiguiller	aiguillier
coquiller	coquillier

C Le son [ɲ] peut s'écrire : **gn** ou **ni**. Les deux graphies n'apparaissent que **rarement** à l'initiale et **jamais** en finale.

gn	**ni**
gnangnan	niais
gnocchi	nièce
gnon	nielle

Devant **e** muet final, on ne peut trouver que **gn** :
campagne - champagne - compagne - Espagne - montagne - pagne.

C'est en position **médiane** qu'on rencontre le plus souvent **gn** et **ni** :

gn		**ni**	
agneau	égratignure	aluminium	harmonieux
araignée	espagnol	ammoniac	inconvénient
assignable	gagnant	arménien	magasinier
baigneur	montagnard	bananier	manioc
campagnard	Perpignan	bannière	millionième
champignon	poignée	colonial	opiniâtre
cognac	rognure	communiant	opinion
compagnie	seigneur	dernière	panier
compagnon	signal	douanier	pécuniaire
dédaigneux	vignoble	grenier	réunion

 Attention : châtaignier.

A ces deux listes il faut ajouter la conjugaison :
- des verbes en **-nier** (communier) ;
- des verbes en **-gner** (accompagner) ;
- des verbes en **-aindre** (craignant) ;
- des verbes en **-eindre** (feignant) ;
- des verbes en **-oindre** (joignant).
  Cf. **Bescherelle 1** (Verbes).

p pp b bb [p] [b] 12

A Le choix entre **p** et **pp** est souvent facilité par la connaissance de l'étymologie. On se reportera au chapitre qui lui est entièrement consacré, p. 99. Ex. : a-**p**raxie, a**p**o-logie, é**p**i-démie, hy**p**o-crite, su**p**-**p**ôt, a**p**-**p**étit, hippo-**p**otame.

La graphie **p** apparaît en toutes positions. Les voyelles **é** et **i** sont **toujours** suivies de **p**, ainsi que **am-** et **im-** (en début de mot).

INITIALE	MÉDIANE		DEVANT -**e** MUET FINAL	FINALE
page	am**p**lificateur	impact	antilo**p**e	ca**p**
pain	ampoule	impair	cape	cep
pape	apanage	imparfait	coupe	clip
parachute	apéritif	imperméable	dupe	croup
pipe	apiculture	lapin	écope	handicap
poule	apothéose	lapon	étape	ketchup
précis	épargne	opaque	principe	scalp
preuve	épée	opéra	soupe	vamp
province	épi	opinion	syncope	
publicité	épineux	superbe	type	

Devant des mots commençant par une voyelle ou un **h**, le **p** final de **trop** et **beaucoup** s'entend dans la liaison : trop heureux - beaucoup appris.

B La graphie **pp** n'apparaît ni à l'initiale ni en finale.

MÉDIANE			DEVANT -**e** MUET FINAL	
a**pp**areil	approbation	mappemonde	écho**pp**e	houppe
appartement	approche	nappe	enveloppe	lippe
appât	appui	opposition	frappe	nippe
appétit	hippique	oppression	grappe	steppe
apport	hippodrome	supplice	grippe	trappe
apprenti	hippopotame	uppercut		

La graphie du son [b] pose moins de problèmes : **bb** est en effet très rare (elle concerne certains termes **religieux**). De plus, elle n'apparaît, tout comme **pp**, ni à l'initiale ni en finale.

abbaye - abbé - dribble - rabbin - sabbat - sabbatique

Le **b** est très rare en finale : il dénote le plus souvent des mots d'origine étrangère.

club - job - nabab - snob - toubib - tub.

C Dans certains cas, on écrit **b**, mais la consonne qui suit nous conduit à prononcer [p]

ab**s**ent	ob**s**cur	ob**s**idienne	ob**t**us
ab**s**olu	ob**s**ession	ob**t**ention	

[t] [d] ▶ t tt th
d dd

Le son [t]

On entend le même son [t] pour **t** et **tt**. Le **t** final est très fréquemment muet : agen**t**, debou**t**, écar**t**, file**t**, odora**t**, mangeai**t**. (Cf. les adverbes en **-ment** ; les verbes conjugués dans le **Bescherelle 1**.)

On se reportera à la fiche 25, relative au son composé [sj] qui peut s'écrire **ti** : **-tion, -tiel, -tieux, -tiaire**, dans na**ti**on, par**ti**el, ambi**ti**eux, ter**ti**aire.

A La graphie la plus simple est **t**. Elle apparaît en toutes positions.

INITIALE	MÉDIANE	DEVANT **-e** MUET FINAL	FINALE
tabac	a**t**avisme	acoly**t**e	accessi**t**
table	atelier	aromate	août
technique	atonal	culbute	azimut
téléphone	butoir	dispute	bit
terrain	étanche	faillite	but
tissu	étymologie	gargote	coït
trésor	italique	note	déficit
type	itinéraire	pelote	granit
tzigane	otage	savate	mat
	otite	strate	mazout
	utopie		scorbut
			scout
			transit

Le **t** est prononcé en position finale, souvent associé à une autre consonne (**c, p** ou **s**).

abjec**t**	distinct	abrup**t**	ballas**t**
compact	exact	concept	compost
contact	impact	rapt	est
correct	intact	transept	ouest
direct	intellect		test
	strict		toast
			trust

▲ Le **t** est muet dans :

aspec**t**	irrespect	respect
exempt	prompt	suspect

B La graphie complexe **tt** se trouve généralement entre deux voyelles, en médiane ou devant un **e** muet final. Ex. : bisco**tt**e.

MÉDIANE

acqui**tt**ement	ballottage	quittance
attachant	buttoir	sottise
attaque	confetti	égouttoir
atteinte	flatterie	flottaison
attente	guetteur	guttural
attitude	lettre	lutteur
attraction	littéral	netteté
attribut	nettoyage	pittoresque

DEVANT **-e** MUET FINAL

bisco**tt**e	assie**tt**e
butte	baguette
carotte	banquette
chatte	clarinette
crotte	cueillette
culotte	galette
flotte	omelette
natte	toilette

▲ **En finale** (origine anglaise) : wa**tt**.

C La graphie **th** est souvent l'indice d'un mot d'**origine grecque** où apparaissait la lettre θ (thêta). Elle peut se trouver à l'**initiale**, en position **médiane**, plus rarement en **finale**.

INITIALE

thalamus	thermal
thalassothérapie	thermique
théâtre	thermomètre
thème	thèse
théologie	thorax
théorème	thym
théorie	thymus
thérapeute	thyroïde

MÉDIANE

antipa**th**ie	mythique
arithmétique	mythologie
arthrite	orthographe
athée	synthétique
authentique	
esthétique	
kinésithérapie	
mathématique	

FINALE

bismu**th**
luth
math(s)
zénith

Le son [d]

A En ce qui concerne le son [d], la graphie **d** est de très loin la plus fréquente mais, en **finale**, on ne trouve guère que :

caï**d**, celluloïd, rhodoïd, fjord, lad, barmaid, raid, stand, tweed,

ainsi que certains noms propres d'origine étrangère :

Bagda**d**, Conrad, Mohamed, Carlsbad, etc.

Dans tous les autres cas, on trouvera la présence d'un **e** muet :

aci**d**(e), aide, ambassade, bipède, cascade, cupi**d**e, humide, raide, etc.

B La graphie **dd** est rare en français.

a**dd**ition, adduction, haddock, paddock, pudding, reddition.

C On trouve **dh** dans quelques mots d'origine étrangère.

boud**dh**a - bouddhisme.

[k] ▶ c qu k cc ch ck cqu

A Le son [k] peut s'écrire **c**.

INITIALE	MÉDIANE	FINALE
cabine	a**c**abit	ave**c**
cacao	acacia	chic
cadeau	acajou	choc
capitale	acoustique	fisc
coca	bicorne	foc
colère	écorce	lac
combat	oculaire	pic
cube	sacoche	plastic
culotte	vacarme	trafic

B Très fréquemment, le son [k] s'écrit **qu**. On notera que la lettre **q** est toujours suivie de **u**, sauf en finale. Ex. : co**q**, cin**q**.

INITIALE	MÉDIANE	DEVANT **-e** MUET FINAL
quai	anti**qu**aire	bibliothè**qu**e
qualité	attaquant	coque
quand	briquet	discothèque
quelque	délinquant	disque
question	mousque-	
	taire	évêque
qui	paquet	laque
quoi	piquant	phoque
quotidien	remarquable	pique
quotient	trafiquant	plastique

La double consonne **cc** n'apparaît qu'à l'intérieur du mot. Elle peut être suivie de **a**, **o**, **u**, **l**, **r**.

a**cc**ablement	accusation	occasion	saccade
accord	baccalauréat	occlusive	succursale

Le groupe **cc** suivi des voyelles **i**, **e**, **é** et **è** se décompose en [**k** + **s**].

a**cc**ent	coccinelle	succès	succion
accès	succédané	succinct	vaccin

C On trouve la lettre **k** dans un nombre restreint de mots d'**origine étrangère**.

INITIALE		MÉDIANE	FINALE
kaki	kilo	an**k**ylose	anora**k**
kangourou	kimono	moka	batik
képi	kiosque		look
kermesse	kyste		souk

La graphie **ch** est souvent l'indice de l'**origine grecque** d'un mot.

INITIALE		MÉDIANE	FINALE
chaos	chorale	ar**ch**ange	kra**ch**
chlore	chrome	écho	loch
choléra	chrysalide	orchestre	mach
cholestérol	chrysanthème	orchidée	
		psychiatre	

⚠ Cas rares :
a**cqu**êt - acquisition - acquit - acquittement
ba**cch**anale - bacchante

Le groupe **ck** indique une **origine anglaise**.

MÉDIANE		FINALE
co**ck**er	nickel	bifte**ck**
cockpit	teckel	bock
cocktail	ticket	stick
jockey		stock
		teck

15 [g] ▶ g gu gg

A Le son [g] peut s'écrire avec la seule lettre **g** devant **a, o, u, l, r**.

INITIALE		MÉDIANE		FINALE (très rare)
gadget	guttural	a**g**randissement	bagage	do**g**
gai	glace	agrégat	bagarre	gag
ganglion	glaive	agrégé	cargo	smog
garage	glu	agression	congrès	
goal	gras			
goût	grave			
gouvernement	grotte			▲ legs

B La graphie complexe **gu** apparaît devant **e, ê, é, è, i, y**.

INITIALE

gué	guérilla	gui	guimbarde
guenille	guérison	guichet	guingois
guépard	guerre	guide	guirlande
guêpe	gueule	guidon	guise
guère	gueux	guignol	guitare

Alors que **g** seul est rare en finale (cf. A), on trouve fréquemment **-gue**, dans laquelle le **e** est rarement prononcé. Ex. : bague [bag], algue [alg].

analo**gue**	dingue	drogue	figue	ligue	sociologue
bègue	drague	fatigue	langue	seringue	vague

On se reportera à la fiche 29, page 58, pour les oppositions :
aigu / aiguë   contigu / contiguë / contiguïté
ambigu / ambiguë / ambiguïté   exigu / exiguë / exiguïté
On opposera : bagage / baguage (action de baguer).

▲ **participe présent**	**adjectif verbal**
extrava**gu**ant	extrava**g**ant
fatiguant	fatigant
naviguant	navigant

C La graphie double **gg** est fort rare.

a**gg**lomération	aggravation
agglutiné	buggy (origine anglaise, prononcé [bygi] ou [bœgi])

▲ **-ing** : camp**ing** - caravaning - jogging   ▲ **-c** : se**c**ond

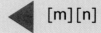

A Bien que les quatre formes soient aussi fréquentes, nous signalons en premier lieu les graphies **les plus simples**.

INITIALE	MÉDIANE	DEVANT **-e** MUET FINAL
magasin	a**m**i	amertu**m**e
mai	coma	axiome
maillot	comestible	brume
main	comité	centime
malheur	émanation	costume
mélange	hématie	crime
miracle	hémisphère	drame
modèle	image	écume
musique	imitation	escrime
mystère	séminaire	madame

INITIALE	MÉDIANE	DEVANT **-e** MUET FINAL
nage	a**n**odin	angi**n**e
naïf	anomalie	arcane
naissance	banal	avoine
nappe	canal	cabine
natif	énergie	carbone
néant	énormité	douane
négociant	finance	fortune
neuf	romanesque	prune
nid	volcanique	trombone
nouveau	zénith	zone

En finale, les exemples sont plus rares.

-**m**	-**n**
ide**m**	abdome**n**
item	amen
requiem	dolmen
tandem	hymen
islam	spécimen
macadam	epsilon
pogrom	omicron
album	upsilon
ultimatum	foehn

B Les consonnes doubles **mm** et **nn** sont fréquentes à l'intérieur des mots et devant un **e** muet final. Elles n'apparaissent **jamais à l'initiale, ni en finale**.

MÉDIANE	DEVANT -e MUET FINAL	MÉDIANE	DEVANT -e MUET FINAL
co**mm**andement	bonho**mm**e	abo**nn**ement	ante**nn**e
commentaire	dilemme	anneau	antienne
commère	gemme	année	bonne
commis	gentilhomme	annexe	canne
commissaire	gramme	anniversaire	colonne
commission	homme	annonce	donne
commissure	pomme	annulation	maldonne
commode	prud'homme	bonnet	panne
dommage	somme	connaissance	penne
emménagement		connexion	
hammam		connivence	
immanence		ennemi	
immédiat		fennec	
immergé		finnois	
immeuble		honni	
immigration		inné	
immobile		innocent	
mammaire		innombrable	
mammifère		mannequin	
		tennis	

A cette liste on ajoutera les féminins des adjectifs et noms en **-enne** (parisie**nn**e) et **-onne** (patro**nn**e).

C Attention au mot **automne**, dont le **m** n'est pas prononcé, alors qu'on l'entend dans l'adjectif **automnal**.

On se reportera également à la fiche 28, consacrée aux pièges de l'alternance :

ho**mm**e / ho**m**icide	do**nn**eur / do**n**ation
renommée / nomination	honneur / honorable

A La graphie simple **f** peut se trouver en toutes positions.

INITIALE		MÉDIANE		DEVANT -**e** MUET FINAL	FINALE	
fantassin	femme	a**f**ricain	gifle	agra**f**e	apériti**f**	œuf
fantastique	fifre	balafre	infâme	carafe	bœuf	relief
fantôme	filtre	défaite	plafond	esbroufe	chef	soif
farine	fin	défunt	profond	girafe	massif	tarif
félin	fou	gaufre	rafle	parafe	neuf	veuf

On la trouve, en finale, dans de nombreux adjectifs en **-tif**.

auditif - définitif - fugitif - positif, etc.

B La graphie double **ff** n'apparaît **jamais** à l'**initiale**, et très **rarement** en **finale** (dans quelques mots d'origine anglaise).

MÉDIANE			DEVANT -**e** MUET FINAL		FINALE
a**ff**aire	chiffon	gouffre	bou**ff**e	gaffe	blu**ff**
affection	chiffre	offense	chauffe	griffe	skiff
affluent	coffre	office	coiffe	touffe	staff
affreux	diffus	souffle	étoffe	truffe	
affût	effacement	souffrance			
buffle	effet	suffisant			
chauffage	effort				

C La graphie **ph** provient de la lettre grecque φ, et apparaît dans de nombreux mots d'origine savante (cf. Racines grecques et latines, page 100).

INITIALE	MÉDIANE	DEVANT -**e** MUET FINAL
phalange	am**ph**ibie	amor**ph**e
pharmacie	amphore	apocryphe
phase	aphone	catastrophe
phénomène	bibliographie	géographe
philanthrope	doryphore	orthographe
philatélie	emphase	paragraphe
philosophie	morphologie	paraphe
phonétique	ophtalmie	strophe
phrase	siphon	triomphe
physique	typhon	

A noter qu'on admet les deux orthographes : fantasme ou phantasme.

18 [s] 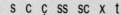 s c ç ss sc x t

A Le son [s] peut s'écrire au moyen de trois graphies simples :

- **s** à l'initiale, en médiane ou devant **-e** muet final après une consonne (**n, l, r, b**), et dans certains cas entre deux voyelles, lorsqu'il marque une coupe dans le mot (**a**social) ;
- **c** devant les voyelles **e, i** et **y** ;
- **ç** devant les autres voyelles (**a, o, u**).

INITIALE	MÉDIANE		DEVANT **-e** MUET FINAL	
salade	ab**s**olu	aseptique	bour**s**e	offense
sale	boursier	contresens	course	panse
soleil	chanson	cosinus	dépense	réponse
soupçon	obstacle	parasol		
sourd		vraisemblable		

FINALE (se prononce toujours **s**)

a**s**	campus	métis	palmarès	sens
bus	fœtus	myosotis	processus	sinus
cactus	maïs	os	pubis	stimulus

INITIALE		MÉDIANE			
ceci	cycle	con**c**ert	océan	fa**ç**ade	maçon
cédille	cygne	farci	social	façon	tronçon
cigare	cymbale	merci		leçon	

▲ **dix** et **six** dont le **x** se prononce [s] lorsqu'ils ne sont pas suivis d'un mot.

di**x** enfants (prononcé [z])
si**x** œufs (prononcé [z])

B Le son [s] peut également s'écrire **ss**. On trouve cette graphie en position médiane (boisson) mais rarement en finale (loess, stress, gauss). Devant un -**e** muet final, elle s'oppose souvent à la graphie **ce**.

MÉDIANE

boisson	essor	osseux	tressaillement
esseulé	issue	tissu	

DEVANT -**e** MUET FINAL : -**ce** / -**sse.**

audace	bécasse	appendice	écrevisse	
efficace	bonasse	bénéfice	esquisse	
préface	brasse	caprice	pelisse	
race	crevasse	indice	saucisse	
sagace	impasse	notice		
vorace	liasse	préjudice		

atroce	brosse	Grèce	baisse	adresse
féroce	colosse	Lucrèce	bouillabaisse	détresse
négoce	cosse	nièce	encaisse	gentillesse
précoce			graisse	

douce	brousse	astuce	russe
pouce	pousse	puce	
	secousse		
	trousse	once	absconse
		ponce	réponse
sauce	fausse		
		pince	

C Le son [s] peut également s'écrire **sc** et **t** + **i**.

MÉDIANE

adolescent	faisceau	argutie	facétie
conscient	fascicule	aristocratie	idiotie
convalescent	irascible	calvitie	inertie
descendance	piscine	démocratie	minutie
discipline	plébiscite	diplomatie	péripétie

▲ La combinaison [ks] peut s'écrire **cc**, **xc**, **cs**, **x**.

accès	excellent	apoplexie
buccin	excès	galaxie
succès		orthodoxie
succinct	tocsin	prophylaxie
vaccin		saxon
		vexant

On se reportera également à la fiche 25 consacrée aux finales -**tion**, -**tiel**, -**tieux**.

19 [z] ▶ Z S ZZ X

A Au son [z] correspondent deux graphies simples :
- **z** en toutes positions
- **s** entre deux voyelles, en médiane ou devant **-e** muet final

INITIALE	MÉDIANE			DEVANT -e MUET FINAL	FINALE
zèbre	alizé	byzantin	lézard	bronze	gaz
zénith	amazone	colza	luzerne	douze	Booz
zéro	azote	dizaine	rizière	gaze	Berlioz
zone	azur	gazelle		onze	Fez
zoo	bazar	gazon		quatorze	Suez
zoom	bizarre	horizon		quinze	
				seize	

MÉDIANE				DEVANT -e MUET FINAL
blasé	cousin	poison	saison	bise
busard	disette	raison	visage	buse
cousette	paysage	risible	musée	ruse

On signalera la grande fréquence d'apparition de cette graphie dans les féminins (noms et adjectifs) se terminant par **-euse**.

amoureuse	courageuse	laiteuse	prometteuse	trieuse
belliqueuse	heureuse	moqueuse	pulpeuse	trompeuse
chanteuse	juteuse	piteuse	tondeuse	vendeuse

▲ Dans certains cas, **s** entre deux voyelles se prononce [s]
a / septique - para / sol (Cf. fiche 18 et Racines, p. 100.)

B Le son [z] peut parfois être rendu par **x**.

deuxième	dix-huit	**dans les liaisons**
dixième	dix-neuf	dix ans
sixième		deux hommes

▲ dix-sept se prononce [s].

C La consonne double **zz** est très rare.

grizzli	razzia
lazzi	jazz

A Le son [ʃ] est le plus souvent écrit **ch**.

INITIALE	MÉDIANE	DEVANT **-e** MUET FINAL		FINALE
chacun	a**ch**at	bâ**ch**e	mèche	Fo**ch**
chagrin	acheteur	biche	miche	lunch
chaîne	achèvement	bouche	moche	Marrakech
chaise	bachelier	branche	moustache	match
chambre	bouchon	broche	panache	ranch
champion	colchique	bûche	pêche	sandwich
chaud	couchette	crèche	quiche	
chef	déchet	embûche	reproche	
cher	fâcheux	flèche	sèche	
chez	jachère	fraîche	tâche	
chiffon	machine	friche		
chirurgie	mâchoire	gouache		
chocolat	méchant	hache		
chuintement	sécheresse	louche		

▲ Devant les lettres **l** et **r**, on prononce le plus souvent [k] : chlore, chrome.
Voir également la fiche 14, pour les mots d'origine grecque où le **ch** se prononce
[k] : chœur, chorale, orchestre.

B Le son [ʃ] peut être écrit au moyen de deux autres graphies complexes.
 – **sch** indique une origine grecque (schéma) ou allemande (schnaps)
 – **sh** indique une origine anglaise (shérif, show)

INITIALE	FINALE	INITIALE	FINALE
schéma	haschi**sch**	**sh**ampooing	fla**sh**
schème	kirsch	shérif	flush
schilling	putsch	sherpa	rush
schisme		shetland	smash
schiste		shilling	
schisteux		shoot	
schlitte		shop (sex-)	
schuss		short	
		show	

A Le son [ʒ] peut être écrit soit **j** soit **g** devant **e**, **i** ou **y**. Ces deux graphies sont presque aussi fréquentes l'une que l'autre.

INITIALE	MÉDIANE	INITIALE	MÉDIANE	
jade	ab**j**ect	**g**éant	an**g**ine	aborigène
jadis	adjectif	gêne	aubergine	hétérogène
jaloux	adjoint	gendarme	frangine	homogène
jambon	bijou	gentil	origine	hydrogène
japonais	conjonction	gibet	misogyne	indigène
jaune	conjuration	gibier		oxygène
jésuite	enjeu	gifle		pathogène
jeu	injection	gigot		sans-gêne
jeune	injure	gilet		
jockey	objet	gitan		
joie	sujet	gîte		
		givre		

DEVANT **-e** MUET FINAL

arpè**ge**	collège	litige	privilège	vertige
badinage	cortège	manège	siège	voisinage
beige	dépannage	personnage	solfège	
carnage	espionnage	piège	stratège	
chasse-neige	lainage	prestige	tige	

B Pour obtenir le son [ʒ] devant les voyelles **a**, **o**, **u**, la lettre **g** doit être suivie de **e**.

geai	geôlier	bourgeon	pigeon	gageure
geôle	bougeoir	esturgeon	plongeon	

part. présent	adjectif
conver**g**eant	conver**g**ent
divergeant	divergent
négligeant	négligent

C Dans la plupart des mots d'**origine anglaise**, **j** se prononce souvent [dʒ] : jean.

jack	jean	jerk	jingle	jumping
jazz	jeep	jet	jogging	

g se prononce [dʒ] dans gin.

La double consonne **gg** se prononce [gʒ] : su**gg**estif - suggestion - suggestivité

A On trouve la graphie simple **l** à l'initiale, en médiane et en finale.

INITIALE	MÉDIANE	DEVANT -e MUET FINAL	FINALE
là-bas	balai	alvéole	alcool
laine	coloris	cymbale	bol
lait	couleur	domicile	calcul
langage	douleur	fiole	cil
langue	hélas	fossile	civil
lecture	molaire	gaule	cumul
léger	olive	pétale	égal
lettre	palier	rafale	journal
liberté	palissade	stérile	légal
lieu	pelure	timbale	naturel
ligne	relation	ustensile	pluriel

B La graphie double **ll** n'apparaît qu'à l'intérieur des mots et en finale, dans de rares mots d'**origine étrangère**.

MÉDIANE	DEVANT -e MUET FINAL	FINALE
alliance	balle	atoll
allitération	bulle	basket-ball
allô !	colle	football
belliqueux	corolle	hall
cellier	dalle	music-hall
cellule	halle	pull
collation	idylle	troll
colloque	intervalle	volley-ball
fallacieux	malle	
pellicule	pupille (de la nation)	
pollution	stalle	
sollicitation	tranquille	
tellurique	vaudeville	
	ville	

▲ Très rare à l'initiale : lloyd (origine galloise).

La plupart des mots en **-ille** se prononcent [ij] (cf. fiche 11).
bille - fille - guérilla - pupille (de l'œil)

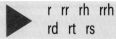
A On trouve la graphie simple **r** en toutes positions.

INITIALE		MÉDIANE		DEVANT **-e** MUET FINAL
rabais	récolte	bé**r**et	ironie	anapho**r**e
racine	risque	carotte	parole	augure
radio	rivage	direct	sourire	avare
rail	roue	féroce	zéro	bordure
rang	rue	hérédité		carnivore
récit	rythme	intérêt		empire
				heure

Cf. fiches 25 et 26 pour les mots en **-re**, **-aire**, **-oire**.

Finales en -r

avata**r**	amer	désir	chair	butor	saur	azur	mûr
bar	cancer	loisir	clair	castor		fémur	sûr
bazar	cher	plaisir	éclair	corridor	contour	futur	
car	enfer	soupir	flair	décor	détour	mur	
cauchemar	éther	tir	impair	essor	four	obscur	
caviar	fier		pair	major	labour	sur	
hangar	hier		vair	quatuor	pourtour		
millibar	hiver			stentor	séjour		
nectar	mer			ténor	tambour		
nénuphar	reporter			toréador	vautour		
	revolver			trésor			
	ver						

Finales en -eur et en -oir

A l'exception des mots : **heure**, **demeure**, **beurre**, **leurre** et **prieure**, tous les noms (masculins ou féminins) terminés par le son [r] s'écrivent **-eur**.

noms masculins		**noms féminins**		**adjectifs**
ajust**eur**	percepteur	fraîch**eur**	odeur	antéri**eur**(e)
assureur	radiateur	frayeur	pesanteur	extérieur(e)
auteur	remorqueur	fureur	peur	inférieur(e)
bonheur	sauveur	grosseur	primeur	majeur(e)
compteur	sculpteur	horreur	rigueur	mineur(e)
échangeur	tailleur	lenteur	stupeur	postérieur(e)
écouteur	tourneur	lueur	vigueur	supérieur(e)
malheur	vecteur			

● Finales en **-œur**

ch**œur**	rancœur
cœur	sœur

On consultera le **Bescherelle 1** à propos des verbes en **-eurer, -eurrer, -œurer**, ainsi que pour **mourir**. Ex. : je pleure, il demeure, que je meure.

● La plupart des noms masculins terminés par le son [r] s'écrivent **-oir**.

arros**oir**	dépotoir	espoir	peignoir
couloir	entonnoir	miroir	trottoir

▲ Attention cependant à la finale **-toire**, qu'on trouve aussi pour des noms masculins.

audit**oire**	laboratoire	purgatoire	répertoire
conservatoire	observatoire	réfectoire	territoire

B La graphie **rr** apparaît à l'intérieur des mots et devant le **-e** muet final.

MÉDIANE			DEVANT **-e** MUET FINAL
ama**rr**age	derrière	lorrain	ama**rr**e
arrangement	embarras	narration	bagarre
arrière	erreur	perruche	beurre
arrosoir	ferraille	sierra	bizarre
carrière	fourré	surrénal	bourre
correct	fourrure	terrible	escarre
corrélatif	horrible	torrent	leurre
corrida	irrespect	torride	serre
débarras	irritable	verrou	tintamarre

C Les graphies **rh** et **rrh**, fort rares, indiquent une **origine grecque**.

INITIALE			MÉDIANE	DEVANT **-e** MUET FINAL
rhapsodie	rhinite	rhubarbe	ci**rrh**ose	cata**rrh**e
rhénan	rhinocéros	rhum		
rhéostat	rhizome	rhumatisme		
rhésus	rhodanien	rhume		
rhétorique	rhododendron			

Voir également la fiche 27, consacrée aux consonnes muettes finales.

-r(d)	**-r(t)**	**-r(s)**
acco**rd**	a**rt**	alo**rs**
brouillard	concert	discours
lourd	confort	divers

45

24

[wa] ▶ oi oy wa oî
ois oit oix oie oid

A Le son [wa] s'écrit le plus souvent **oi** en français.

INITIALE	MÉDIANE	FINALE
oiseau	b**oi**sson	l**oi**
oiseleur	poignée	moi
oisif	soirée	quoi
oisillon		toi

A l'**intérieur** d'un mot, le son [wa] peut également s'écrire **oy**.

MÉDIANE

mit**oy**en	royal	voyage
moyen	royaume	voyageur
noyade	royauté	

oy est toujours suivi d'une voyelle.
On remarquera qu'en plus du son [wa] on entend [j]

B En **finale**, le son [wa] est souvent écrit **oi** suivi de la voyelle **e** ou d'une consonne muette.

-ois

autref**ois**	bourgeois	fois	minois	quelquefois
bois	chamois	gaulois	mois	trois

Cette finale est très « productive » avec les noms et adjectifs dérivés d'une localité ou d'une région : lill**ois**, luxembourge**ois**, gall**ois**.

-oit	**-oix**	**-oie**	**-oid**	**-oids**
adr**oit**	cr**oix**	f**oie**	fr**oid**	contrep**oids**
détroit	noix	joie		poids
endroit	poix	oie		
étroit	voix	voie		
exploit				
toit				

▲ MÉDIANE **-oî**

boîte - boîtier

C Quelques mots d'**origine anglaise** s'écrivent avec la graphie **wa**.

waters (w.-c.)   watt
* walkman (cf. baladeur) se prononce [wokman] ou [wakman].

46

Il existe plusieurs façons d'écrire le son complexe [wɛ̃]

D -oin

bes**oin**
coin
foin
groin
loin
témoin

E

-ouin	-oint	-oing
barag**ouin**	adj**oint**	c**oing**
bédouin	appoint	poing
marsouin	conjoint	
pingouin	contrepoint	
	disjoint	
	embonpoint	
	joint	▲ Rare : Saint-Ouen
	oint	
	point	

A ces listes, il faut ajouter les verbes conjugués aux trois premières personnes (joindre : je j**oins**, tu j**oins**, il j**oint**) et au participe passé masculin : disj**oint** (cf. **Bescherelle 1**).

25 [sjɔ̃] ▶ -tion -sion -ssion -cion

A La finale [sjɔ̃] se transcrit **-sion** derrière une consonne (ex. : pul**sion**), **-ssion** après une voyelle (ex. : pa**ssion**), ou encore **-tion** après une voyelle ou une consonne (ex. : na**tion**, men**tion**).

Aucune règle ne permet d'établir un choix par avance, toutefois :
– après **l** : toujours **-sion** (convul**sion**).
– après **p, c** : toujours **-tion** (op**tion**, ac**tion**).
– après **o, au** : toujours **-tion** (no**tion**, cau**tion**).

-(l)sion	-(p)tion	-(c)tion	-(o)tion	-(au)tion
convul**sion**	absorp**tion**	ac**tion**	lo**tion**	cau**tion**
émulsion	inscription	inaction	notion	précaution
expulsion	option	perfection		
pulsion	perception	section		

Il faut savoir que **-tion** est dix fois plus fréquent que **-(s)sion**.

-(a)tion		-(a)ssion	-(é)tion	-(e)ssion
aéra**tion**	imagination	pa**ssion**	concré**tion**	ag**ression**
alimentation	libération	compassion	discrétion	digression
argumentation	nation		indiscrétion	impression
éducation	ségrégation		sécrétion	obsession
explication				procession
fondation				sécession

-(i)tion	-(i)ssion		-(u)tion	-(u)ssion
addi**tion**	admi**ssion**		destitu**tion**	concu**ssion**
condition	commission		diminution	discussion
position	émission		exécution	percussion
punition	mission		locution	répercussion
supposition	scission		solution	
tradition	soumission			

-(en)tion	-(en)sion		-(r)tion	-(r)sion
atten**tion**	ascen**sion**		asser**tion**	aver**sion**
convention	dimension		désertion	contorsion
intention	extension		insertion	conversion
mention	pension		portion	excursion
prétention	recension		proportion	version
prévention	tension			

▲ **-xion :** annexion - connexion - flexion - fluxion - inflexion - réflexion.
-cion : suspicion.

A ces listes, il convient d'ajouter la première personne du pluriel des verbes en **-cier** : nous remer**cions**, nous appré**cions** (cf. **Bescherelle 1**).

B La graphie **-cieux** correspondant au son [sjø] sert à former des adjectifs à partir de noms se terminant par **-ce** ou **-ci** (rare).

astu**ce** / astu**cieux**
audace / audacieux
avarice / avaricieux
conscience / consciencieux
délice / délicieux
disgrâce / disgracieux
espace / spacieux
licence / licencieux

malice / malicieux
office / officieux
prix / précieux
révérence / révérencieux
sentence / sentencieux
silence / silencieux
souci / soucieux
vice / vicieux

▲ judicieux - pernicieux

▲ le **ciel** / les **cieux**.

Dans les autres cas, l'adjectif s'écrit **-tieux**, sauf **anxieux**.

ambi**tieux**   facétieux   infectieux   prétentieux   superstitieux
contentieux   factieux   minutieux   séditieux

▲ **-ssieu** : essieu.
-ssieux : chassieux.
-sieur(s) : monsieur, messieurs.

C Le son [sjɛl] peut s'écrire de deux façons.

-tiel après **en**

concurren**tiel**   pestilentiel
confidentiel   potentiel
démentiel   préférentiel
différentiel   présidentiel
essentiel   providentiel
existentiel   séquentiel
exponentiel
fréquentiel   partiel
inférentiel

-ciel après **i** et **an**

actan**ciel**
circonstanciel

didacticiel
indiciel
logiciel
ludiciel
progiciel
superficiel

▲ **exceptions** : interstitiel, substantiel.

[sjɛr] -ciaire -tiaire -cière -ssière

D Les noms et les adjectifs terminés par le son [sjɛr] peuvent s'écrire :

-ciaire après **a, i, u**	**-tiaire** après **en, é, er**
béné**ficiaire**	péniten**tiaire**
fiduciaire	plénipotentiaire
glaciaire	rétiaire
judiciaire	tertiaire

▲ La forme est identique au masculin et au féminin :
le système péniten**tiaire** / la condition péniten**tiaire**.

Les noms et les adjectifs féminins terminés par le son [sjɛr] peuvent s'écrire :

-cière			**-(s)sière** et **-(r)sière**	
épi**cière**	mercière	saucière	bour**sière**	glissière
financière	nourricière	sorcière	brassière	pâtissière
foncière	policière	souricière	cache-poussière	poussière
gibecière	romancière	tenancière	caissière	traversière
glacière				

[sjɛ̃] -cien -tien -ssien -sien

E La finale la plus fréquente correspondant au son [sjɛ̃] est **-cien**.

acadé**micien**	électricien	mécanicien	pharmacien	praticien
alsacien	languedocien	métaphysicien	phénicien	rhétoricien
ancien	logicien	milicien	physicien	statisticien
batracien	Lucien	musicien	platonicien	stoïcien
cistercien	magicien	opticien	politicien	technicien
dialecticien	mathématicien	patricien	polytechnicien	théoricien

La finale en **-tien** provient de noms propres terminés par **t**.

cap**étien** (Capet) haïtien (Haïti)   lilliputien (Lilliput) vénitien (Vénétie)
égyptien (Égypte) helvétien (Helvétie) tahitien (Tahiti)

▲ martien

-(s)sien		
métatar**sien**	paroi**ssien**	**sien**
parnassien	prussien	tarsien

A On trouve le plus souvent le e muet en **finale**. On le rencontre également à l'**intérieur** de noms.
Il s'agit de noms dérivés d'un verbe terminé par :
- **ier :** licencier / licenciement.   – **uer :** tuer / tuerie.
- **yer :** aboyer / aboiement.   – **ouer :** dénouer / dénouement.

-ier / -ie	-yer / -ie	-uer / -ue	-ouer / -oue
balbutiement	aboiement	dénuement	dénouement
licenciement	bégaiement	éternuement	dévouement
ralliement	déblaiement	remuement	engouement
remerciement	déploiement	tuerie	rouerie
scierie	paiement		
	rudoiement		

 On ne prononce pas toujours le **e**, entre consonnes :
boul(**e**)vard, sûr(**e**)té, dur(**e**)té.

-e muet en finale

-aie	-ue	-oie	-oue
baie	avenue	courroie	bajoue
craie	berlue	joie	gadoue
futaie	bienvenue	oie	houe
ivraie	cohue	proie	joue
monnaie	déconvenue	soie	moue
pagaie	étendue	voie	proue
plaie	fondue	**-eue**	
raie	mue		
roseraie	retenue	banlieue	
sagaie	tenue	lieue	
taie	verrue	queue	

C'est la finale **ie** qui fournit la plus grande quantité de **noms féminins** terminés par **-e** muet.

accalmie	autocratie	écurie	lubie	plaidoirie
aciérie	autopsie	effigie	minutie	poulie
agonie	avanie	euphorie	modestie	prairie
allergie	biopsie	facétie	névralgie	superficie
amnésie	bougie	galaxie	nostalgie	tautologie
apoplexie	bureaucratie	ineptie	ortie	théorie
aporie	calvitie	inertie	panoplie	toupie
argutie	catalepsie	jalousie	pénurie	vigie
asepsie	chiromancie	librairie	pharmacie	zizanie
autarcie	éclaircie	loterie	phobie	

B Les mots terminés en **-re** sont aussi bien **féminins** que **masculins**.

noms masculins

auditoire	laboratoire	anniversaire
déboire	pourboire	émissaire
directoire	réfectoire	estuaire
exutoire	territoire	faussaire
grimoire		lapidaire
interrogatoire		ovaire
ivoire		salaire

noms féminins

baignoire	molaire
balançoire	
échappatoire	
écritoire	
nageoire	
préhistoire	
victoire	

⚠ Les adjectifs terminés par **-oire** et **-aire** s'écrivent de la même façon, au masculin et au féminin :
un combat illusoire / une défense illusoire
un essai nucléaire / une centrale nucléaire

-oire

illusoire	ostentatoire
libératoire	probatoire
méritoire	provisoire
opératoire	respiratoire

-aire

alimentaire	pénitentiaire
anniversaire	polaire
dentaire	solaire
nucléaire	volontaire

Autres finales en -re

-(u)re

augure	murmure
bordure	nervure
capture	ordure
carbure	parjure
chlorure	pelure
coiffure	rognure
épure	saumure
gageure	sciure
gerçure	sinécure
levure	soudure
mercure	sulfure
mesure	

-(o)re

acore	météore
anaphore	omnivore
bore	passiflore
carnivore	phosphore
chlore	sémaphore
commodore	
flore	
folklore	
incolore	
insonore	
matamore	
métaphore	

-au(re)

centaure
dinosaure
taure

-(i)re

cachemire
empire
hégire
lire
mire
navire
pire
rire
satire
sourire
tirelire
vampire

-(a)re

are	fanfare	isobare	rare	vivipare
cithare	gare	mare	square	
curare	guitare	phare	sudoripare	

⚠ **Graphies rares :** catarrhe - cirrhe ou cirre.

C Dans de nombreux cas, le **-e** muet final joue un rôle de « révélateur de consonne ». On pourra ainsi opposer phonétiquement : rein / rei**ne**, frais / frai**se**, chant / chan**te**.

Cf. également le chapitre consacré au féminin des adjectifs :
japonai**s** / japonai**se**, premie**r** / premiè**re**.

La présence d'un **-e** muet final peut entraîner une prononciation différente de la consonne.

fac / face	suc / suce
lac / lace	trac / trace

Cf. finales en **-ge** : barrage, garage, page, virage, fiche 21.

Certains groupes de lettres ne peuvent apparaître en fin de mot qu'avec un **-e** muet final.

-ble	:	aimable, possible, table.
-bre	:	arbre, octobre, sobre.
-che	:	affiche, fiche, moche, tache.
-cle	:	boucle, socle, spectacle.
-cre	:	âcre, ocre, nacre.
-dre	:	ordre, cèdre, cidre.
-gle	:	aigle, ongle, sigle.
-gre	:	ogre, pègre.
-gue	:	bague, figue, psychologue.
-phe	:	apocryphe, autographe, strophe.
-ple	:	ample, souple.
-pre	:	câpre, lèpre.
-que	:	brique, géométrique, phonothèque.
-rre	:	amarre, bagarre, beurre, bizarre, serre.
-tre	:	chapitre, huître, plâtre.

Précisons que, s'il nous semble raisonnable de parler de **-e** muet en finale, il n'en reste pas moins vrai que, dans des domaines comme la poésie, le théâtre ou la chanson, ils peuvent fort bien être prononcés.

A C'est **généralement en fin de mot** qu'on trouve les consonnes muettes : **s, t, x, d, p, c, g, b, h.** En dehors de **brebis, fois** et **souris,** la grande majorité des mots terminés par un **-s** muet sont **masculins.**

bras	anchois	appentis	lavis	anglais	abus
cabas	autrefois	avis	logis	biais	inclus
canevas	bourgeois	brebis	mépris	dais	intrus
chas	chamois	buis	paradis	désormais	jus
choucas	fois	cambouis	parvis	engrais	obtus
contrebas	minois	colis	permis	jais	obus
coutelas	mois	coloris	pilotis	jamais	pus
débarras	quelquefois	compromis	puis	laquais	refus
fatras	toutefois	coulis	radis	mais	talus
fracas		devis	roulis	marais	
frimas	dos	éboulis	rubis	niais	
galetas	enclos	frottis	semis	rabais	
lilas	héros	hachis	souris	relais	
matelas	propos	huis	sursis		
repas	repos				
taffetas	tournedos				
trépas					

▲ Dans un petit nombre de mots, le **-s** muet final peut apparaître après une autre consonne : aurochs ; corps ; fonds ; legs ; poids ; temps ; divers ; velours.

B On trouve également un grand nombre de noms **masculins** ayant un **-t** muet en finale (exceptions : la **nuit,** la **mort**), ainsi que des **adjectifs** et des **adverbes.**

achat	acabit	argot	artichaut	adroit
candidat	appétit	complot	assaut	détroit
carat	circuit	escargot	défaut	endroit
climat	conflit	lingot	saut	exploit
format	crédit	matelot	soubresaut	toit
lauréat	débit	rabot	sursaut	
magistrat	délit	sabot		affront
magnat	édit	tricot	bout	amont
odorat	fortuit		debout	entrepont
plagiat	fruit	chahut	égout	front
plat	gabarit	début	embout	
reliquat	lit	institut	faitout	défunt
résultat	nuit	raffut	partout	emprunt
syndicat	produit	statut	surtout	
thermostat	profit	tribut	tout	

Le **-t** muet apparaîtra à la fin des adverbes en **-ment.**

ardemment - assurément - carrément - couramment - gentiment.

▲ Le **-t** peut également suivre une autre consonne muette (**c**, **p** et **s**) :
aspec**t** - irrespect - respect - suspect - exempt - prompt.
Enfin, on peut le trouver après **r**.

| art | écart | rempart | désert | transfert | effort | tort |
| départ | plupart | concert | dessert | confort | support | |

C Généralement, le **-x** en **finale** ne se prononce pas, sauf dans quelques mots : **furax, index, latex**.

afflu**x**	deux	faux	influx	perdrix	queux	taux
choix	époux	flux	noix	poix	redoux	toux
croix	faix	houx	paix	prix	saindoux	voix

▲ Tous ces mots, terminés par **-x** au singulier, sont **invariables** :
un époux / les époux - une noix / les noix

On se reportera également aux pluriels en **-aux** :
un vitrail / des vitraux - un animal / des animaux

D Bien que **moins fréquent**, on trouve cependant **-d** en finale, aussi bien après voyelle que consonne (**n** et **r**).

-voyelle + d		-nd		-rd			
crapau**d**	pied	bon**d**	friand	accor**d**	canard	hasard	record
nid	réchaud	différend	gond	bord	dossard	lézard	sourd
nœud				brouillard	épinard	lourd	standard

E Un **-p** muet final apparaît dans les mots suivants :

| beaucou**p** | champ | coup | drap | loup | sirop | trop |

On notera que **beaucoup** et **trop** suivis d'un mot commençant par une voyelle retrouvent un **p** sonore dans la liaison.

J'ai beaucoup‿appris. - Nous avions trop‿aimé son premier film.

F On trouve également **quelques mots** se terminant par un **c** muet.

| ban**c** | blanc | flanc | franc |

G Enfin, **-g, -b** et **-l** sont fort **rares** en finale.

| coin**g** | poing | aplom**b** | plomb | surplomb | fusi**l** | outil |

H A cette liste, il convient d'ajouter le **h**, à l'initiale.

| **h**abitude | haricot | héritage | homme |

On le rencontre aussi dans les mots d'origine grecque. (Cf. p. 100)

| **h**ématome | hippodrome | hydraulique | hypothèse |
| hétérogène | homologue | hypnose | hystérique |

On pensera aussi au rôle, important à l'écrit, des consonnes muettes **s, t, d, nt** dans la conjugaison des verbes. Cf. **Bescherelle 1** : tu chantes - il finit.

A Nous présentons ici des phénomènes d'alternance relatifs à des mots issus d'une même famille. Pour l'expliquer, nous sommes obligés de faire intervenir l'opposition :
– syllabe ouverte (à l'oral) : **coteau** [ko-to] : 2 syllabes ouvertes.
– syllabe fermée (à l'oral) : **côt(e)** [kot] : 1 syllabe fermée (par une consonne).
La **syllabe** est dite **ouverte** si elle se termine par une voyelle. Elle est dite **fermée** si elle se termine par une consonne ou un groupe consonantique.
On constate que l'accent circonflexe se trouve sur la syllabe **fermée** (cons.-voy.-cons.) alors que la syllabe **ouverte** (cons.-voy.) ne comporte que la voyelle seule (**a**, **o**, **u**), ou **é**.

â / a

âcre / acrimonie
câble / encablure
grâce / gracieux
infâme / infamie

û / u

sûr / assurance

ô / o

arôme / aromatique
cône / conique
côte / coteau
diplôme / diplomatique
drôle / drolatique
fantôme / fantomatique
pôle / polaire
symptôme / symptomatique
trône / intronisation

ê / é

bête / bétail
conquête / conquérant
crêpe / crépu
extrême / extrémité
mêlée / mélange
tempête / tempétueux

eû / eu

jeûne / déjeuner

B La régularité de cette opposition est encore plus forte lorsqu'il s'agit d'opposer **è** et **é**.
ar-tèr(e) / ar-té-riel (décomposition **à l'oral**)
al-gè-br(e) / al-gé-bri-que

è / é

algèbre / algébrique
allègre / allégrement
artère / artériel
ascète / ascétique
athlète / athlétique
bibliothèque / bibliothécaire
brèche / ébréché
célèbre / célébrité
chèque / chéquier
chimère / chimérique

crème / écrémé
diabète / diabétique
fidèle / fidélité
fièvre / fiévreux
gène / génétique
grève / gréviste
homogène / homogénéité
hygiène / hygiénique
intègre / intégrité
lèpre / lépreux

lièvre / lévrier*
mèche / éméché
modèle / modélisation
mystère / mystérieux
obèse / obésité
obscène / obscénité
oxygène / oxygéné
phénomène / phénoménal
pièce / rapiécé
plèbe / plébéien
poème / poésie

poète / poétesse
prophète / prophétique
règle / réglage
scène / scénique
sèche / sécheresse
siècle / séculier*
sincère / sincérité
synthèse / synthétique
système / systématique
zèbre / zébré
zèle / zélé

* A propos de **lévrier** et de **séculier**, on rappellera que le premier est un chien
employé pour chasser le lièvre, et que le second caractérise le clergé vivant dans
le **siècle** (monde).

C Certains mots de la même famille présentent une alternance portant sur
le doublement d'une consonne. Ex. : fe**mm**e / fé**m**inin.

m / mm	n / nn
bonho**m**ie / bonho**mm**e	canto**n**al / canto**nn**ier
homicide / homme	consonance / consonne
nomination / renommée	donation / donneur
	honorable / honnête
	honoraire / honneur
	millionième / millionnaire
	monétaire / monnaie
	patronat / patronnesse
	rationalité / rationnel
	sonore / sonnerie

Un dernier type d'alternance nous indique l'ancienne prononciation de
certains mots. C'est le cas des anciennes syllabes en **as-, es, os, is**,
dans lesquelles on trouve un **â, ê, ô, î**, à présent.

anc**ê**tre / anc**es**tral
arrêt / arrestation
bâton / bastonnade
bête / bestial
ép**î**tre / ép**is**tolaire
fenêtre / défenestration

fête / festivité
forêt / forestier
h**ô**pital / h**os**pitalité
hôtel / hostellerie
tête / détester
vêtement / vestimentaire

avec changement de la voyelle :   go**û**t / g**u**statif

h et tréma (¨)

On ne trouvera pas dans ce chapitre le groupe **th**, indice d'une origine grecque θ. Il a été traité à la fiche 13, consacrée au son [t].

A La présence d'un **h** intérieur est souvent l'indice d'une **coupe** dans le mot. On trouve en général un adjectif ou un préfixe en composition avec un nom (parfois un adjectif) commençant par **h**.
Ex. : **dés-honneur, in-habituel, mal-habile.**

bon**h**eur	gentilhomme	inhibition	malheur	préhistoire
exhalaison	inhabité	inhospitalier	malhonnête	prohibition
exhibition	inhabituel	inhumain	menhir	réhabilitation
exhortation	inhérent	malhabile	posthume	transhumance

silhouette est à l'origine un nom propre (ministre de Louis XV).
dahlia est également à l'origine un nom propre (botaniste suédois).

B Lorsque l'on veut éviter la rencontre de deux voyelles, le français dispose de deux procédés pour empêcher cette **« coagulation »** : la présence d'un **h** ou celle d'un tréma (¨).

● **h** **ahuri** (risque d'être prononcé : « auri »).
trahison (risque d'être prononcé : « traison »).

a**h**an	cahot	cohue	méhari	trahison
ahuri	cahute	déhiscent	préhensible	véhément
appréhension	cohérent	ébahi	répréhensible	véhicule
bohème	cohorte	envahi		

● **Tréma** **maïs** (risque de confusion : « mais »).
naïf (risque d'être prononcé : « naif »).

La présence du tréma empêche la fusion de **o** et **in** en **oin**, de **a** et **i** en **ai**, de **gu** et **e** en **gue**.

a**ï**eul	coïncidence	glaïeul	laïcité	noël
ambiguïté	cycloïde	haïssable	maïs	ouïe
capharnaüm	exiguïté	héroïque	mosaïque	païen
ciguë	faïence	inouï	naïf	stoïque

● **féminin de quelques adjectifs :**
aigu / aigu**ë** - ambigu / ambiguë - contigu / contiguë - exigu / exiguë

C On trouve cependant quelques « rencontres » de voyelles.

accordé**on**	aré**o**page	cha**o**tique	imm**ua**ble	po**é**sie
a**é**rophagie	auré**o**le	cr**ue**l	m**éa**ndre	pré**a**mbule
ann**ua**ire	ba**o**bab	dé**o**ntologie	n**éa**nt	pro**ue**sse
a**o**rte	bi**o**xyde	europ**ée**n	n**éo**n	tr**ua**nd
arch**é**ologie	cac**ao**	fl**ui**de	pl**éo**nasme	

féminin des adjectifs qualificatifs 30

ADJECTIFS		RÈGLES	CHANGEMENT	
Masculin	Féminin		A l'écrit	A l'oral
petit abondant grand	petite abondante grande	On forme le plus souvent le féminin des adjectifs en ajoutant simplement un **e**.	oui	oui si le masculin se termine par une consonne muette au masculin
idiot sot	idiote sotte	Les adjectifs terminés par **-ot** ont un féminin en **-ote** sauf **pâlot, vieillot, sot**... qui se terminent par **-otte**.	oui	oui
joli vrai pointu	jolie vraie pointue	Les adjectifs se terminant par les voyelles **-i, -ai, -u**, etc., prennent un **e** au féminin	oui	non
gris bas	grise basse	Les adjectifs terminés par **-s** ont un féminin en **-se** sauf **bas, épais**... qui forment le féminin en **-sse** ; **frais** qui devient fraîche, etc.	oui	oui

ardent / ardente
bigot / bigote
brun / brune
décimal / décimale
dévot / dévote
droit / droite
gai / gaie
gaulois / gauloise

gris / grise
huguenot / huguenote
idiot / idiote
latin / latine
lourd / lourde
majeur / majeure
mormon / mormone
nu / nue

plein / pleine
poli / polie
ras / rase
roman / romane
sain / saine
seul / seule
subtil / subtile
volatil / volatile

B

ADJECTIFS		RÈGLES	CHANGEMENT	
Masculin	Féminin		A l'écrit	A l'oral
bon ancien	bon**ne** ancien**ne**	Les adjectifs se terminant par **-on** et **-ien** doublent leur consonne finale au féminin.	oui	oui
cruel nul pareil	cruel**le** nul**le** pareil**le**	Les adjectifs se terminant par **-el**, **-ul** et **-eil** doublent leur consonne finale au féminin.	oui	non
coquet complet	coquet**te** complè**te**	Les adjectifs terminés par **-et** doublent leur consonne finale au féminin sauf **complet**, **désuet**, **discret**, **inquiet**... qui se terminent par **-ète**.	oui	oui

ancien / ancien**ne**
annuel / annuelle
bas / basse
bel / belle
bon / bonne
épais / épaisse

fol / fo**lle**
gentil / gentille
gros / grosse
métis / métisse
muet / muette
net / nette

nul / nu**lle**
pâlot / pâlotte
pareil / pareille
sot / sotte
vieil / vieille

ADJECTIFS		RÈGLES	CHANGEMENT	
Masculin	Féminin		A l'écrit	A l'oral
aimable pâle	aimable pâle	Les adjectifs se terminant par un **-e** ne changent pas au féminin.	non	non

aimable
calme

fossile
morne

rude
troisième

tertiaire
vivace

Cf. adjectifs terminés par **-oire**, **ore**, **-aire** (fiche 26) :
un animal carniv**ore** / une plante carniv**ore**.

C

ADJECTIFS		RÈGLES	CHANGEMENT	
Masculin	Féminin		A l'écrit	A l'oral
léger	lég**ère**	Les adjectifs terminés par **-er** forment leur féminin en **-ère**.	oui	oui
neuf	neu**ve**	Les adjectifs terminés par **-f** forment leur féminin en **-ve**.	oui	oui
nerveux doux	nerveu**se** dou**ce**	Les adjectifs terminés par **-x** font leur féminin en **-se** sauf **doux, faux, roux**... **douce, fausse, rousse**.	oui	oui
franc blanc	fran**che** blan**che**	Les adjectifs terminés par **-c** font souvent leur féminin en **-che**, ou **-que**.	oui	oui
grec caduc	grec**que** cadu**que**		oui	non

-er / -ère

dernier / derni**ère**
étranger / étrangère

-et / -ète

inquiet / inqui**ète**

-f / -ve

explosif / explosi**ve**
naïf / naïve
neuf / neuve
sauf / sauve

-u / -uë

aigu / aig**uë**
ambigu / ambiguë
exigu / exiguë

-c / -que

ammoniac /
ammonia**que**
caduc / caduque
franc / franque
public / publique

-c / -che

blanc / blan**che**
franc / franche
sec / sèche

-g / -gue

long / lon**gue**

-c / -cque

grec / gre**cque**

-x / -se

heureux / heureu**se**
jaloux / jalouse

-x / -sse

faux / fau**sse**
roux / rousse

-x / -ce

doux / dou**ce**

-ou / -ouse

andalou /
andal**ouse**

Les masculins en **-eur** peuvent former des féminins en :

-eur / -euse

menteur / ment**euse**
trompeur / trompeuse

-teur / -trice

réducteur / réduc**trice**
séducteur / séductrice

-eur / -eresse

vengeur /
veng**eresse**

▲ On notera quelques féminins à variation plus forte par rapport au masculin.

beau / be**lle**
fou / fo**lle**

vieux / vie**ille**
bénin / béni**gne**

malin / mali**gne**
favori / favori**te**

tiers / tier**ce**
frais / fraî**che**

31 pluriel des noms et des adjectifs

 A

LE PLURIEL DES NOMS	EXEMPLES	EXCEPTIONS
La plupart des noms forment leur pluriel en ajoutant un **s**.	Il a de nouveaux **amis**.	
Les noms en **-ou** forment leur pluriel en ajoutant un **s**.	Tous ces **trous** sont des marques de **clous**.	**bijou, caillou, chou, genou, hibou, joujou, pou** forment leur pluriel en ajoutant un **x** : Elle a de magnifiques **bijoux**.
Les noms en **-eu** forment leur pluriel en ajoutant un **x**.	A 22 heures, tous les **feux** étaient éteints.	**bleu** et **pneu** prennent un **s** : On avait crevé les quatre **pneus**.
Les noms en **-(e)au** forment leur pluriel en ajoutant un **x**.	Il a évidemment reçu beaucoup de **cadeaux**.	**landau** et **sarrau** prennent un **s** : Pour ses jumeaux, elle a acheté deux **landaus**.

Les **noms** qui se terminent par **s**, **x** et **z** au singulier ne prennent **pas de marque de pluriel** : Les **prix** augmentent toujours.
Les **adjectifs** terminés par **s**, **x** et **z** ne changent pas de forme au masculin pluriel : Des bois **précieux**.

noms

avi**s**	choi**x**	ersat**z**
bois	cortex	gaz
bras	époux	hertz
enclos	flux	nez
fils	lux	riz
minois	lynx	
prospectus	poix	
radis	prix	
secours	télex	
succès	thorax	
talus		
univers		
velours		
vers		

adjectifs

abscon**s**	chanceu**x**
bas	crasseux
clos	doux
confus	ennuyeux
dispos	épineux
divers	fameux
exprès	faux
gros	hargneux
métis	harmonieux
niais	minutieux
précis	noueux
ras	orageux
tors	précieux
	roux
	savonneux

B 1. Les **noms** en -ail : b**ail**, cor**ail**, ém**ail**, ferm**ail**, soupir**ail**, trav**ail**, vant**ail**, vitr**ail**, forment leur pluriel en -**aux** :

Des trav**aux** pénibles.   Il signa les **baux**.

▲ **Exceptions** : attir**ail**, chand**ail**, dét**ail**, épouvant**ail**, évent**ail**, gouvern**ail**, poitr**ail**, port**ail**, sér**ail**, prennent un **s** au pluriel : Les détail**s** de l'affaire.

▲ On notera que **bercail** s'emploie le plus souvent au **singulier**.

2. Les **noms** en -al forment leur pluriel en -**aux** :

Elle lit plusieurs journ**aux**.

▲ **Exceptions** : bal, carnaval, chacal, festival, régal, ont leur pluriel en **s** :

Les bal**s** du samedi soir.   Les festival**s** de l'été.

3. Les **adjectifs** terminés par -al forment aussi leur pluriel en -**aux** :

Les privilèges roy**aux**.

▲ **Exceptions** : banal, bancal, fatal, final, glacial, natal, naval prennent un **s**.

On notera que **banal** dans son ancienne signification, qu'on retrouve dans **four banal** (terme de féodalité), donne **banaux**, alors que dans son emploi moderne il devient **banals** : des incidents **banals**.

C Certains **noms**, aussi bien masculins que féminins, ne s'emploient **qu'au pluriel**, du moins pour certaines de leurs acceptions.

masculins			**féminins**	
agissement**s**	confins	pourparlers	affre**s**	hardes
agrès	décombres	sévices	alluvions	immondices
aguets	dépens	vivres	arrhes	mœurs
alentours	ébats		calendes	obsèques
appointements	effluves		doléances	prémices
arrérages	gravats		entrailles	ténèbres
bestiaux	mânes		guenilles	

▲ Certains pluriels entraînent un changement de prononciation :
bœuf / bœufs - œuf / œufs - os / os

▲ Certains noms changent totalement de forme au pluriel :
ail / aulx (ou ails) - œil / yeux

▲ Les noms de fleurs ou de fruits employés comme adjectifs qualificatifs ne s'accordent ni en genre ni en nombre :
Nous portons toutes les deux des robes **orange**.

Mais l'adjectif **rose** s'accorde en genre et en nombre : Elle a les joues **roses**.

pluriel des mots composés

La formation du pluriel des mots composés dépend souvent du **sens** de chaque mot composé. On peut cependant donner quelques règles d'accord.

MOT COMPOSÉ	FORMATION DU PLURIEL	EXCEPTIONS
nom + nom	Les deux noms prennent la marque du pluriel. des oiseau**x**-mouche**s**	des timbre**s**-poste (= des timbres pour la poste) des année**s**-lumière
nom + préposition + nom	Seul le premier nom prend la marque du pluriel. des arc**s**-en-ciel	des tête-à-tête une bête à corne**s** des bête**s** à corne**s**
adjectif + nom	Les deux mots prennent la marque du pluriel. des basse**s**-cour**s**	Adjectif **grand** + nom féminin des grand(s)-mères Adjectifs **demi** et **semi** + nom restent invariables des demi-journées
adjectif + adjectif	Les deux adjectifs prennent la marque du pluriel. des sourd**s**-muet**s** des paroles aigre**s**-douce**s**	des nouveau-nés (= des enfants nouvellement nés) des haut-parleurs
verbe + nom	1. Seul le nom prend la marque du pluriel. des casse-noisette**s** des tourne-disque**s** 2. Ni le verbe ni le nom ne prennent la marque du pluriel. des abat-jour	
mot invariable + nom ou adjectif	Seul le nom ou l'adjectif prennent la marque du pluriel. des avant-scène**s** des non-lieu**x** les avant-dernière**s** épreuves	
verbe + verbe	Aucune marque de pluriel. des laissez-passer	
mots étrangers	Aucune marque de pluriel. des post-scriptum	des pull-over**s** des week-end**s**
couleurs composées	Aucune marque de pluriel. des chemises rose pâle des pantalons bleu foncé	

Les homonymes

le **baccara** est un jeu pratiqué dans
les casinos
le **baccarat** est une variété de cristal

le **bal** du village
on écrit **bale** ou **balle** d'avoine
saisir la **balle** au bond
défaire une **balle** de coton

les nuages sont bien **bas**
une paire de **bas** de laine
le **bât** était placé sur le dos de l'âne
bah ! la chance finira par tourner

le **cal** de la main d'un karatéka
la **cale** d'un navire
mettre une **cale** sous les roues

le premier concerto en **fa** majeur
cet homme est un **fat**

le sommet de **la** montagne
je ne **la** vois pas arriver
elle est passée par **là**
il **l'a** perdu
las d'avoir tant attendu
le lièvre était pris dans un **lacs**
un **la** bémol

le chat de **ma** voisine **m'a** griffé
un **mas** provençal
*(- **s** parfois prononcé)*
le **mât** du navire s'est brisé

bien **mal** acquis ne profite jamais
la vieille **malle** du grenier
un **mal** incurable
un vieux **mâle** solitaire

la femelle du paon est la **paonne**
la voiture tombe en **panne**

une **pâte** à crêpes très réussie
ce chien traîne la **patte**
aux échecs, le **pat** entraîne la nullité

un **ra** de tambour
un **rat** d'égout
un chien à poils **ras**
à **ras** de terre
un **raz**(-)de(-)marée

c'est l'heure de **ta** tisane
un **tas** d'ennuis
sa lettre **t'a** rassuré

 1* [a] avant   [ɑ] arrière

[a]   avant

une **acre** faisait un bon demi-hectare
l'**age** central de la charrue
le **capre** fut démâté en pleine course
un rendez-vous de **chasse**
l'**empattement** d'une voiture
le langage des **Halles**
matin et soir
une **tache** d'encre indélébile

[ɑ]   arrière

l'odeur **âcre** des feux d'automne
avoir l'**âge** de ses artères
la **câpre** est un condiment apprécié
la **châsse** des reliques
l'**empâtement** de son tour de taille
le **hâle** lui donne bonne mine
les crocs du **mâtin**
une **tâche** difficile, mais noble

l'**alène** du cordonnier est une aiguille
il a mauvaise **haleine**
en chimie, on dit **allène** pour **allylène**

un ton peu **amène**
il lui a dit **amen** sans réfléchir

ce fruit a un goût **amer**
la brume lui cache l'**amer**

une toile sans **apprêt**
après l'orage...

donner un coup de **balai**
une danseuse du corps de **ballet**

un **bel** oiseau et une **belle** fleur
un **baile** était un administrateur
de biens

la **bête** ne lâcha pas sa proie
la **bette** est un légume

le **brai** est un sous-produit du
pétrole
les **braies** étaient une sorte
de pantalon

le **cep** de la vigne
le **cèpe** est un champignon
comestible

une **chaîne** de vélo
une porte en **chêne**

il ne fait pas encore **clair**
le **clerc** de notaire

un morceau de **craie**
les **crêts** du Jura

le visage **défait**
le second tirage comporte un **défet**

elle s'envola à tire-d'**aile(s)**

un **être** humain
une forêt de **hêtres**

un train **express**
une lettre envoyée en **exprès**

un **fait** [-] divers
succomber sous le **faix** des charges

c'est la **fête**
une tête bien **faite**
grimper au **faîte** de l'arbre

une **forêt** de sapins
percer un trou avec un **foret**

du poisson **frais**
la saison du **frai** chez les anguilles
on décharge l'avion de son **fret**

éprouver de la **gêne**
certains caractères sont transmis par
les **gènes**

le **genet** est un petit cheval
le **genêt** servait à faire des balais

le relief **glaciaire**
garnir une **glacière** de glaçons

la **guerre** et la paix
il n'y a **guère** de place

j'ai aperçu un **geai**
un **jet** de pierre
une chevelure noire de **jais**

laitance se dit aussi **laite**
un mot **lette** (= letton)
au tennis, la balle est **let**

la **marraine** gâte son filleul
les **marennes** sont des huîtres

le mois de **mai**
mais, que fais-tu ?
quel **mets** délicieux !
la maye est une auge de pierre pour
l'huile d'olive
la **maie** est une sorte de pétrin

la **mère** de famille
le **maire** du village
le bord de **mer**

c'était un bon **maître** d'école
un **mètre** de tissu

la région **palmaire** interne à la main
mesurer une épaisseur au **palmer**

une **perle** de culture
émail de gueules à **pairle** d'azur

la **penne** de la plume
le **pêne** de la serrure
cela lui fit de la **peine**

la **plaie** s'est infectée
le **plaid** de l'avocat

la **plaine** de Waterloo
la coupe était **pleine**

la **reine** des abeilles
le cocher tient les **rênes**
un troupeau de **rennes**

un **repaire** de brigands
le clocher sert de point de **repère**

un **saigneur** de porc
à tout **seigneur** tout honneur

un os de **seiche**
rester en panne **sèche**
la **seiche,** la surface du lac

la **seime** est une maladie du sabot
le **sème** est une unité de signification

ce spectacle est **surfait**
le **surfaix** du harnais est usé

une **taie** d'oreiller
un **têt** de chimiste *(pour tester)*

un **trait** de crayon
c'est **très** beau

une tentative **vaine**
une piqûre dans la **veine**
il a de la **veine**

le **yen** est une monnaie
l'**hyène** rôdait dans les parages

2* [ɛ] [e]

[ɛ] ouvert

l'**archet** du violoniste

un cheval **bai**
le rivage de la **baie**
une **baie** vitrée
la politique du **bey** de Tunisie

un fruit **blet** n'est pas appétissant

les **chais** sont remplis de vin

une simple **claie** entre les jardins

un **cochet** est un coquelet

dès le lendemain
un **dais** nuptial
la politique du **dey** d'Alger

un brouillard **épais**

un **feuillet** était imprimé

mon grand-père avait le cœur **gai**
faire le **guet**
il fit frire un hareng **guai**

[e] fermé

l'**archer** et son arc
l'**archée** des alchimistes

rester bouche **bée**

le **blé** est mûr

viens **chez** nous

il avait perdu sa **clé (clef)**

un **cocher** de fiacre

un **dé** à coudre
un **dé** pipé
des temps difficiles

un coup d'**épée**

creuser les **feuillées** pour la troupe

il suffit de passer le **gué, ô gué !**

le **goulet** est long à franchir

c'est un fin **gourmet**

une poterie en **grès**

un **lai** était un poème
un frère **lai** tenait les comptes
lais est la forme ancienne de **legs**
c'est un acte très **laid**
le **lait** de brebis

les **marais** salants

un assemblage de menuiserie
en **onglet**

un **palais** vénitien
le **palet** fut détourné du but

à la force du **poignet**

près de la fenêtre
toujours **prêt**
un **prêt** sur l'honneur

un **rai(s)** de lumière
porter la **raie** à gauche
une **raie** au beurre noir
installer un **rets** dans le bief

un **raisonnement** déductif

la reine des **reinettes** est une
pomme très appréciée
la **rainette** est une grenouille

une roue à **rochet**
un **rochet** de cérémonie

un **sachet** de graines

un fidèle **valet** de chambre

boire une bonne **goulée** d'alcool

le candidat avait un maintien **gourmé**

de **gré** ou de force

les quatre saisons
un **lé** de toile
lez ou **lès** (« près de »,
dans les noms de lieux)

le calendrier des **marées**

le froid lui donnait l'**onglée**

un écu **palé** sable et argent

une **poignée** de main chaleureuse
une **poignée** de mécontents

les vaches sont dans le **pré**

do **ré** mi
au **rez**-de-chaussée

on dit plutôt résonance que
résonnement

le bourrelier avait égaré sa **rénette**

à flanc de **rocher**

une **sachée** (un sac) de thé

une **vallée** fertile

l'**abbé** de la paroisse
l'**abée** du moulin

la diagonale du **carré**
vingt mètres **carrés**

le **curé** du village
la **curée** a été sonnée

un **coupé** décapotable était exposé
au Salon de l'automobile
le marin grimpa l'échelle de **coupée**

la **jetée** du port
épaulé et **jeté,** en haltérophilie
un **jeté** battu *(danse)*
un **jeté** de table imprimé

une âme bien **née**
le **nez** de Cyrano

le **pâté** de campagne
la **pâtée** du chien

le **phénix** est un oiseau fabuleux
le **phœnix** est un palmier ornemental

un petit verre de **poiré**
les côtes de **poirée** étaient trop
cuites

un petit **rosé** de Provence bien frais
la **rosée** des matins d'automne

tracer des parallèles à l'aide d'un **té**
une tasse de **thé**
un fer à double **té** (ou **T**)

un tirage de luxe sur **vergé**
(type de papier)
le **verger** est en fleurs

ne tirez qu'au **visé** !
la ligne de **visée**
ses **visées** politiques nous rendent
sceptiques

l'**acquis** de la Révolution française
par **acquit** de conscience

le cuir **bouilli** est plus résistant
c'est de la **bouillie** pour les chats

l'assurance couvre le **bris** de glace
comme fromage, je prendrai du **brie**

la cliente avait rempli son **caddie**
le **caddy,** au golf, sert à porter
les « clubs »

la **cime** de l'arbre
la **cyme** du myosotis

un pan de la façade était **décrépi**
un clochard prématurément **décrépit**

l'ex-champion était tombé en **décri**
un paysage souvent **décrit**

on se l'arrachait à l'**envi**
il ne résista pas à l'**envie** de s'enfuir

une barbe bien **fournie**
le **fournil** était encore chaud

le **gin** est un alcool de grain
il portait un **jean** et un blouson

hi ! hi ! riait-elle ou pleurait-elle ?
on enfonça les pilotis de la **hie**
il **y** en aura assez

aujourd'**hui** ou dans **huit** jours
une séance à **huis** clos

pêcher un **ide** pourpre
les **ides** de mars

le **leader** du mouvement
des **lieder** de Schubert

un **li** chinois valait environ 576 m
un **lit** à baldaquin
boire la coupe jusqu'à la **lie**

entrer en **lice**
une fleur de **lis** ou de **lys**
polir le cuir à la **lisse**
un muscle **lisse**
une tapisserie de haute **lice**

la dévaluation de la **lire**
la **lyre** du poète
un livre à **lire**
les causes de l'**ire** du roi
l'oiseau-**lyre**

le **lori** est un perroquet des Indes
le **loris** est un petit singe
un **lorry** était resté dans le tunnel

do ré **mi** fa
du pain de **mie**
de l'argent **mis** de côté
où êtes-vous, ma **mie** ?

elle était le point de **mire**
de l'assemblée
l'or, l'encens et la **myrrhe** des Rois
mages
un **mir** était une communauté rurale
en Russie

un avenir **mirobolant**
du **myrobolan** d'apothicaire

plus une seule **mite** dans le placard
les récits et les **mythes** de l'Antiquité

ni l'un **ni** l'autre
un vrai **nid** d'aigle
il **n'y** comprend rien

le hasard le tira de l'**oubli**
l'**oublie** est faite sans levain

à la fin, il a dit « **oui** »
il n'avait pas l'**ouïe** très fine

qui sait encore lire le **pali** ?
un **palis** est un pieu de palissade

il a adhéré à un **parti** politique
avoir affaire à forte **partie**

le nombre π (**pi**) est proche de 3,14
la **pie** est jacasseuse et voleuse
le **pis** de la vache
de mal en **pis**

l'alpiniste enfonce un **piton** dans
une faille
un **piton** rocheux
le **python** est un serpent

le **pli** du pantalon
la **plie** est un poisson plat

un **puits** creusé jadis par le puisatier
à droite, **puis** à gauche, puis tout
droit
un **puy** volcanique du Massif central

on ne peut pas jouer au **rami**
sans joker
il s'était tissé une bâche en **ramie**

prendre un **ris** sur une voile
une poule au **riz**
du **ris** de veau
on n'a jamais tant **ri**

un **rôti** de veau dans la noix
un œuf poché sur **rôtie**

cette pièce est une **satire** de la vie
politique
le **satyre** attendait ses victimes dans
le bois

un journal **satirique**
une danse **satyrique**

un **signe** des temps
un **cygne** noir glissait sur le lac

le **silphe** s'attaque aux betteraves
le **sylphe** était le génie de l'air

le **site** offrait une vue panoramique
l'art **scythe** ou scythique

un pouvoir autoritaire longtemps **subi**
un renversement **subit** de la situation

un guépard **tapi** dans les herbes
un accroc au **tapis** du billard

le **tirant** d'eau d'un voilier
ce **tyran** semait la terreur

le **vernis** avait terni le portrait
ce meuble a été **verni**

une cabane couverte de **bardeaux**
le **bardot** est le croisement
d'un cheval et d'une ânesse

mettre du **baume** au cœur
la **bôme** est perpendiculaire au mât

baux est le pluriel de « bail »
un pied **bot**, un **beau** pied

l'écorce du **bouleau**
chercher du **boulot**
un pain de campagne **boulot**

la pêche au **cabillaud**
un **cabillot** d'amarrage

un **canot** de sauvetage
les **canaux** de dérivation

un **chaud** et froid
la **chaux** vive
le nouveau **show** d'une vedette

la réduction du **chômage**
le **chaumage** consiste à couper
le chaume

le **cheminot** vérifiait la voie ferrée
le **chemineau** vagabondait

une **clause** de sauvegarde
trouver porte **close**

un **cuisseau** de veau
un **cuissot** de chevreuil

le **do** de la clarinette
un **dos** d'âne

une **fausse** couche
la **fosse** aux lions

une voix de **fausset**
tirer du vin au **fausset**
un **fossé** d'irrigation

le **goal** de l'équipe
la **gaule** du pêcheur

les eaux se mêlent dans le **grau**
gros comme le poing

le **héraut** annonçait le début
des cérémonies
un **héros** de légende

un **lot** de consolation
lods et ventes rapportaient
beaucoup

un **mot** malheureux
des **maux** de tête

tirer le bon **numéro**
les adjectifs **numéraux**

ô mortel, souviens-toi !
oh ! la belle **eau** limpide
ho ! ho ! vous là-**haut** !
il n'a que la peau et les **os**
s'adresser **au** président
les **eaux** de pluie
l'ancien pluriel d'ail donnait **aulx**

la **peau** de l'ours
un **pot** de fleurs

la **pause** de midi
une **pose** avantageuse

le **pineau** des Charentes
le **pinot** noir

jouer du **pipeau**
un candidat **pipo**

bébé doit faire son **rot**
la lettre grecque **rho** s'écrit ρ
rôt voulait dire rôti

danser un **rondeau** de l'ancien
temps
la sonate s'achève sur un **rondo**

le **saut** de carpe
un **seau** d'eau
un **sceau** royal
il est **sot** et prétentieux

la confiture de **sureau**
un cheval atteint de **suros**

un **taraud** en acier trempé
une partie de **tarots**

à quel **taux** emprunter ?
il est encore trop **tôt** pour le dire
le **tau** grec (τ) s'oppose au thêta (θ)
s'abriter sous le **taud** d'un bateau

de la **tôle** ondulée
aller en **taule**

une course de **trot** attelé
il est **trop** tard pour partir

du **turbot** à l'oseille
un moteur **turbo**

vos projets vont à **vau**-l'eau
des **veaux** élevés en liberté
par monts et par **vaux**

[ɔ]	[o]	**5***

[ɔ] = **o ouvert**

[o] = **o fermé**

cueillir des **arums**

l'**arôme** d'un vin

le **col** du fémur
la **colle** à bois

des yeux peints au **khôl**

les premiers **colons** d'Amérique
l'inspection du **colon**(el)

une inflammation du **côlon**

une **cosse** de petit pois

les avens du **causse**

une **cote** mal taillée
une **cotte** de maille

une **côte** de bœuf
une **côte** escarpée

il est bien **coté** dans l'usine

les gens d'à **côté**

un sale **gosse**

une courbe de **Gauss**

l'**homme** et la femme

le **heaume** cachait le visage
du chevalier
un **home** d'enfants
un **ohm** est une unité de résistance

il adorait le rythme **hot** du jazz
une **hotte** de vendangeur

la **haute** société
un **hôte** encombrant

une pâte **molle**
une **mole** (molécule)

le **môle** du port
la **môle** est une croissance anormale
du placenta
la **môle** est un poisson-lune

prendre le **mors** aux dents
il attendait la **mort**

les invasions des **Maures** ou [mɔr]

notre seule chance

c'est la **nôtre**

voici **votre** part

à la bonne **vôtre**

une **pomme** verte
une **pomme** d'arrosoir

la **paume** de la main
le jeu de **paume**

73

solide comme un **roc**

le **sol** était détrempé
sol dièse
il n'avait plus un **sol**
des filets de **sole**
une **sole** de charpente

tu n'es qu'une petite **sotte**

être prêt au **top**
tope là, c'est d'accord

une voix **rauque**

un **saule** pleureur

une **saute** d'humeur imprévisible

myope comme une **taupe**
une classe de **taupe** prépare
aux grandes écoles

[ɔ] = o ouvert

en son **for** intérieur
tout était perdu, **fors** l'honneur
un **fort** en thème
les Indiens attaquent le **fort**

une **laure** est un monastère
dès **lors** que vous le dites

il n'était plus qu'une **loque**
un **loch** est un lac écossais
le **loch** sert à mesurer la vitesse
d'un voilier

un hareng **saur**
les sporanges forment un **sore**
le **sort** lui fut fatal

6 [ø]

vous le savez mieux qu'**eux**
une demi-douzaine d'**œufs**
euh ! je ne sais pas
heu ? cela suffira ?

faire **feu** de tout bois
feu la mère de madame

non, **je** ne joue pas à ce **jeu**
les **jeunes** [ʒœn] sont dispensés
de **jeûne** [ʒøn]

mettre le **lieu** au congélateur
un **lieu** sûr
une **lieue** marine (distance)

tu **ne** veux pas défaire ce **nœud** ?

peuh ! c'est bien trop **peu**

un **pieu** de fondation
un homme **pieux** et loyal

une **queue** de poisson
le maître **queux** s'est surpassé
aiguiser le couteau sur la **queux**

un cheval **aquilain**
un nez **aquilin**

un oreiller de **crin**
c'est ce que je **crains**

quel est son **dessein** ? *(son but)*
un **dessin** à la plume

ce type est **dingue**
le virus de la **dengue**

un gobelet en **étain**
un volcan **éteint**

tenaillé par la **faim**
la **fin** de la représentation
un **fin** limier

se serrer la **main**
maints complots

le climat **marocain**
un portefeuille en **maroquin**

avoir du **pain** sur la planche
une pomme de **pin**
un bahut en bois **peint**

le **plain**-chant
de **plain**-pied
faire le **plein** d'essence

porter **plainte**
la **plainte** du vent
la **plinthe** cachait les fils électriques

s'en tirer **sain** et sauf
le **saint** patron de la corporation
serrer contre son **sein**
sous **seing** privé
les reins **ceints**
dans **cinq** minutes

le ciel était **serein**
le **serin** chantait dans sa cage

le **succin** est un ambre jaune
un traité plutôt **succinct**

une glace sans **tain**
un tissu grand **teint**
un **tin** de chantier naval
du **thym** et du laurier

mener grand **train**
un **train** de marchandises
le **train** d'atterrissage
trin a le sens de trinitaire

un espoir **vain**
vingt mille lieues
soutirer du **vin**

demander l'**aman** à l'**amman**
l'**amant** et sa maîtresse

l'**amande** est riche en huile
payer une bonne **amende**

le bateau lève l'**ancre**
une tache d'**encre**

un **antre** de bête féroce
entre deux portes

l'**autan** est un vent orageux
travaillez **autant** qu'il faudra

le premier dimanche de l'**avent**
l'**avant** du navire
avant l'orage

publier les **bans**
fermer le **ban**
mettre au **ban** de la nation
un **banc** de jardin
un **banc** d'huîtres

le **champ** de bataille
le **chant** du cygne

passer **commande**
il avait une abbaye en **commende**

payer **comptant**
il avait l'air **content**

il a perdu une **dent**
il la retrouva **dans** son assiette

une **danse** populaire
un brouillard très **dense**

un **différend** les opposait
un aspect **différent**

en l'**an** mille
le bûcheron fit **han** !

un vieux peintre **flamand**
le **flamant** rose se tenait sur
une patte

le **flan** est encore au four
à **flanc** de coteau
un tire-au-**flanc**
prêter le **flanc** aux critiques

des **gens** heureux
la **gent** ailée
un **jan** de trictrac

le **khan** fit lever le **camp**
quand les poules auront des dents
quant à moi, je reste

un(e) **manse** était un petit domaine
féodal
la **mense** abbatiale n'était pas
maigre

les **mansions** du théâtre au
Moyen Age
rayer les **mentions** inutiles

une **mante** religieuse
une **menthe** à l'eau

un **marchand** forain
en **marchant** lentement
le prix **marchand**

l'**ordinant** ordonne l'**ordinand**

un **pan** de son manteau
le **paon** faisait la roue

un toit en **pente** douce
un **pante** est un individu quelconque

la **plan** de la localité
un miroir **plan**
un **plant** de tomates

le **radian** est une unité de mesure
l'astronome scrutait le **radiant**
un ciel **radiant**

les personnes **résidant** dans ce pays
les **résidents** étrangers

il voulait lire un **roman**
un chapiteau **roman**
le pays **romand**, sur les rives
du Léman

sans doute, **cent** centilitres de **sang**

la (le) **sandre** du Rhin
la **cendre** sous le feu

le **tan** sert à préparer le cuir
la **taon** ne pique pas, il mord
tant pis ou **tant** mieux
aura-t-on le **temps ?**
le **temps** s'améliore

une vieille **tante** charmante
une **tente** d'Indien le **tente,** pour Noël

ce **tramp** ne trouvait plus de fret
la **trempe** de l'acier

le chirurgien prit le **trépan**
le **trépang** (tripang) est comestible

le **van** du cheval de course
un **van** en osier
le **vent** se leva brusquement

un **vantail** d'armoire
le **ventail** laisse passer l'air, le vent

le **warrant** est un effet de commerce
le **varan** est carnivore

un **bond** d'un **bon** mètre

le **comté** est un fromage
de Franche-**Comté**
ses jours étaient **comptés**
le **comté** était en deuil

le **comte** et la comtesse
il a son **compte,** celui-là !
un vrai **conte** de fées

les **compteurs** électriques sont
relevés régulièrement
un **conteur**-né, ce berger !

le symbole du **coulomb** est C
le **coulon** est l'autre nom du pigeon

Dom Pérignon fut **donc** chargé par
l'abbé d'Hautvillers d'appliquer ses
dons à la fabrication du mousseux,
ce **dont** le champagne d'Épernay
profite depuis.

le **fond** et la forme
une épreuve de ski de **fond**
un **fonds** de commerce
les **fonts** baptismaux

mon excursion sur le **mont** Blanc

le **rumb** ou **rhumb** est une mesure
d'angle
le **rhombe** est un losange

pas d'ailloli sans **ail** (au pluriel : les
ails ou les aulx)
aïe ! cela fait mal

l'hérésie **arienne**
le mythe de la race **aryenne** était
sans fondement

le **drill** est un grand singe
un joyeux **drille**
forer à la **drille**

le vieux jeu de **mail**
une **maille** qui file
sans sou ni **maille** (avoir **maille** à
partir)

la grande civilisation **maya**
en Amérique centrale
un **maïa** est une araignée de mer

un **bit** est une unité d'information
une **bitte** d'amarrage

un **but** inespéré
une **butte**-témoin

le **butoir** arrêta le wagon
passer le **buttoir** dans le champ

un cheval **étique**, d'une extrême
maigreur
il s'était fixé une **éthique** de vie
rigoureuse

la **lutte** gréco-romaine
le **luth** est un instrument arabe
le **lut** protège du feu

échec et **mat** !
un teint **mat,** une peau **mate**
le prof de **math**(s)

le **spath** fluor
une **spathe** gauloise

un pied de vigne bien fourni en **talles**
le **thalle** du champignon

au **terme** de sa carrière
les **thermes** gallo-romains
les **termes** du contrat

le **termite** vit en société
l'aluminothermie utilise la **thermite**

ton partenaire s'est trompé de **ton**
la pêche au **thon** en Méditerranée

les **trombines** des camarades
la **thrombine** intervient dans
la coagulation

le symbole du **volt** est V
la **volte** du cheval de cirque

le gaz **ammoniac** ou
l'**ammoniaque** (m)
dégraisser à l'**ammoniaque** (f)

l'arôme du **basillic**
la nef de la **basilique**

le **brick** est un voilier
de **bric** et de broc
le **bric**-à-brac
une **brique** romaine
un teint **brique**

le **cadran** de l'horloge
le **quadrant** est un quart de cercle

le **cantique** des cantiques
la physique **quantique**

le **car** n'avait pas attendu
il ne viendra pas, **car** il est malade
la **carre** du ski
un **quart** de litre

une **carte** maîtresse
la **carte** du ciel
la fièvre **quarte** vient par
intermittence
l'intervalle do-fa est une **quarte**

le **cartier,** fabricant de cartes à jouer
le premier **quartier** de la lune
le commissariat du **quartier**

un **chèque** barré sans provision
le **cheik** arabe (**scheikh, cheikh**)

un costume du dernier **chic**
mâcher sa **chique**
la **chique** est une variété de puce

au **cœur** des débats
les **chœurs** de l'Opéra

un homme **colérique**
un médicament **cholérique** agit
sur la bile

le bétail était parqué dans le **corral**
les **chorals** de Bach
la **chorale** de la paroisse

clac ! le volet **claque**
un chapeau **claque**
en avoir sa **claque**
une tête à **claques**

clic ! le coffre est fermé
faire un **click** avec la langue
la **clique** du régiment
prendre ses **cliques** et ses claques
le président et sa **clique**

j'en reste **coi**
quoi de neuf chez vous ?

le **coq** du poulailler
le **coke** de la chaufferie
la **coque** du navire
un œuf à la **coque**

crac ! la branche cassa net
ce jockey est un **crack**
le **krach** de 1929 *(crise financière)*
il raconte des **craques**

la **crème** glacée
le saint **chrême**

un **cric** hydraulique
une **crique** abritée du vent

chacun paya son **écot** sans
rechigner
les **échos** des couloirs du palais
la montagne renvoie l'**écho**

flac ! le voilà à l'eau
une **flaque** d'eau

le **foc** d'un voilier
un **phoque** plongea sous la glace

le rivage du **lac**
la **laque** est un vernis pour le bois
la **laque** de Chine

les grimaces d'un **maki**
en 1941, il a pris le **maquis**

le **mark** est la monnaie allemande
à vos **marques...** prêts ? partez !
la **marque** avait été effacée

le **pic** noir est un oiseau
à coups de **pic**
le **pic** du Midi
la **pique** du picador

le **picage** sévissait dans le poulailler
un **piquage** à la machine

un **placage** de bois précieux
un **plaquage** au rugby

un attentat au **plastic**
les arts **plastiques**
une carrosserie en **plastique**

plainte contre X pour **racket**
une **raquette** de tennis

le **khi** grec s'écrit χ
qui n'a pas compris ?

solide comme un **roc**
le **rock** des années 60
le petit **roque,** au jeu d'échecs

le **soc** de la charrue
le **socque** et le cothurne *(chaussures)*

elle était d'humeur **taquine**
la **tachine** est une grosse mouche

un **tic** nerveux
la **tique** est un parasite du chien

ce n'est pas du **toc**
une **toque** de fourrure

avoir le **trac**
tout à **trac**
la **traque** du grand gibier

sec comme un coup de **trique**
le **trick** est une levée au bridge

faire du **troc** sur un marché
la **troque (troche)** est un coquillage

il a un **truc !** ce n'est pas possible
la plate-forme du **truc(k)** *(chariot)*

17 [f]

du papier d'**alfa**
l'**alpha** et l'oméga

le **fard** change le teint naturel
le **far** est un gâteau breton
le **phare** d'Ouessant est puissant

fi *(donc)* vous récidivez ?
je faisais **fi** de ses conseils
la lettre grecque **phi** s'écrit φ

un **filtre** en papier
un **philtre** d'amour

18 [s]

de l'acide **acétique**
une vie **ascétique**

l'**as** de pique
une **asse** est un outil

une **bonace** d'avant tempête
un air **bonasse**

ça, c'est vilain
çà et là, des arbres abattus
le regret de **sa** vie

ce plat **se** mange froid

le maître de **céans**
se dresser sur son **séant**
ce comportement n'est pas **séant**

une salade de **céleri**
la bourrellerie et la **sellerie**

il n'y a plus de vin au **cellier**
le **sellier** travaille le cuir

l'abolition du **cens** électoral
le **sens** unique
le bon **sens**

nul n'est **censé** ignorer la loi
voici un homme **sensé** !

vous avez **certes** raison
la **serte** *(le sertissage)*

ces perspectives l'effrayaient
douter de **ses** propres forces

un acte de **cession**
la **session** parlementaire

la baleine est un **cétacé**
un poil **sétacé**

un **cil** s'était glissé sous la paupière
la **scille** ressemble à la jacinthe

le pénitent portait le **cilice**
le quartz est de la **silice** pure

cinq hommes
un **scinque** du Sahara

la musique du **cistre** *(genre de mandoline)*
le **sistre** était un instrument à percussion

un hurlement de **cyon**
un **scion** de peuplier

un docteur **ès** lettres
une **esse** est un crochet en S

perdre la **face**
un écu à **fasce** d'argent

une couche de **glace**
boire un **glass**

faire la **grasse** matinée
la **grâce** présidentielle

l'**intercession** de ses proches
l'**intersession** parlementaire

le **kermès** vit sur un chêne
la **kermesse** du village

las ! *(hélas)*
de guerre **lasse**
avoir les jambes **lasses**

un muscle **peaucier**
le **peaussier** fournit le tanneur

mettre un tonneau en **perce**
la religion **perse**

les **pinçons** s'effacent lentement
gai comme un **pinson**

donner un coup de **pouce**
une **pousse** de bambou

mettre les **poucettes** au voleur
(menottes)
le bébé est dans sa **poussette**

le **poucier** protège le pouce
un coup de **poussier** dans la mine

la **Cène** du Jeudi saint
une vie **saine**
une **scène** de théâtre
un **sen** japonais
traîner une **seine** (ou **senne**)

un **centon** satirique
un **santon** de Provence

une fosse **septique**
une attitude **sceptique**

sol la **si**
si la terre s'arrêtait...
faire la **scie**
six francs
il ne faut pas **s'y** fier
sis à flanc de coteau
celui-**ci**
ci-joint une facture

le **sieur** untel
le **scieur** de bois

faire des **siennes**
la chair de la **sciène** est très estimée

il a perdu une **vis**
l'horreur du **vice**
le **vice**-président

---

[z] **19**

la **brise** de mer les ramena
le **brise-bise** est un petit rideau
la **brize** est sensible au vent

[ʃ] **20**

une bonne **cache**
un **cache** de photographe
payer **cash**

une **chape** de brocart
une **chape** de plomb défectueuse
des fils de **schappe** *(déchets
de soie)*

les paupières engluées de **chassie**
le **châssis** d'une voiture

le **chat** de la voisine
le **chas** d'une aiguille
en persan, **chah (shah)** signifie roi

l'enfant **chéri** du destin
le **cherry** est une liqueur de cerise
le xérès se dit en anglais **sherry**

un **chérif** du désert d'Arabie
un **shérif** de western

l'alchimie précéda la **chimie**
danser le **shimmy**

une **flache** dans le pavé
un **flash** électronique

les nuages partaient en **floches**
un **flush** de carreau gagnant

un argument **capital**
la peine **capitale**
le **capital** souscrit
la **capitale** fédérale

un **col** alpin
le **col** marin
la **colle** forte
passer une **colle**

faire un point **consol**
la **console** de sonorisation

un **étal** de boucher
le vent **étale**
l'**étale** de la marée
la mer était **étale**

cela ne tient qu'à un **fil**
une longue **file** d'attente

le **gal** mesure l'accélération (Galilée)
on dit mauvais comme la **gale**
la noix de **galle** est riche en tanin

le manteau **impérial**
un autobus à **impériale**
une barbe à l'**impériale**

de la **javel** (de l'eau de **Javel**)
des **javelles** mises en gerbes

une sœur **jumelle**
des **jumelles** de spectacle

un **label** de qualité
le **labelle** est un pétale

des grains de **mil**
le **mille** marin
mille neuf cent quatre-vingt-sept
taper dans le **mille**

le supplice du **pal**
les **pales** de l'hélice
être **pâle** de peur

un ours en **peluche**
la corvée de **pluches**

la feuille de la capucine est **peltée**
la dernière **pelletée** de terre

un vrai **régal**
l'eau **régale**
le **régale** de l'orgue *(voix humaine)*
la **régale** temporelle

pour rondeau, on disait aussi **rondel**
une **rondelle** de saucisson

se mettre en **selle**
ceux et **celles** qui hésitent encore
un régime sans **sel**

un ressort **spiral**
la **spirale** d'Archimède
grimper en **spirale**

tel maître, **telle** classe
ce **tell** intriguait les archéologues

le chef **tribal**
une **triballe** de fer

un **troll** de légende
chasser le cerf à la **trolle**

à **vil** prix
un **vil** suborneur
la vieille **ville**

le **viol** des consciences
un joueur de **viole**

le **vol** à voile
le **vol** à la tire
réussir la **vole** aux cartes

un produit **volatil**
un **volatile** lourdaud

l'**accord** du piano
la signature de l'**accord**
une côte **accore**
accort est synonyme d'habile
la fleur d'un **acore**

un **r** roulé
prendre l'**air**
un **air** connu
l'**aire** de stationnement
l'**ère** tertiaire
l'**erre** du pétrolier
l'**ers** est une plante fourragère
un drap en **haire**
un pauvre **hère**
un **hère** est un jeune cerf

un jardinet d'un **are**
les règles de l'**art**
verser des **arrhes** à la commande
une **hart** est un lien d'osier
saigner un cheval aux **ars**

un **à-valoir** est un acompte
l'**avaloir** de l'égout est obstrué

le **bar** est un poisson
le **bar** est une unité de pression
le comptoir du **bar**
de l'or en **barres**
donner un coup de **barre** à gauche
porter des colis sur un **bard**

le **bécard** ou **beccard** est un
poisson
le **bécarre** abolit le dièse comme
le bémol

jeter par-dessus **bord**
le **bore** est un métalloïde
le **bort** est un diamant

le marché du **bourg**
une **bourre** de laine

lancer des **brocards** ironiques
(brocarder)
des rideaux de **brocart**
un jeune chevreuil est un **brocard**

lever un **canard** sauvage
installer un **canar** d'aération

le médecin s'inquiétait de
son **catarrhe**
la spiritualité **cathare** (pure)

avoir la **chair** de poule
la **chaire** de philosophie
faire bonne **chère**
cher cousin et **chère** cousine

un cachet de **cire**
un triste **sire**
les **cirr(h)es** du lierre

sonner du **cor**
un **cor** au pied
le **corps** et l'esprit
le **corps** d'armée
à **cor** et à cri

la **cour** du roi
une **cour** des miracles
il faisait une **cour** assidue
le **cours** d'histoire
au **cours** du jour
aller par le plus **court** chemin
un **court** de tennis
la chasse à **courre**

le **dard** du scorpion
arriver **dare-dare**

de l'**éclaire** on tirait un collyre
un **éclair** l'aveugla un instant

l'**épart** était mal ajusté
les cheveux **épars**

le **ferment** lactique
ferrement (ferrage ou ferrure)

la **fureur** de vivre
Hitler était appelé **führer** (guide)

une **heure** après, il partit
un **heurt** violent (heurter)
il n'avait pas l'**heur** de lui plaire
(bonheur, malheur)

le **jars** est le mâle de l'oie
une grande **jarre** d'huile d'olive
jargonner le **jar(s)**
couper les **jarres** d'une fourrure
(poils droits)
les bancs de **jard** de la Loire *(sable)*

du **lard** fumé à l'ancienne
vénérer les **lares** domestiques
(un dieu **lare**)

leur patience a des limites
il ne **leur** parlait plus
leurs idées ne concordaient plus
ce programme n'est qu'un **leurre**

un poids **lourd**
danser une **loure** paysanne

lire dans le **marc** de café
les canards avaient leur **mare**
« Y en a **marre** ! » cria-t-il

son **mari** en était tout **marri** *(fâché)*

un **martyr** est persécuté
souffrir le **martyre**

la ruée ver l'**or**
« **or** » est une conjonction
de coordination
d'**ores** et déjà
les **hors**-la-loi se sont mis **hors** la loi

un nombre **pair**
travailler au **pair**
une **paire** de jumelles
un bon **père** de famille
Athéna-aux-yeux-**pers**

par ailleurs
c'était **par** trop tentant
à **part** entière
un faire-**part** de mariage

réciter un **pater** (noster)
une **patère** comme portemanteau

un **polissoir** de bijoutier
une **polissoire** de coutelier

une côtelette de **porc**
un **pore** obstrué
expédier en **port** dû
rentrer au **port** d'attache

des joues de **poupard**
un **poupart** est un gros crabe

avoir un **rancard (rencard)**,
un rendez-vous
bon à mettre au **rancart**

le **record** du monde tomba
le **recors** accompagnait l'huissier

le **serf** regardait le seigneur
chasser le **cerf**
la **serre** tropicale du jardin botanique
les **serres** de l'aigle

le **serment** du Jeu de paume
un **serrement** de gorge

la **spore** du champignon
un **sport** d'équipe

vingt litres de **super**
l'ovaire **supère** du lys

ils arrivèrent trop **tard**
il y manquait le poids de la **tare**

le numéro sept **ter**
la **terre** promise

le **tir** à l'arc
une **tire** en mauvase état *(voiture)*
la **tire** du blason
un voleur à la **tire**

l'été fut **torride**
l'astronome observait les **taurides**

une **taure** est une génisse
le **tore** d'une colonne de marbre
un fil **tors**
on n'a pas toujours **tort**

le **tour** de main
les créneaux de la **tour**
le **tourd** est un oiseau, c'est aussi
le nom d'un poisson

la pantoufle de **vair**
le **ver** de terre
un **verre** de bière
se mettre au **vert**
un drapeau **vert**
un dépôt de **vert**-de-gris
un **vers** de douze pieds, en poésie
marcher **vers** la vérité

le meilleur restaurant du **coin**
de la gelée de **coing**

il gardait la **foi** du charbonnier
son **foie** le faisait souffrir
il était une **fois**

c'est **moi** qui vous le dis
la fin du **mois** sera difficle
la **moye (moie)** de la pierre

le **norois (noroît)** soufflait
un texte **norois (norrois)**

un **poids** insuffisant
le **pois** chiche
enduire de **poix**
pouah ! que c'est vilain !

dans le sens du **poil**
les cordons du **poêle**
la **poêle** à frire
le **poêle (poële)** à mazout

faire le coup de **poing**
un joli **point** de vue
ne forçons **point** notre talent

ici, cela va de **soi**
un ruban de **soie**
une tonne, **soit** mille kilos
un **soi**-disant amateur d'art
(prétendu)

nous, **toi** et moi
un **toit** d'ardoises

un **tournoi** régional de tennis
le **tournois** était frappé à Tours
(monnaie)

une **voie** à sens unique
il avait une **voix** éraillée

le **watt** est une unité de puissance
on prend de l'**ouate**, ou de la
ouate, pour les soins

un acteur chauve, **barbu**
la **barbue** ressemble au turbot

le **boss** avait perdu l'initiative
la **bosse** du dromadaire
une **bosse** de ris

un bain de **boue**
un **bout** de ficelle

chaque cheval avait son **box**
les **boxes** de l'écurie de courses
la **boxe** française

du champagne **brut** ou du sec ?
une véritable **brute**, ce type
en poids **brut** ou en poids net ?

maintenir le **cap**
une **cape** de matador
se mettre à la **cape** *(grand-voile)*

chut, murmura-t-il
en **chute** libre
les **chutes** du Niagara

être « à la **coule** » signifie être
au courant
une personne «**cool** », décontractée
à Paris **coule** la Seine

un **coolie** affamé, mais digne
préparer un **coulis** d'écrevisses
le vent **coulis** est traître

le pied fourchu d'un diable **cornu**
la **cornue** sert à distiller

un coureur de **cross**
la **crosse** de l'évêque
à qui cherches-tu des **crosses** ?

on mourait facilement du **croup**
la **croupe** du cheval

un bon **cru** du Bordelais
la **crue** du Nil
la viande **crue**

un vin **du** cru
payer son **dû**
une somme **due**

un **fan** de cinéma
la **fane** du radis ne se mange pas

un **full** aux as
il redoutait la **foule**

on arrêta le cerveau du **gang**
la **gangue** des épaves

les réserves de **gaz** naturel
l'infirmier demandait de la **gaze**

jouer au **golf**
le port se trouve au fond du **golfe**

un **gram** positif ou négatif
(en chimie)
une erreur de quelques **grammes**

un **group** avait disparu du sac postal
le **groupe** de tête ralentit

ne plus trouver d'**issue** honorable
des cousins **issus** de germains

une **joue** enflée
le **joug** de l'occupation

lâcher du **lest**
avoir la main **leste**

un **lob** superbe surprit le gardien
de but
le **lobe** de l'oreille

1 **lux** = 1 lumen par m^2
avec un grand **luxe** de détails
il vivait dans le **luxe**

un **mas** à restaurer
une **masse** de documents

le **mess** des officiers
la grand-**messe**

un tempérament **mou**
faire la **moue**
la chaptalisation du **moût** de raisin

la lettre grecque **mu** s'écrit μ
la **mue** d'un serpent
il était **mû** par un sentiment
de charité
une **mue** est une petite cage
ce petit chanteur approchait
de la **mue**

un **mur** délabré
le fruit **mûr** tombe tout seul
de la confiture de **mûres**

nue peut signifier nuage ou nuée
la lettre grecque **nu** s'écrit ν
mettre son cœur à **nu**
voir une planète à l'œil **nu**

le **pool** du charbon et de l'acier
une **poule** au riz
au rugby, les meilleures équipes de
chaque **poule** sont qualifiées

au terme **préfix**, nota le greffier
le **préfixe** s'oppose au suffixe

peu ou **prou**
la **proue** du navire
une figure de **proue**

un **raid** aérien
tomber **raide** mort
une pente très **raide**

recru de fatigue, il dormait debout
l'instruction des nouvelles **recrues**
le **recrû** aimait les souches

un appareil **reflex** permet de mieux
cadrer l'image
c'était un mouvement **réflexe**
il a eu un bon **réflexe**

l'impôt sur le **revenu**
la **revenue** du taillis était plus claire

le **rob** a la consistance du miel
une **robe** de mariée

le **rot** est une maladie de la vigne
la **rote** est un tribunal ecclésiastique
les cordes de la **rote** étaient pincées

la **roue** tourne
préparer d'abord un **roux** blanc
un cheval **roux**

un **ru** est un ruisselet
une **rue** piétonne
la **rue** est aussi une plante
à fleurs jaunes

une **soue** était une étable à cochons
une cachette **sous** le plancher
il était complètement **saoul (soûl)**
n'avoir pas un **sou** en poche

une **statue** équestre au milieu
de la place
le **statu** quo n'arrangeait personne
le nouveau **statut** des professeurs

jouer cartes **sur** table
être **sûr** de son affaire
une pomme **sure** *(acide)*

tram est l'abréviation de tramway
un tamis usé jusqu'à la **trame**

le premier **venu**
la **venue** du printemps

vu les circonstances
une **vue** imprenable

consonnes muettes / doubles consonnes 27

l'**adition** en droit romain
l'**addition** est une opération simple

le stade **anal** de la petite enfance
les archivistes consultent les
annales

l'**arcane** de l'alchimiste
les **arcanes** de la psychanalyse
un trait rouge tracé à l'**arcanne**

la gracilité d'un **atèle** du Brésil
une **attelle** a été posée sur son bras

faire une **balade** dans les Vosges
une **ballade** de douze couplets

une hanche **bote**
une **botte** de paille
des **bottes** d'équitation
pousser une **botte**

on entendit un grand **boum** !
le nouveau **boom** de l'or

le canard et sa **cane**
un pommeau de **canne**
de la **canne** à sucre

les **canuts** de Lyon
le langage **canut** est pittoresque

entrer dans le **coma**
un **comma** sépare sol dièse et
la bémol

tendre le **cou**
accuser le **coup**
produire à moindre **coût**

une **date** mémorable
un régime de **dattes**

un cornet de **frites**
la **fritte** sert à fabriquer du verre

un **galon** d'argent
un **gallon** d'essence
(unité de mesure)

le chemin de **halage** pour les
péniches
le **hallage** est un droit payé par
les marchands

le **mécano** s'affairait sur le moteur
une grande boîte de **Meccano**

une **nonne** arriva en retard à **none**
(messe)

une escalope **panée**
panné signifie « sans un sou »

les pâtons prennent la forme
du **paneton**
le **panneton** de la clé agit sur le pêne

le **penon** indiquait des vents
variables
un **pennon** de chevalier à lance

être fier comme un **pou** *(jeune coq)*
tâter le **pouls**
les **poux** peuvent transmettre
le typhus

sale comme un peigne
une **salle** d'attente

la **somation** biologique
des caractères
faire la troisième **sommation**

un dictionnaire en huit **tomes**
une **tomme** de Savoie

la **tribu** indienne
payer un lourd **tribut**

29   h

il n'y **a** qu'**à** regarder
ah ! l'orthographe

l'**acné** juvénile

la communauté réduite aux **acquêts**

le pli de l'**aine**

l'**alêne** du sellier
l'**allène** est un hydrocarbure

l'**allaitement** du bébé

allô ! qui demandez-vous ?

une population **allogène**

l'**anche** du saxophone

l'**anse** du panier

un **ara** de la forêt tropicale

l'**arrêt** de l'autobus

l'**aster** a des fleurs en étoiles

elle aimait la robe du cheval **aubère**

l'**auspice** rituel du magistrat
sous de fâcheux **auspices**

l'**auteur** de ce texte

le maître-**autel**

un prunier **enté**
un écu **enté**

l'**erse** de la poulie
la civilisation **erse**

pousser des ho ! et des **ha** !
ha, ha, ha, laissez-moi rire !

la baronne montait une **haquenée**

un **haquet** attelé de mules

un cri de **haine**

courir à perdre **haleine**

le **halètement** des asthmatiques

le **halo** de la pleine lune

une lampe **halogène**

une luxation de la **hanche**

la **hanse** était un modèle
d'association

un **haras** de chevaux de course

le chat **haret** craint l'homme

le **hastaire** lança son javelot

le **haubert** était exposé à la rouille

l'**hospice** de vieillards

la **hauteur** d'une falaise

le maître d'**hôtel**

un manoir **hanté**

la **herse** est tirée par le tracteur

on dit l'un **et** l'autre

un **être** humain

les fruits rouges de l'**if**

il vivait sur une **île**

une **obi** pourpre du Japon

il répondit **O.K.** !

une **ombre** le suivait
pêcher un **ombre**

une **ope** dans les murs

un **os** à moelle

où aller en **août**, **ou** en septembre ?

ouille ! ouille ! encore vous !

ouillère
une vigne en **ouillière**
oullière

un complot **ourdi** de longue date

une vedette à la **une** d'une revue

en solfège, le do se disait **ut**

hé oui ! **eh** quoi !

une forêt de **hêtres**

l'**hyphe** des champignons

le **hile** du rein était enflammé

on ne lui connaissait pas de **hobby**

avoir le **hoquet**
des crosses et un palet de **hockey**
le **hoquet** de la polyphonie
médiévale

ne pas avoir de matador à l'**hombre**

hop ! c'est le moment

la **hausse** des salaires

hou ! vous croyez me faire peur
biner à la **houe** à main
une haie de **houx**

la **houille** blanche

une **houillère** dans le Nord

un **hourdis** de fortune sous les toits

grimper au mât de **hune**

coucher dans une **hutte** de trappeur

---

singulier-pluriel **31**

personne dans le refuge ni **alentour**
les **alentours** étaient déserts

l'**appât** du gain
les poissons mordent aux **appâts**
elle croyait ses **appas** irrésistibles

un verre de **fine**
charger le feu de **fines**

une faute **grave**
le **grave** et l'aigu en musique
les **graves** sont des vins de Bordeaux

la **gueule** du loup
le rouge **gueules** de l'écu

une **harde** de daims
les **hardes** du clochard

le **limbe** d'une feuille est sa partie
aplatie
le bord extérieur d'un astre s'appelle
le **limbe**
les **limbes** de la pensée, un état
incertain

la **lunette** arrière d'une voiture
une **lunette** d'approche
des **lunettes** de plongée

attendre la **manne** du ciel
invoquer les **mânes** des ancêtres

une **prémisse** hypothétique en logique
les **prémices** de la vie
(le commencement)

c'est un type **rigolo**
se faire poser des **rigollots**

la **troche** a une forme de toupie
le vigneron attache les **troches**
(sarments)

33 | problème des coupes

aussitôt que j'aurai une minute, je vous recevrai
je ne vous attendais pas **aussi tôt**

cet auteur se mettra **bientôt** au travail
cet auteur se met **bien tôt** à son ouvrage, avant même le lever du soleil

plutôt partir avec un peu de retard, que ne pas partir du tout
ce jour-là, il était parti **plus tôt** que d'habitude

sitôt qu'ils eurent marqué un but, ils jouèrent la défense
ils marquèrent **si tôt** que leur public en fut presque déçu

il y a **quelque** deux cents ans *(il y a **environ** deux cents ans)*
ils étaient **quelque** peu fâchés *(ils étaient **assez** fâchés, pas trop)*
quel qu'en soit le motif, **quelle qu'**en soit la raison, le résultat est là
quelque méchants que vous paraissent ces individus
mille et **quelques** francs

quoiqu'il se fasse tard *(bien que)*
quoi qu'elle fasse, il est trop tard

pourquoi avez-vous ramassé cette pierre ?
pour quoi aviez-vous pris cette pierre ? pour un véritable diamant ?

A Les verbes homonymes sont rares. En voici cependant quelques-uns.

aller et venir
hâler la peau au soleil
(**haler,** dans **haler** une péniche,
s'entend avec **a** antérieur ou
postérieur)

aurifier une dent
horrifier et terrifier

la **bailler** belle
bayer aux corneilles
bâiller d'ennui/**bâiller** comme
une huître (confusion fréquente)

buter contre un gros caillou
butter les carottes
(au sens d'**assassiner** ou de **viser à,**
on peut écrire **buter** ou **butter**)

caner devant l'obstacle
canner un fauteuil
(au sens populaire de **mourir,**
on rencontre **caner** et **canner**)

chaumer après la moisson
chômer en période de crise

choper un rhume
chopper, comme achopper,
heurter

compter les coups
conter fleurette

dégoûter les convives
dégoutter de la voûte

délacer les chaussures
délasser le public

desceller une grille
desseller un cheval
(mais **déceler** une inexactitude)

détoner avec un bruit inouï
détonner dans un décor discret

enter un arbre fruitier
hanter les mauvais lieux

épicer la matelote
épisser deux cordages

exaucer des prières
exhausser une digue

fréter un cargo
fretter un tube

goûter la soupe
goutter comme un robinet

lacer une chaussure
lasser ses admirateurs

mater la mutinerie
mâter une frégate

panser une plaie
penser à l'avenir

pécher par omission
pêcher au harpon

pauser sur les finales
poser des jalons

résonner sourdement
raisonner lourdement

sceller une amitié
seller une mule
(**celer** une tare, mais attention :
il **scelle,** il **selle,** il **cèle**)

roder les soupapes
rôder dans les parages

tacher un pantalon
tâcher de le nettoyer

taler les pommes
taller comme une mauvaise
herbe

teinter une feuille de papier
tinter le glas

vanter les mérites
venter et pleuvoir

Quelques rares verbes différents s'écrivent, se prononcent de la même manière, et se conjuguent pareillement.

mater aux échecs **ravaler** sa salive
mater *(aussi **matir**)*, dépolir **ravaler** une façade

On peut rencontrer des formes différentes de verbes différents.

es / est **ai / aie / aies / ait / aient** **hais / hait**

Ces homonymes partiels ou accidentels ne posent guère de problèmes dans la mesure où l'on peut retrouver l'infinitif par simple transformation et consulter alors le **Bescherelle 1.**

Ex. **font** mal (faire mal)
fond au soleil (fondre)

allaite (allaiter)	**pare** (parer)	**sucent** (sucer)
halète (haleter)	**part** (partir)	**sussent** (savoir)
cru (croire)	**poliçaient** (policer)	**teint** (teindre)
crû (croître)	**polissaient** (polir)	**tint** (tenir)
dore (dorer)	**serre** (serrer)	**vainc** (vaincre)
dort (dormir)	**sert** (servir)	**vint** (venir)
lie (lier)		
lit (lire)		

B Certains participes présents ont subi une transformation en devenant noms ou adjectifs.

Verbe (infinitif)	Participe présent	Nom	Adjectif
adhérer	adhérant	adhérent	
affluer	affluant	affluent	
différer	différant	différend	différent
exceller	excellant		excellent
expédier	expédiant	expédient	
précéder	précédant	précédent	précédent
présider	présidant	président	
somnoler	somnolant		somnolent
violer	violant		violent
communiquer	communiquant		communicant
fabriquer	fabriquant	fabricant	
fatiguer	fatiguant		fatigant
suffoquer	suffoquant		suffocant
vaquer	vaquant		vacant

C Il existe des cas d'homonymie entre un nom et une ou plusieurs formes de verbes conjugués.

Ex. : **piquet / piquais** (piquait, piquaient)
pinson / pinçons

boulet	couplet	hochet	piquet	sommet
braquet	croquet	jouet	ricochet	tiret
briquet	fausset	livret	rivet	tranchet
cabriolet	flageolet	maillet	rouet	troquet
cornet	fumet	muret	signet	volet

une **agression** nocturne
nous **agressions**

une gousse d'**ail**
qu'il y **aille**

une **arête** de poisson
le train s'**arrête**

un **avion** à réaction
nous **avions** peur

une **boîte** de carton
ce cheval **boite**

un **site** historique
il le **cite** à tout propos

dyne (unité de force)
qui dort **dîne**

un **emploi** inespéré
il **emploie** vingt personnes

du **flou** artistique
il **floue** son partenaire

le **four** électrique
il y **fourre** tout

un **glaçon**
nous les **glaçons**

le **loup** est là
elle **loue** une voiture

un **métis** brésilien
il **métisse** des plantes

quelle **mission**
que nous **missions**

une **passion** fatale
nous **passions**

une **noix** de coco
il s'y **noie**

de la **perse** délicate
il **perce** la foule

un **plaid** écossais
il **plaide** coupable

un **pouf** confortable
il **pouffe** de rire

un saut de **puce**
pusse (de **pouvoir** : afin que je...)

le **réveil** sonne
la sonnerie **réveille**

du **savon** noir
nous le **savons**

une **somme**
nous y **sommes**

le **soufre** se sent
on en **souffre**

un(e) **tachine** (mouche)
on te **taquine** ?

le **tien**
tiens donc !

le **trafic** intense
est-ce qu'il **trafique** ?

l'économie de **troc**
on **troque** et on rêve

D Les difficultés concrètes croissent lorsqu'en face de formes verbales d'un seul verbe on a déjà tout un groupe de mots homonymes ou, inversement, des formes verbales issues de verbes différents en face d'un mot non verbal. Enfin, l'embarras du choix devient extrême lorsque plusieurs formes de divers verbes s'opposent à divers mots et à leurs variantes. Les trois listes suivantes présentent des regroupements de ce genre, mais sans offrir de contexte. Voici cependant trois exemples explicites :

mauvais **signe** **cygne** noir	ils **signent**

l'**ais** du relieur	qu'il **ait** ce qu'il demande il **est** temps de terminer

un bon petit **cru**	on n'en **crut** pas un mot	
la **crue** du Nil	moi aussi, j'ai **cru** cela	*(croire)*
la viande **crue**	la rivière **crût** encore	*(croître)*

Un verbe homonyme

atèle attelle	**attellent**	étain éteint	**éteins**	lice lis lisse lys	**lissent**
bah ! bas bât	**bat**	faîte fête	**faites**	maître mètre	**mettre**
bourg bourre	**bourrent**	face fasce	**fasse**	mi mie	**mis**
boue bout	**bous**	faim feint fin	**feins**	maure mors mort	**mord**
sain saint sein seing	**ceint**	fil file	**filent**	mou moue moût	**mouds**
chaud chaux show	**chaut**	for fors fort	**fore**	ni nid	**nie**
cou coup coût	**couds**	frai frais fret	**fraye**	noue nous	**nouent**
crac crack craque krak	**craquent**	gauss gosse	**gausse**	haute hôte	**ôte**
		lai laid lais lait	**laye**	parti partie	**partit**

pain peint pin	**peins**	pli plie	**plient**	tan tant taon temps	**tend**		
peine pêne penne	**peine**	rauque roc roque	**roquent**	tic tique	**tiquent**		
pair paire père pers	**perds**	roue roux	**rouent**	taure tors tort	**tord**		
peu peuh !	**peut**	sang sans cent	**sent**	vaux veau vos	**vaut**		
pic pique	**piquent**	soi soie	**sois**	van vent	**vend**		
plaid plaie	**plais**	saur sore sort	**sors**	voie voix	**voit**		
plastic plastique	**plastiquent**	ter terre	**taire**				

Deux verbes homonymes

croix	**croit** (croire) **croît** (croître)	prix	**prie** (prier) **pris** (prendre)
étang	**étend** (étendre) **étant** (être)	pue	**pue** (puer) **put** (pouvoir)
fer	**faire** *(infinitif)* **ferre** (ferrer)	teinte	**teintes** (teindre) (teinter) **tinte** (tinter)

Deux ou trois verbes homonymes

bail baille	**baillent** (bailler) **bâillent** (bâiller) **bayent** (bayer)	compte comte conte	**comptent** (compter) **content** (conter)
but butte	**butes** (buter) **bûtes** (boire) **buttes** (butter)	fond fonds fonts	**fonds** (fondre) **font** (faire)
cerf serre serf	**serre** (serrer) **sert** (servir)	lut luth lutte	**lutent** (luter) **luttent** (lutter)

mur mûr mûre	**murent** (mouvoir) **murent** (murer)	teint tin thym	**teins** (teindre) **tins** (tenir)
par part *(m)* part *(f)*	**pare** (parer) **part** (partir)	vain vin vingt	**vaincs** (vaincre) **vînt** (venir)
celle sel selle	**cèle** (celer) **scelle** (sceller) **selle** (seller)	vice vis	**visses** (visser) **visses** (voir)

Le jeu des variations de forme selon le temps, le mode, la personne, le genre et le nombre, conduit à des identités orthographiques fortuites, qu'il y ait ou qu'il n'y ait pas parenté de sens.

la vogue du **bois** blanc
je ne **bois** que de l'eau et du lait

un bruit **sourd** à la cave
l'eau **sourd** doucement de la paroi

est-ce un vrai kilt **écossais ?**
j'**écossais** des petits pois

la **souris** et le rat
est-ce que tu **souris** de la fable ?

une sauce **prête** à servir
prête-moi ce livre !

le vol à la **tire**
il se **tire** mal d'affaire

une **serre** tropicale
ce ceinturon me **serre** trop

la **voie** était enfin libre
mes lunettes, que je **voie** mieux !

de la cendre de **soude**
il **soude** les fils

à **tu** et à toi
il s'est **tu**

Vous trouverez dans ce chapitre une occasion de recherche et de jeu sur les mots. Avec un peu d'imagination, il est possible d'exploiter certaines ambiguïtés liées au découpage des mots.

De sa fenêtre, le notaire observe **les clercs / l'éclair.**
Le paysan observe **les pis / l'épi / les pies.**
Le faussaire reproduit **les toiles / l'étoile.**

A l'é / les

l'ébène / les bennes
l'écaille / les cailles
l'écart / les cars /
  les quarts / les carres
l'échangeur / les changeurs
l'échanson / les chansons
l'échec / les chèques / les cheikhs
l'écheveau / les chevaux
l'échoppe / les chopes
l'éclair / les clercs
l'écluse / les cluses
l'école / les colles
l'écorce / les Corses
l'écran / les crans
l'écrin / les crins
l'écurie / les curies
l'édifice / les dix fils
l'édit / les dits
l'effet / les faits
l'effort / les forts
l'effroi / les froids
l'effusion / les fusions
l'égard / les gares
l'égout / les goûts
l'élan / les lents
l'électeur / les lecteurs
l'élocution / les locutions
l'éloge / les loges
l'élytre / les litres
l'émail / les mailles
l'émérite / les mérites
l'émeute / les meutes
l'émigrant / les migrants
l'émir / les mires / les myrrhes

l'émission / les missions
l'émoi / les mois
l'émotif / les motifs
l'émotion / les motions
l'énorme / les normes
l'épais / les paix
l'épar(t) / les parts
l'épaule / les pôles
l'épeire / les pères
l'épi / les pis
l'épieu / les pieux
l'épique / les piques
l'époux / les poux
l'épreuve / les preuves
l'épure / les pures
l'érable / les râbles
l'érection / les rections
l'errant / les rangs
l'eschatologie / les scatologies
l'essai / les saies
l'essaim / les seins /
  les saints / les seings
l'essence / les sens
l'essieu / les cieux
l'essor / les sorts
l'estoc / les stocks
l'étable / les tables
l'étain / les teints / les tains
l'étalon / les talons
l'étanche / les tanches
l'étang / les temps / les taons
l'état / les tas
l'étau / les taux
l'été / les thés

l'éther / les terres
l'éthique / les tics
l'étique / les tiques
l'étoile / les toiles
l'étrenne / les traînes

l'étrille / les trilles
l'étroit / les trois
l'éveil / les veilles
l'évocation / les vocations

N.B. L'ambiguïté n'est jamais totale, en raison du rôle important joué par l'intonation.

B l'a / la

l'acerbe / la Serbe
l'affine / la fine
l'airain / les reins
l'aisselle / les selles
l'ajout / la joue
l'alêne / l'haleine / la laine
l'allocataire / la locataire
l'allocation / la location
l'alogique / la logique
l'aloi / la loi
l'amarre / la mare
l'amer / la mer / la mère
l'amie / la mie
l'amine / la mine
l'amman / la manne
l'amure / la mûre
l'annotation / la notation
l'anormal / la normale

l'apesanteur / la pesanteur
l'apolitique / la politique
l'appareil / la pareille
l'aqueux / la queue
l'arôme / la Rome [o/ɔ]
l'aronde / la ronde
l'arrêt / la raie
l'asocial / la « sociale »
l'Assyrie / la scierie / la Syrie
l'atoll / la tôle [ɔ/o]
l'atome / la tomme [o/ɔ]
l'attente / la tente / la tante
l'attention / la tension
l'attique / la tique
l'avaleur / la valeur
l'avarice / la varice
l'avenue / la venue
l'aversion / la version
l'avisé / la visée

L'étymologie

principales racines grecques et latines

aéro-	gr.	air : aérodrome, aéronaute
-agogie **-agogue**	gr.	guide : démagogue, pédagogie
agro-	lat.	champ : agriculture, agronomie
-algie	gr.	douleur : névralgie, antalgique
allo-	gr.	autre : allogène, allomorphe
andro-	gr.	homme : androgyne
anthropo-	gr.	être humain : anthropologue, anthropophage
aqu-	lat.	eau : aquiculture, aqueduc
archéo-	gr.	ancien : archéologie
-archie **-arque**	gr.	commandement : anarchie, monarque
arthro-	gr.	articulation : arthrite
astro-	gr.	astre : astronomie, astronaute
auri-	lat.	oreille : auriculaire
auto-	gr.	lui-même : autodestruction
avi-	lat.	oiseau : avion, aviation
bary-	gr.	pression : baromètre, barycentre
biblio-	gr.	livre : bibliophile, bibliothèque
bio-	gr.	vie : biologie, antibiotique
brachy-	gr.	court : brachycéphale
calor-	lat.	chaleur : calorifère, calorique
cardio-	gr.	cœur : cardiogramme, cardiologue
carni-	lat.	chair : carnivore
céphal-	gr.	tête : céphalopode, encéphalite
chiro-	gr.	main : chiropracteur, chirurgien
chromo-	gr.	couleur : chromatologie
chrono-	gr.	temps : chronomètre, chronologie
cinéma- **cinès-** **cinét-**	gr.	mouvement : cinématique, cinétique
col-	gr.	bile : colère, mélancolie
cosmo-	gr.	monde (ordre) : cosmopolite, cosmique
-crate **-cratie**	gr.	puissance : démocratie, phallocrate
crypto-	gr.	caché : cryptogame, décryptage
cyano-	gr.	bleu : cyanosé, cyanure
cyclo-	gr.	cercle : bicyclette, cyclothymique
cyto-	gr.	cellule : cytoplasme
dactylo-	gr.	doigt : dactylographier
démo-	gr.	peuple : démographie, démocratie
derm(o)- **-derme**	gr.	peau : dermique, épiderme
didact-	gr.	enseigner : didactique

digi(to)-	lat.	doigt : digitale
-doxe	gr.	opinion : orthodoxe, paradoxe
-drome	gr.	course, champ : aérodrome, hippodrome
dynamo-	gr.	force : dynamique
-èdre	gr.	face : polyèdre, tétraèdre
équi-	lat.	égal : équilatéral, équivalent
-fère	lat.	porter : téléférique, aurifère
galacto-	gr.	lait : galactorrhée
gastéro-	gr.	estomac : gastéropode, gastrite
-gène	gr.	qui engendre : cancérigène, pathogène
géo-	gr.	terre : géographie, géologie
gluco- ⎤		
glyco- ⎦	gr.	doux (sucré) : glucide, glycérine
-gone	gr.	angle : pentagone, polygone
-gramme	gr.	lettre : télégramme, épigramme
grapho-	gr.	écrire : graphique, graphologie
gynéco- ⎤		
gyno- ⎦	gr.	femme : gynécée, gynécologue
hélio-	gr.	soleil : héliothérapie, héliotrope
hémato- ⎤		
hémo- ⎦	gr.	sang : hématome, hémoglobine
hétéro-	gr.	autre : hétérogène, hétérosexuel
hippo-	gr.	cheval : hippodrome, hippique
holo-	gr.	entier : holocauste (caustique, brûler)
homéo- ⎤		
homo- ⎦	gr.	semblable : homéopathie, homosexuel
homin-	lat.	homme : homicide
horo-	gr.	heure : horoscope
hydro-	gr.	eau : hydravion, hydraulique
hygro-	gr.	humide : hygrométrique
hypno-	gr.	sommeil : hypnose, hypnotique
icono-	gr.	image : icône, iconographie
iso-	gr.	égal : isotherme, isocèle (skelos, jambe)
kinési-	gr.	mouvement : kinésithérapeute
lacto-	lat.	lait : lacté, lactique
latéro-	lat.	côté : équilatéral, quadrilatère
leuco-	gr.	blanc : leucémie, leucocyte
litho- ⎤		
-lithe ⎦	gr.	pierre : lithographie, paléolithique
logo- ⎤		
-logue ⎦	gr.	discours : monologue, logorrhée
-lyse	gr.	dissolution : analyse, électrolyse

macro-	gr.	grand : macrocosme, macrophotographie
mam(m)-	lat.	mamelle : mammifère, mammaire
-manie **-mane**	gr.	folie : mégalomanie
méga- **mégalo-**	gr.	grand : mégalithe, mégalomanie
mélano-	gr.	noir : mélancolie
méso-	gr.	au milieu : Mésopotamie
méta-	gr.	transformer : métamorphose, métaphore
métro- **-mètre**	gr.	mesure : kilomètre, métronome
micro-	gr.	petit : microphone, microscope
miso-	gr.	haïr : misogyne, misanthrope
-mobile	lat.	qui se meut : automobile
mono-	gr.	seul : monarchie, monoculture
morpho-	gr.	forme : morphologie, polymorphe
multi-	lat.	nombreux : multinationale, multicolore
myo-	gr.	muscle : myocarde, myopathie
mytho-	gr.	légende : mythologie, mythique
naut-	lat.	matelot : nautique, cosmonaute
nécro-	lat.	mort : nécrologie, nécropole
néo-	gr.	nouveau : néologisme, néophyte
neuro-	gr.	nerf : neurologue, neurone
-nome **-nomie**	gr.	loi : agronome, astronomie
nyct-	gr.	nuit : nyctalope
oléo-	lat.	huile : oléagineux, oléoduc
oligo-	gr.	peu nombreux : oligarchie, oligospermie
omni-	lat.	tout : omnivore, omnisports
onom- **-onyme**	gr.	nom : homonyme, patronyme, onomatopée
-ope	gr.	œil : myopie, hypermétropie
ophtalmo-	gr.	œil : ophtalmie
ornitho-	gr.	oiseau : ornithologique
ortho-	gr.	droit : orthographe, orthophonie
oto-	gr.	oreille : otite, oto-rhino-laryngologiste
ovo-	lat.	œuf : ovocyte, ovulation
oxy-	gr.	acide : oxygène, oxydation
paléo-	gr.	ancien : paléolithique
pan-	gr.	tout : panorama, panthéon
patho-	gr.	souffrance : pathologique, sympathie
patr(i)-	lat.	père : patriarche, patronymique
péd-	gr.	enfant : pédiatre, pédagogie
pédi-	lat.	pied : pédestre, pédicure
pédo-	gr.	enfant : pédologie, pédophilie
pétro-	lat.	pierre : pétrochimie, pétrole
phago- **-phage**	gr.	manger : anthropophage, phagocyte

-phane	gr.	paraître (briller) : diaphane
phanéro-	gr.	visible : phanérogame
philo- ⎤ **-phile** ⎦	gr.	qui aime : francophile, philanthrope
-phobe	gr.	qui craint : claustrophobe, xénophobie
-phone ⎤ **phono-** ⎦	gr.	voix, son : phonétique, téléphone
-phore	gr.	porter : métaphore, sémaphore
photo-	gr.	lumière : photocopie, photographie
phyllo-	gr.	feuille : chlorophylle, phylloxéra
phylo-	gr.	tribu, espèce : phylogenèse
physio-	gr.	nature : physiologie, physionomie
phyto-	gr.	plante : phytoplancton, phytothérapie
pisci-	lat.	poisson : piscine, pisciculture
pneum(o)-	gr.	souffle, poumon : pneumatique, pneumonie
podo-	gr.	pied : podologue
poli- ⎤ **-pole** ⎦	gr.	ville, cité : métropole (ici, de **mêtêr** (grec) : mère.), politique
poly-	gr.	plusieurs, nombreux : polysémie, polygone
potam-	gr.	fleuve : hippopotame
psych(o)-	gr.	âme, esprit : psychiatre, psychologue ▲ métempsycose
ptéro-	gr.	aile : hélicoptère, ptérodactyle
pyro-	gr.	feu : pyrogravure, pyromane
radio-	lat.	rayon : radioactivité, radiologie
rect(i)-	lat.	droit : rectangle, rectiligne
rhé(o)-	gr.	couler : aménorrhée, logorrhée
rhino-	gr.	nez : rhinocéros (céros, corne), rhinite
rhizo-	gr.	racine : rhizome
-scope	gr.	examiner : microscope, télescope
séma- ⎤ **sémio-** ⎦	gr.	signe : polysémie, sémiologie
télé-	gr.	au loin : télépathie, téléphone
thalasso-	gr.	mer : thalassothérapie
théo-	gr.	dieu : polythéisme, théologie
-thèque	gr.	lieu de rangement : bibliothèque, phonothèque
thérap(eu)-	gr.	soigner : psychothérapie, thérapeute
-thèse	gr.	action de poser : hypothèse, synthèse
-tome ⎤ **-tomie** ⎦	gr.	action de couper : anatomie, mammectomie
topo-	gr.	lieu : topologie, toponyme
-trope	gr.	tourner : héliotrope
-trophe ⎤ **-trophie** ⎦	gr.	nourriture : atrophie, hypertrophie
-vore	lat.	manger : carnivore, herbivore
xéno-	gr.	étranger : xénophobe
xylo-	gr.	bois : xylophage, xylophone
zoo-	gr.	animal : zoologique

préfixes d'origine savante

a- **an-**	gr.	privatif : anormal, analphabète
ab-	lat.	éloignement : abstraction
ana-	gr.	en remontant, par : analyse, anagramme
anté-	lat.	avant, devant : antécédent, antérieur
anti-	gr.	contre : antigel, antivol
apo-	gr.	hors de, à partir : apothéose, apogée
cata-	gr.	en bas : catacombe, catalyse
circon- **circum-**	lat.	autour de : circonférence, circonscription
cis-	lat.	en deçà de : cisalpin
co- **com-** **con-**	lat.	avec, achèvement : comité, compassion
dia-	gr.	à travers : diapositive, diachronie
dys-	gr.	difficulté, trouble : dyslexie, dystrophie
ecto-	gr.	en dehors : ectoplasme
en-	gr.	dans : endettement, enraciné
endo-	gr.	dedans : endogène, endogamie
épi-	gr.	sur : épiderme, épigramme
eu-	gr.	bien : euphorie, euthanasie
ex-	lat.	hors de : exhumation, expatrié
exo-	gr.	dehors : exogamie
extra-	lat.	au-delà : extrapolation
hyper-	gr.	sur, plus : hypertension, hypertrophie
hypo-	gr.	sous : hypothèse, hypoglycémie
in-	lat.	1. dans : inhalation, inhérent 2. négatif : incurable, indigne
inter-	lat.	entre : intermède, intercalaire
intra- **intro-**	lat.	dedans : introduction, intraveineux
juxta-	lat.	à côté de : juxtaposition
méta-	gr.	avec, après : métaphore, métaphysique
para-	gr.	1. près : parapsychologie, paragraphe 2. contre : parapluie, parasol
péné-	lat.	presque : péninsule, pénéplaine

per-	lat.	par, à travers : perforateur
péri-	gr.	autour : périphérique, périscope
pré-	lat.	devant, avant : préfixe, préhistoire
pro-	lat.	pour : prolongation, pronom

ré-	lat.	répétition, retour : régression, réitération
rétro-	lat.	en arrière : rétroviseur, rétroactif

semi-	lat.	à moitié, demi : semi-conducteur
sub-	lat.	sous : subaquatique, suburbain
super-	lat.	sur : supermarché, supérieur
supra-	lat.	au-dessus : supranational, supraterrestre
syn-	gr.	avec : synchronie, synonyme, sympathie

trans-	lat.	au-delà de, à travers : transmetteur, transatlantique

ultra-	lat.	au-delà de : ultrason, ultraviolet

quantités

FRANÇAIS	LATIN	GREC
un	uni- (unicellulaire)	mono- (monologue)
deux	bi-, bis- (bicorne)	di- (diptère)
trois	tri- (trinôme)	tri- (trigonométrie)
quatre	quadri- (quadrilatère)	tetra- (tétraèdre)
cinq	quinqu- (quinquennal)	penta- (pentagone)
dix	déci- (décimètre)	déca- (décathlon)
cent	centi- (centimètre)	hecto- (hectolitre)
mille	mill- (millimètre)	kilo- (kilogramme)
dix mille		myria- (myriapode)
demi	semi- (semi-conducteur)	hémi- (hémicycle)

mots et formes invariables

afin
ainsi
ailleurs
alors - dès lors - **lors** - lorsque
après - auprès - exprès - **près**
  - presque
arrière - derrière
assez
au-dessous - dessous - **sous**
au-dessus - dessus - par-dessus -
  sus
aujourd'hui
auparavant - **avant** - devant -
  davantage - dorénavant
aussi
aussitôt - bientôt - plutôt - sitôt -
  tantôt - **tôt**
autant - pourtant - **tant** - tant pis
autrefois - **fois** - parfois -
  quelquefois - toutefois
avec
beaucoup
cependant - pendant
certes
chez
comme - comment
d'abord
dans - dedans
debout
dehors - **hors**
déjà
demain

depuis - **puis** - puisque
dès - dès que
désormais - jamais - **mais**
donc
durant
entre
envers - par devers - (à) travers -
  vers
environ
gré - malgré
guère - naguère
hier
hormis
ici
jadis
jusque
loin
longtemps
mieux - tant mieux
moins - néanmoins
parmi
partout
plus - plusieurs
quand
sans
selon
surtout
tandis que
toujours
trop
volontiers

Lexique

a

a 29 1.A
à 29 1.B
abaisse-langue, *m* 32
abaissement 2.B
abandon 9.A
abaque, *f* 14.B
abat-jour, *m* 32
abats 31
abattage 13.B
abattement 13.B
abattis 27
abattoir 23.A
abbatial 18.C
abbaye 12.B
abbé...............3 12.B
abbesse 12.B
abcès 18.C
abdication 25.A
abdomen 2.C
abdominal 30
abduction 25.A
abécédaire, *m* 2.B
abeille 11.B
aberrant.............. 23.B
aberration 23.B
abîme................. 4.B
ab intestat........... 32
abject................. 21.A
abjection 25.A
abjuration 25.A
ablatif 30
ablation 25.A
ablette................ 13.B
ablution.............. 25.A
abnégation 25.A

aboiement 26.A
abois, *pl* 31
abolition............. 25.A
abolitionniste 16.B
abominable 16.A
abomination........ 25.A
abondamment 16.B
abondance.......... 9.A
abonnement........ 16.B
abord 27
abordage 21.A
aborigène 2.A
abortif 30
aboutissants........ 9.B
aboutissement 9.B
aboyeur.............. 11.A
abrasif 30
abrégé................ 3.A
abrègement......... 2.A
abreuvoir 6.A
abréviation.......... 25.A
abri.................... 4.A
abribus............... 31
abricot 5.B
abricotier 13.A
abrogation 25.A
abrupt 13.A
abruptement 9.B
abscisse, *f*.......... 18.C
abscons............. 31
absence.............. 18.B
absent............... 12.C
absentéisme 29.C
absinthe, *f*.......... 13.C
absolu 12.C
absolument 9.B
absolution 25.A
absorption 25.A
abstention 9.A
abstentionnisme .. 16.B
abstinence 9.A
abstraction.......... 25.A
abstrait 30

absurdement 9.B
absurdité 3.A
abus 27
abusif................. 30
abyssin............... 11.A
acabit, *m* 4.B
acacia 1.A
académicien........ 8.A
académie 14.A
académique 14.B
acadien.............. 14.A
acajou, *m*............ 14.A
a cap(p)ella 32
acariâtre 1.B
accablement........ 14.B
accalmie 14.B
accaparement...... 14.B
accapareur 14.B
accastillage 11.B
accélérateur 18.C
accélération 25.A
accent................ 9.B
accentuation 25.A
acceptabilité........ 18.C
acceptation 25.A
acception, *f*......... 25.A
accès 27
accession............ 25.A
accessit, *m* 18.C
accessoire, *m* 26.B
accessoiriste........ 18.B
accident 9.B
accidentel 30
accidentellement.. 22.B
acclamation 14.B
acclimatation....... 14.B
accointances, *f pl*. 9.A
accolade, *f*.......... 14.B
accommodation... 16.B
accommodement . 16.B
accompagnateur .. 30
accompagnement. 10.B
accompli 30

accomplissement .	18.B	
accord	...23	27
accordéon	29.C	
accordéoniste	29.C	
accordeur	23.A	
accort	...23	14.B
accostage, m	14.B	
accotement	14.B	
accouchement	14.B	
accoucheur	30	
accoudoir	14.B	
accouplement	14.B	
accoutrement	14.B	
accoutumance	9.A	
accroc, m	14.B	
accrochage	14.B	
accroche-cœur(s),		
m	32	
accroissement	18.B	
accru	30	
accu	14.B	
accueil	7.B	
accueillant	7.B	
acculturation, f	14.B	
accumulateur, f	14.B	
accusateur	14.B	
accusatif	30	
accusation	14.B	
acerbe	18.A	
acéré	3.A	
acétique	...18	14.B
acétone, f	18.A	
acétylène, m	4.B	
achalandé	30	
acharné	30	
acharnement	9.B	
achat	1.C	
acheminement	16.A	
acheteur	30	
achèvement	2.A	
achoppement	12.B	
acide	18.A	
acidité, f	3.A	

acidulé	18.A	
acier	3.B	
aciérie	26.A	
acné, f	...29	3.A
acolyte	4.B	
acompte	10.B	
a contrario	32	
à-côté(s), m	32	
à-coup(s), m	32	
acousticien	25.E	
acoustique	14.A	
acquéreur	14.C	
acquêt	...29	2.B
acquiescement	18.C	
acquisition	25.A	
acquit	...4	14.C
acquit(s)-à-		
caution, m	32	
acquittement	13.B	
acre, f	...1*	1.A
âcre	...1*	28.A
acrimonie	28.A	
acrobate	13.A	
acrobatie	18.C	
acropole, f	22.A	
acrylique	4.B	
actant	9.B	
acte	14.A	
acteur	30	
actif	30	
actinique	14.A	
action	25.A	
actionnaire	16.B	
activement	9.B	
activité	3.A	
actualité	3.A	
actuariel	30	
actuel	30	
actuellement	22.B	
acuité	14.A	
acuponcteur	14.A	
acuponcture	26.B	
acupuncture	26.B	

adage, m	21.B
adagio	21.C
adaptateur	30
adaptation	25.A
additif	13.B
addition	...27 13.B
additionnel	16.B
adducteur	13.B
adduction	13.B
adepte	2.C
adéquat	27
adhérence	29.A
adhérent	29.A
adhésif	29.A
adhésion	29.A
adieu	6.A
adipeux	6.B
adjacent	9.B
adjectif	30
adjoint	24.E
adjonction	25.A
adjudant	9.B
adjudication	25.A
adjuvant	9.B
ad libitum	32
administrateur	30
administration	25.A
admirablement	9.B
admiratif	30
admissibilité	18.B
admission	25.A
admonestation	25.A
adolescence	18.B
adolescent	9.B
adoptif	30
adoption	25.A
adorable	13.A
adorateur	30
adoucissement	18.B
adoucisseur	18.B
adrénaline, f	16.A
adresse	18.B
adroit	24.B

adroitement	9.B	
adulateur	30	
adulte	26.C	
adultère, *m*	2.A	
adultérin	30	
adventif	30	
adventiste	9.A	
adverbial	30	
adversaire	26.B	
adverse	18.A	
adversité	3.A	
aède, *m*	29.C	
aération	25.A	
aérien	30	
aérobie, *m*	4.B	
aéro-club(s), *m*	32	
aérodrome	29.C	
aérodynamique	14.B	
aérofrein	8.B	
aérogare, *f*	26.B	
aéronaute	5.B	
aéronaval	30	
aérophagie	17.C	
aéroport	27	
aérosol	18.A	
affable	17.B	
affabulation	17.B	
affaiblissement	17.B	
affaire	2.B	
affaissement	2.B	
affamé	17.B	
affect	17.B	
affectation	25.A	
affectif	30	
affection	25.A	
affectivité	3.A	
affectueusement	6.A	
affectueux	6.B	
afférent	9.B	
affermissement	17.B	
affiche	17.B	
affilié	17.B	
affine	17.B	

affinité	3.A	
affirmatif	30	
affirmation	25.A	
affixe, *m*	17.B	
affliction	25.A	
affluence	9.A	
affluent	9.B	
afflux	27	
affolement	17.B	
affranchissement	17.B	
affres, *f*	31	
affrètement	2.A	
affreusement	17.B	
affreux	6.B	
affriolant	9.B	
affront	10.C	
affrontement	17.B	
affût	17.B	
affûtage	17.B	
afghan	30	
aficionado	18.A	
a fortiori	32	
africain	17.A	
africanisation	25.A	
afrikaans	14.C	
afro	5.A	
afro-asiatique	32	
agacement	15.A	
agacerie	26.À	
agape, *f*	12.A	
agate, *f*	13.A	
âge	1* 1.B	
âgé	1.B	
agence	9.A	
agencement	21.A	
agenda, *m*	1.A	
agenouillement	11.B	
agent	9.B	
aggiornamento, *m*	21.C	
agglomérat	15.C	
agglomération	15.C	
aggloméré	15.C	
aggravation	15.C	

agile	21.A	
agilité	3.A	
agio	5.A	
agiotage	13.A	
agissements	31	
agitateur	30	
agitation	25.A	
agneau	5.B	
agnelet	2.B	
agnelle	2.C	
agnostique	14.B	
agonie	26.A	
agora, *f*	1.A	
agoraphobie	17.C	
agrafe	17.A	
agrafeuse	17.A	
agraire	26.B	
agrammatical	16.B	
agrammatisme	16.B	
agrandissement	15.A	
agrandisseur	15.A	
agréable	29.C	
agrégat	1.C	
agrégation	15.A	
agrégé	3.A	
agrément	9.B	
agrès, *m pl*	31	
agresseur	18.B	
agressif	30	
agression	25.A	
agressivité	18.B	
agricole	22.A	
agriculture	26.B	
agrippement	12.B	
agronomie	16.A	
agrumes, *m pl*	31	
aguets	31	
ah !	1.C	
ahuri	29.B	
ahurissement	29.B	
aide	2.B	
aide-mémoire, *m*	32	
aïe !	11 11.A	

aïeul(s)	29.B	
aïeux	31	
aigle	2.B	
aigre	2.B	
aigrefin	2.B	
aigrelet	30	
aigrette	2.C	
aigreur	23.A	
aigrissement .... '18.B		
aigu	15.A	
aiguë	29.B	
aiguière	2.A	
aiguillage	11.B	
aiguille	11.B	
aiguillette	2.C	
aiguilleur	11.B	
aiguillon	11.B	
aïkido	14.C	
ail 11	11.B	
pl. ails, aulx		
aile 2	2.B	
ailé	30	
aileron	10.A	
ailette	2.C	
ailier	3.B	
ailleurs	11.B	
ailloli	11.B	
aimable	2.B	
aimant	9.B	
aimantation	25.A	
aine, f 29	2.B	
aîné	3.A	
aînesse	18.B	
ainsi	8.B	
aïoli	29.B	
air 23	2.B	
airain	8.B	
aire 23	26.B	
airelle	2.C	
aisance	9.A	
aise	2.B	
aisément	2.B	
aisselle	18.B	

ajonc	10.C	
ajournement	21.A	
ajout	27	
ajusteur	23.A	
akinésie	14.C	
akkadien	14.C	
alacrité	3.A	
alaise, f	2.B	
alambic	14.A	
alambiqué	14.B	
alanguissement	18.B	
albâtre, m	1.B	
albatros, m 31		
albigeois	21.B	
albinos	31	
album	16.A	
albumine, f	16.A	
albumineux	30	
alcali, m	4.A	
alcalin	30	
alcaloïde, m	29.B	
alcazar	19.A	
alchimie	26.A	
alcool, m	5.C	
alcoolémie	26.A	
alcoolique	14.B	
alco(o)test	13.A	
alcôve, f	5.B	
alcyon	11.A	
ale, f	22.A	
aléa, m	29.C	
aléatoire	26.B	
alémanique	22.A	
alêne, f 29 2	2.A	
alentour 31	9.A	
alentours 31	31	
aleph	17.C	
alerte	22.A	
alésage, m	22.A	
alèse, f	2.A	
aléseur	7.A	
alevin	8.A	
alexandrin	30	

alezan	19.A	
alfa 17	1.A	
algarade, f	15.A	
algèbre, f	28	
algébrique	28	
algérien	8.A	
algérois	30	
algie	26.A	
algol	22.A	
algorithme, m	13.C	
algue, f	15.B	
alias	22.A	
alibi, m	4.A	
aliboron, m	10.A	
alicante, m	9.A	
aliénabilité	3.A	
aliénation	25.A	
aliéné	3.A	
alignement	22.A	
aligoté	3.A	
aliment	9.B	
alimentaire	26.B	
alimentation	25.A	
alinéa, m	1.A	
aliquote, f	14.B	
alizé, m	19.A	
allaitement 29	22.B	
allant	9.B	
allée	3.B	
allégation	22.B	
allège, f	22.B	
allégeance	9.A	
allégement	22.B	
allégorie, f	26.A	
allègre	22.B	
allègrement	22.B	
allégresse	2.C	
allegretto, adv	22.B	
allegro, adv	22.B	
alléluia	1.A	
allemand	22.B	
allène, m 29 2	22.B	
allergie	26.A	

AMIDONNAGE / ANGE

A
A

amidonnage	16.B
amine, f	16.A
aminé	3.A
amiral	16.A
amirauté	5.B
amitié	3.A
amman	9	9.A
ammoniac	14	14.A
ammoniaque, f.	14	16.B
ammonite, f.	16.B
ammonium	16.B
amnésie	26.A
amnésique	14.B
amniotique	14.B
amnistie, f	26.A
amoindrissement	18.B
amoncellement	18.A
amont	10.C
amoral	16.A
amorçage	16.A
amorce, f	18.A
amorphe	17.C
amortissement	18.B
amortisseur	18.B
amour	23.A
amourette	2.C
amourettes	31
amoureux	30
amour(s)-propre(s), m	32
amovible	5.A
ampérage	9.B
ampère, m	9.B
ampère(s)-heure(s), m	32
ampèremètre	9.B
amphétamine, f	17.C
amphi	17.C
amphibie, f	17.C
amphibologie	17.C
amphithéâtre	17.C
amphitryon	4.B
amphore, f	17.C
ample	9.B
amplement	9.B
ampleur	9.B
ampli	4.A
ampliation	25.A
amplificateur	30
amplitude	9.B
ampoule	9.B
amputation	25.A
amulette, f	16.A
amure, f	26.B
amuse-gueule, m.	32
amusement	16.A
amusette	16.A
amygdale, f	4.B
amygdalectomie	26.A
amylacé	4.B
an	9	9.A
anabolisant	22.A
anachorète, m	14.C
anachronique	14.C
anachronisme	14.C
anacoluthe, f	13.C
anaconda, m	1.A
anaérobie	26.A
anagramme, f	16.B
anal	27	30
analgésie	26.A
analogie	26.A
analogue	15.B
analphabète	17.C
analphabétisme	17.C
analyse	4.B
analytique	4.B
anamnèse, f	2.A
anamorphose	17.C
ananas, m	1.B
anar	23.A
anarchie	26.A
anarcho-syndicalisme, m	32
anarcho-syndicaliste(s)	32
anathème, m	13.C
anatomie, f	26.A
ancestral	28
ancêtre	28
anche, f	29	9.A
anchois	24.B
ancien	30
anciennement	16.B
ancienneté	3.A
ancillaire	22.B
ancrage, m	9.A
ancre	9	9.A
andain	8	8.B
andalou	30
andante, m	9.A
andantino	9.A
andésite, f	9.A
andin	8	8.A
andorran	23.B
andouille, f	11.B
andouillette	2.C
androcéphale	17.C
androgène	2.A
androgyne	4.B
androïde	29.B
andropause, f	9.A
âne	1.B
anéantissement	29.C
anecdote, f	14.A
anecdotique	26.A
anémie	26.A
anémique	14.B
anémomètre, m	16.A
anémone, f	16.A
anergie	26.A
ânerie	1.B
ânesse	2.C
anesthésie	13.C
anesthésiste	13.C
aneth, m	13.C
anévrisme, m	16.A
anfractuosité	9.A
ange	9.A

angélique 14.B
angelot 5.B
angélus 9.A
angevin 8.A
angine 9.A
angiome, m 9.A
anglais 27
angle 9.A
anglican 30
anglicisme 18.A
anglo-arabe(s) 32
anglomanie 26.A
anglo-
    normand(s) 32
anglophilie 14.C
anglophobie 14.C
anglo-saxon(s).... 32
angoisse 18.B
angora, m 1.A
angström, m 6.C
anguille 11.B
anguillère 11.B
angulaire 26.B
anhydre 29.A
anicroche, f 16.A
aniline, f 16.A
animal 31
animalcule, m 14.A
animalier 30
animalité 3.A
animateur 30
animation 25.A
animiste 16.A
animosité 16.A
anis 16.A
anisette 2.C
ankylose, f 14.C
annales 27 16.B
annamite 16.B
anneau 16.B
année 3.B
année(s)-lumière,
    f 32

annelet 16.B
annexe, f 16.B
annexion 25.A
annihilation 29.B
anniversaire, m 26.B
annonce 16.B
annonciateur 30
annotation 16.B
annuaire, m 26.B
annuel 30
annuellement 22.B
annuité, f 3.A
annulable 16.B
annulaire, m 26.B
annulation 25.A
anoblissement 16.A
anode, f 16.A
anodin 30
anomalie 26.A
anomie 26.A
ânon, m 1.B
ânonnement 16.B
anonymat 1.C
anonyme 4.B
anorak 14.C
anorexie 26.A
anorexique 14.B
anorganique 16.A
anormal 16.A
anse, f 29 9.A
antagonique 14.B
antagonisme 9.A
antan 9.A
antarctique 14.B
antécambrien 30
antécédent 9.B
antéchrist, m 14.C
antédiluvien 30
antenne 2.C
antépénultième.... 9.A
antéposition 9.A
antérieur 23.A
antérieurement 9.B

antériorité 3.A
anthologie 13.C
anthracite, m 18.A
anthrax 13.C
anthropocentrique 13.C
anthropoïde 29.B
anthropologie 13.C
anthropométrie 13.C
anthropomorphe .. 17.C
anthropophage.... 17.C
anthropopithèque 13.C
antialcoolique 29.C
antiatomique 29.C
antibiotique 14.B
anticipation 25.A
anticlinal 30
anticoagulant 29.C
anticonceptionnel 16.B
anticorps 27
anticyclone 4.B
antidérapant........ 9.B
antidote, m 13.A
antienne, f 16.B
antigel 2.C
antigène, m 2.A
antillais 11.B
antilope, f 12.A
antimoine, m 24.A
antinomie 26.A
antipathie 13.C
antiphrase........... 17.C
antipode, m......... 12.A
antiquaille, f........ 11.B
antiquaire 14.B
antique............... 14.B
antiquité 3.A
antirabique 14.B
antisémite 16.A
antiseptique 18.A
antithèse, f.......... 13.C
antithétique 13.C
antivol................ 22.A
antonomase, f 9.A

antonymie, f 4.B
antre, m 9 9.A
anus 31
anxiété 3.A
anxieux 30
aoriste, m 29.C
aorte, f 29.C
août 29.C
aoûtien 25.E
apache 12.A
apaisement 19.A
apanage, m 16.A
aparté, m 3.A
apartheid, m 13.C
apathie 13.C
apathique 13.C
apatride 12.A
apepsie 12.A
aperçu 18.A
apéritif 12.A
aperture, f 26.B
apesanteur 12.A
à peu près 32
apex 31
aphasie 17.C
aphone 17.C
aphorisme, m 17.C
aphrodisiaque 17.C
aphte, m 17.C
aphteux 6.B
api 4.A
apical 30
apicole 12.A
apiculture 12.A
apitoiement 26.A
aplanissement 12.A
aplasie 26.A
aplat 1.C
à-plat(s), m 32
aplatissement 12.A
aplomb 10.C
apnée, f 3.B
apocalypse, f 4.B

apocope, f 12.A
apocryphe, m 17.C
apodictique 12.A
apodose, f 12.A
apogée, m 3.B
apolitique 14.B
apollinien 22.B
apologie, f 26.A
apologue, m 15.B
apophtegme, m ... 17.C
apophyse, f 17.C
apoplexie, f 26.A
aporétique 23.A
aporie, f 23.A
apostasie 12.A
apostat, m 1.C
a posteriori 32
apostolat, m 1.C
apostolique 14.B
apostrophe, f 17.C
apothéose, f 13.C
apothicaire, m 26.B
apôtre 5.B
apparat 12.B
apparatchik 14.C
appareil 11.B
appareillage 11.B
apparemment 1.C
apparence 12.B
apparent 9.B
apparentement 9.A
appariement 26.A
appariteur 12.B
apparition 25.A
appartement 12.B
appartenance 9.A
appas 31 31
appât 31 1.C
appauvrissement .. 12.B
appeau, m 5.B
appel 12.B
appellation 22.B
appendice, m 8.A

appendicite 8.A
appentis, m 4.B
appesantisse-
  ment 9.A
appétence, f 9.A
appétissant 12.B
appétit 12.B
applaudissement .. 12.B
application 25.A
applique 14.B
appoggiature 21.C
appoint 24.E
appointements 31
appontement 12.B
apport 27
apposition 25.A
appréciable 18.A
appréciation 18.A
appréhension 25.A
apprenti 4.A
apprentissage 12.B
apprêt 2 2.B
apprivoisement ... 12.B
approbateur 30
approbatif 30
approbation 25.A
approche 12.B
approfondisse-
  ment 12.B
appropriation 25.A
approvisionne-
  ment 16.B
approximation 25.A
approximative-
  ment 12.A
appui 4.A
appui(s)-bras, m.. 32
appui(s)-tête, m .. 32
âpre 1.B
après 2 27
après-demain 32
après-dîner(s) 32
après-guerre(s) ... 32

après-midi, *m ou f* 32
après-ski(s), *m* 32
âpreté 3.A
a priori 32
aprioriste 32
à-propos, *m* 32
apte 26.A
aptitude.............. 13.A
apurement 12.A
aquafortiste......... 14.B
aquaplaning........ 14.B
aquarelle, *f*.......... 14.B
aquarium, *m*........ 16.A
aquatique 14.B
aquavit, *m*........... 14.B
aqueduc, *m*......... 14.A
aqueux............... 30
aquicole 22.A
aquiculture 14.B
aquifère.............. 17.A
aquilin.............8 8.A
aquilon............... 22.A
aquitain.............. 8.B
ara, *m* 29 1.A
arabesque, *f*........ 14.B
arabique 14.B
arabisant 9.B
arable................ 26.C
arabophone 17.C
arachide, *f*.......... 20.A
arachnéen........... 14.C
araignée 3.B
araire, *m* 26.B
araméen 8.A
arasement 19.A
aratoire............... 26.B
arbalète, *f* 2.A
arbalétrier 3.B
arbitraire............. 26.A
arbitre 26.C
arborescence....... 18.C
arboricole 12.A
arboriculture 26.B

arbre 26.B
arbrisseau 18.B
arbuste............... 26.A
arc...................... 14.A
arcade................ 14.A
arcane, *m* 27 16.A
arc(s)-boutant(s),
  m 32
arceau 5.B
archaïque 14.C
archaïsme, *m*....... 29.B
archange, *m*........ 14.C
arche 20.A
archéologie......... 14.C
archer..........2* 3.B
archet..........2* 2.B
archétype, *m* 4.B
archevêché 3.A
archevêque 2.A
archiduc 14.A
archiépiscopal 29.C
archimandrite, *m*.. 9.A
archipel, *m*.......... 22.A
architecte............ 14.A
architectonique.... 13.A
architectural 30
architecture......... 26.B
archives, *f pl* 31
arçon 18.A
arctique.............. 14.B
ardéchois............ 24.B
ardemment.......... 1.C
ardennais............ 16.B
ardent 9.B
ardeur 23.A
ardoise 19.A
ardoisier 30
ardu.................... 30
are, *m* 23 26.B
arène 2.A
aréopage, *m*........ 29.C
arête 2.A
argent 9.B

argenterie 26.A
argentin.............. 30
argile, *f*............... 22.A
argileux 30
argon 10.A
argonaute 16.A
argot.................. 5.A
argotique............ 13.A
argousin 19.A
argument 9.B
argumentation 25.A
argus 31
argutie 18.C
aria, *m* 1.A
aria, *f* 1.A
aridité 3.A
ariégeois............. 21.B
arien 11 30
arioso................ 5.A
aristocratie......... 18.C
aristotélicien........ 25.E
arithmétique, *f*..... 13.C
arlequin.............. 8.A
arlésien 30
armada, *f*............ 1.A
armagnac............ 14.A
armateur 23.A
armature 26.B
arme 26.A
armée................ 3.B
armement 9.B
arménien 8.A
armistice, *m* 18.B
armoire............... 26.B
armoiries 31
armoricain 14.A
armure 26.B
arnaque, *f*........... 14.B
arnica, *f*.............. 1.A
aromate, *m*.......... 13.A
aromatique 14.B
arôme..........5* 5.B
aronde 10.A

arpège, *m* 2.A
arpent 9.B
arpenteur 23.A
arquebuse 14.B
arrachage 23.B
arrache-clou(s),
m 32
arrachement 23.B
arrache-pied (d') . 32
arraisonnement.... 23.B
arrangement 23.B
arrestation 28
arrêt.............29 2.B
arrêté 23.B
arrhes, *f pl* 23 23.C
arrière 26.B
arrière-ban(s) 32
arrière-bouche(s). 32
arrière-
  boutique(s) 32
arrière-cerveau(x) 32
arrière-cour(s) 32
arrière-garde(s), *f.* 32
arrière-pays, *m* 32
arrière-pensée(s),
f.................... 32
arrière-petits-
  enfants, *m pl*.... 32
arrière-plan(s), *m.* 32
arrière-saison(s) .. 32
arrière-salle(s), *f*.. 32
arrière-train(s), *m.* 32
arriéré 23.B
arrimage 23.B
arrivage 23.B
arrivant............ 9.B
arrivée 3.B
arrogant 9.B
arrondi 23.B
arrondissement 23.B
arrosage 23.B
arrosoir, *m* 23.A
ars, *m*..........23 27

arsenal 31
arsenic, *m* 14.A
arsouille 11.B
art 23 27
artefact............ 13.A
artère 28
artériel............ 28
artériographie 17.C
artériosclérose 13.A
artésien 30
arthrite, *f* 13.C
arthrose, *f* 13.C
artichaut.......... 5.B
article............. 26.C
articulaire 26.B
articulation 25.A
articulatoire........ 26.B
articulet........... 2.B
artifice............. 18.A
artificiel 25.C
artificieux 25.B
artillerie 11.B
artilleur........... 11.B
artimon 10.A
artisan 9.A
artisanat 1.C
artiste 26.A
arum, *m* [ɔm] ...5* 16.A
aryen 11 8.A
arythmie 4.B
as 18 31
ascaris, *m* 31
ascendance........ 18.C
ascendant.......... 9.B
ascenseur 18.C
ascension 25.A
ascensionnel 16.B
ascèse, *f* 18.C
ascète 18.C
ascétique......18 18.C
asepsie 18.A
aseptique.......... 18.A
asexué............. 18.A

ashkénaze.......... 20.B
asiatique........... 19.A
asile, *m*............. 22.A
asocial 18.A
asparagus, *m*...... 31
aspect 27
asperge 21.A
aspérité 3.A
aspersion 25.A
asphalte, *m* 17.C
asphyxie 17.C
aspic, *m*............ 14.A
aspiration 25.A
aspirine, *f*.......... 16.A
assainissement 18.B
assaisonnement ... 18.B
assassin............ 18.B
assassinat 18.B
assaut 5.B
assèchement 18.B
assemblage 9.B
assemblée.......... 3.B
assentiment........ 18.B
assermenté......... 18.B
assertion 25.A
asservissement 18.B
assesseur 18.B
assez............... 3.C
assidu 30
assiduité 3.A
assidûment 18.B
assiégeant.......... 21.B
assiette............ 13.B
assiettée 3.B
assignat........... 1.C
assignation 25.A
assimilation........ 25.A
assises, *f*........... 31
assistanat.......... 1.C
assistance 18.B
assistant 9.B
association.......... 25.A
associé 18.B

assolement.......... 18.B
assombrissement . 10.B
assommoir 16.B
assomption 10.B
assonance........... 9.A
assortiment 18.B
assoupissement ... 18.B
assouplissement .. 18.B
assouvissement ... 18.B
assurance 9.A
assurément 18.B
assureur 23.A
assyrien 4.B
aster, *m*.........29 23.A
astérisque, *m*....... 14.B
astéroïde, *m*........ 29.B
asthénie 13.C
asthme, *m*........... 13.C
asticot............... 5.B
astigmate............ 13.A
astiquage............ 14.B
astragale, *m* 22.A
astrakan, *m* 14.C
astre, *m* 26.A
astreinte 8.B
astringent 9.B
astrolabe, *m* 22.A
astrologie 26.A
astronaute 5.B
astronomie.......... 5.A
astrophysique, *f*... 17.C
astuce, *f* 18.B
astucieux 25.B
asymétrie........... 4.B
asymétrique 4.B
asymptote, *f*........ 8.C
atavisme 13.A
atèle, *m*.........27 13.A
atelier................. 3.B
atemporel 30
atermoiement 26.A
athée 13.C
athéisme............. 13.C

athénée, *m*.......... 3.B
athénien 30
athlète............... 13.C
athlétique 14.B
atlante, *m* 9.A
atlas................... 31
atmosphère, *f*...... 17.C
atmosphérique..... 17.C
atoll, *m*............. 22.B
atome 5.A
atome(s)-
  gramme(s), *m* .. 32
atomique 14.B
atomiseur 23.A
atonal 31
atone 16.A
atonie 26.A
atours 31
atout................. 27
âtre, *m*............... 1.B
atrium, *m*............ 16.A
atroce 18.B
atrocement.......... 18.A
atrocité.............. 18.A
atrophie.............. 17.C
atropine, *f*........... 12.A
attachant 13.B
attaché.............. 13.B
attaché(s)-
  case(s), *m* 32
attachement 13.B
attaque.............. 13.B
atteint 8.B
atteinte 13.B
attelage 13.B
attelle, *f*.........27 22.B
attenant.............. 13.B
attendrissement ... 13.B
attendu 30
attentat 1.C
attente 9.A
attentif 30
attention............. 25.A

attentionné 16.B
atténuation 25.A
atténué.............. 13.B
atterrissage 18.B
attestation 25.A
attique 13.B
attirail 11.B
attirance 9.A
attitré 13.B
attitude 13.B
attorney............. 2.C
attouchement...... 13.B
attractif 30
attraction............ 25.A
attrait 27
attrape 13.B
attrape-
  mouche(s), *m* .. 32
attrape-nigaud(s),
  m 32
attrayant............ 11.A
attribut.............. 27
attributif 30
attribution........... 25.A
attroupement 13.B
atypique 4.B
au, *pl.* aux.......... 5.B
aubade.............. 5.B
aubaine 2.B
aube, *f* 5.B
aubépine 5.B
auberge.............. 5.B
aubergine, *f*........ 5.B
aubier 3.B
aucun 8.A
aucunement 5.B
audace 18.B
audacieux 25.B
au-deçà............. 32
au-dedans 32
au-dehors........... 32
au-dessous 32
au-dessus 32

au-devant 32
audible 26.C
audience 9.A
audiovisuel 30
auditeur............. 30
auditif 30
audition............. 25.A
auditoire............ 26.B
auge, f 5.B
augmentation 25.A
augure, m 5.B
augustin 30
augustinien........ 30
aujourd'hui 29.A
au(l)ne, m 5.B
aulx, pl 5 31
aumône............. 5.B
aumônier 5.B
aune, f 5.B
auparavant.......... 9.B
auprès.............. 27
auquel,
  pl. auxquels 14.B
aura, f 1.A
auréole, f 29.C
auriculaire, m 26.B
auricule, f 22.A
aurifère............. 17.A
aurignacien 25.E
aurochs 14.C
aurore, f 5.B
auscultation 25.A
auspice, m 29 18.B
aussi 18.B
aussitôt 33 5.B
austère 2.A
austérité 3.A
austral.............. 30
  pl. aussi austraux
australien........... 30
australopithèque .. 14.B
autan, m 9 9.A
autant.....9 9.B

autarcie, f 26.A
autel 29 22.A
auteur.....29 5.B
authenticité........ 13.C
authentique 13.C
authentiquement.. 13.C
autisme, m 13.A
auto-
  accusation(s) ... 32
auto-allumage, m
  sg.................. 32
autobiographie 17.C
autobus............. 31
autocar............. 23.A
autochtone 14.C
autoclave, m 26.A
autocollant 22.B
autocratie 18.C
autocritique 14.B
autodafé, m........ 3.A
autodestruction ... 25.A
autodétermination 25.A
auto-école(s), f ... 32
autogestion........ 21.A
autographe, m..... 17.C
autolyse, f.......... 4.B
auto-marché(s),
  m 32
automate, m....... 26.A
automatique....... 14.B
automatisation..... 25.A
automnal 16.C
automne............ 16.C
autonettoyant...... 16.B
autonome 16.A
autonomie 26.A
autopompe, f...... 10.B
autoportrait........ 27
autopsie, f.......... 18.A
autoradio, m........ 5.B
autorail, m 11.B
autorisation........ 25.A
autoritaire 26.B

autorité 2.A
autoroute, f........ 5.B
autoroutier......... 30
autosatisfaction ... 25.A
autos-couchettes . 32
auto-stop, m 32
auto-stoppeur(s) . 32
autosuggestion.... 21.C
autour............... 23.A
autre................ 5.B
autrefois 24.B
autrement 9.B
autrichien 30
autruche............ 20.A
autrui 4.A
auvent, m 9.B
auvergnat 1.C
auxiliaire............ 26.B
auxiliariat........... 1.C
aval 22.A
avalanche 9.A
avaleur 30
à-valoir, m 23 32
avance 9.A
avancée............. 3.B
avancement 9.B
avanie 26.A
avant.....9 9.B
avantage............ 9.B
avantageux 6.B
avant-bras 32
avant(s)-
  centre(s), m..... 32
avant-coureur(s) . 32
avant-dernier(s) .. 32
avant-garde(s), f . 32
avant-gardiste(s),
  m 32
avant-hier 32
avant-port(s), m.. 32
avant-poste(s), m 32
avant-première(s),
  f.................... 32

avant-projet(s), *m* 32
avant-propos....... 32
avant-scène(s), *f*. 32
avant-toit(s), *m*... 32
avant-train(s), *m* . 32
avant-veille(s), *f*.. 32
avare................. 26.B
avarice 18.B
avaricieux 6.B
avarie................ 26.A
avatar, *m* 23.A
à vau-l'eau.......... 32
avec.................. 14.A
aven, *m* 16.A
avenant 9.B
avènement.......... 9.B
avenir................ 23.A
avent...........___9 9.B
aventure 26.B
aventureux.......... 6.B
aventurier 3.B
avenue 26.A
averse 2.C
aversion 25.A
avertissement 18.B
aveu 6.A
aveuglement 9.B
aveuglément 9.B
aveuglette........... 13.B
aviateur 30
aviation 25.A
avicole 22.A
aviculture 26.B
avidité............... 3.A
avion 10.A
aviron 10.A
avis.................. 4.B
avisé 3.A
avitaminose........ 19.A
avocat............... 1.C
avocate 13.A
avocatier............ 3.B
avoine, *f* 24.A

avoir 23.A
avortement.......... 9.B
avorton 10.A
avouable 29.C
avoué................ 29.C
avril 22.A
avunculaire 26.A
axe, *m* 26.A
axial.................. 30
axiologie 26.A
axiomatique 14.B
axiome, *m*........... 5.A
axis, *m* 18.A
ayant(s) cause 32
ayant(s) droit 32
ayatollah 11.A
azalée, *f*............. 19.A
azimut, *m*........... 19.A
azote, *m* 19.A
aztèque 19.A
azur, *m*.............. 19.A
azuréen 8.A
azyme, *m*........... 4.B

baba, *m*............. 1.A
baba, *f* 1.A
babil 22.A
babillage 11.B
babines 31
babiole.............. 5.A
bâbord 27
babouche, *f*........ 20.A
babouin............. 24.B
baby 4.B
 pl. babys, *aussi* ....

babies 31
babylonien.......... 4.B
bac 14.B
baccalauréat....... 14.B
baccara...........1 14.B
baccarat.......___1 1.C
bacchanale 14.C
bac(ch)ante 14.C
bâchage 1.B
bâche................ 1.B
bachelier 30
bachi-bouzouk(s),
 m 32
bachique 14.B
bachot 5.A
bachotage 21.A
bacillaire............ 26.B
bacille, *m*........... 22.B
bacillose............ 22.B
bâclage 1.B
bacon 1.A
bactéricide......... 18.A
bactérie, *f* 26.A
badaud.............. 5.B
baderne, *f*.......... 2.C
badge, *m* 21.A
badigeon 21.B
badigeonnage 21.B
badin 30
badine.............. 16.A
badinerie 26.A
badminton 16.A
baffe 17.B
baffle, *m*............ 17.B
bafouillage......... 11.B
bâfreur 30
bagad 13.A
bagage............. 15.A
bagarre............. 23.B
bagarreur........... 23.B
bagatelle 2.C
bagnard............. 23.C
bagnole............. 22.A

bagou(t)	15.A	
baguage	15.B	
bague	15.B	
baguette	13.B	
bah ! ...1	1.C	
bahut	29.B	
bai ...2*	30	
baie ...2*	26.A	
baignade	2.B	
baigneur	30	
baignoire	26.B	
bail, pl. baux. ...5	11.B	
bâillement	11.B	
bailleur	11.B	
bâilleur	1.B	
bailli	11.B	
bailliage	11.B	
bâillon	1.B	
bâillonnement	16.B	
bain	8.B	
bain(s)-de-pieds, m	32	
bain(s)-marie, m.	32	
baïonnette	29.B	
baisemain	8.B	
baiser	19.A	
baisse	18.A	
bajoue	21.A	
bakchich, m	14.C	
bal ...1	31	
balade ...27	22.A	
baladeur	22.A	
baladin	22.A	
balafon	17.A	
balafre	17.A	
balai ...2	2.B	
balai(s)-brosse(s), m	32	
balalaïka, f	29.B	
balance	9.A	
balancelle	18.A	
balancement	18.A	
balancier	3.B	
balançoire	26.B	
balayette	11.A	
balayeur	11.A	
balayures	31	
balbutiement	18.C	
balcon	14.A	
balconnet	16.B	
baldaquin	14.B	
baleine	2.B	
baleineau	5.B	
baleinier	30	
balèze	19.A	
balisage, m	18.A	
balistique, f	14.B	
baliveau	5.B	
baliverne	22.A	
balkanisation	25.A	
ballade ...27	22.B	
ballant	22.B	
ballast, m	13.A	
balle ...1	22.B	
ballerine	22.B	
ballet ...2	2.B	
ballon	22.B	
ballonnement	16.B	
ballon(s)-sonde(s), m	32	
ballot	5.A	
ballotin	22.B	
ballottage	13.B	
ballottement	13.B	
ballottine	13.B	
bal(l)uchon	22.B	
balnéaire	26.B	
balourd	30	
balsa, m	1.A	
balte	26.A	
baltique	14.B	
balustrade	22.A	
balustre, m	22.A	
balzacien	25.E	
bambin	9.B	
bamboche, f	9.B	
bambocheur	9.B	
bambou	9.B	
bamboula, f	9.B	
ban ...9	9.A	
banal, pl. (moulins) banaux	31	
banalisation	25.A	
banalité	3.A	
banane	16.A	
bananier	3.B	
banc ...9	9.C	
bancaire	14.A	
bancal	14.A	
banco	5.A	
bandage	9.A	
bande	9	
bande(s)-annonce(s), f	32	
bandeau	5.B	
bandelette	13.B	
banderille	11.B	
banderole	22.A	
bandit	4.B	
banditisme	13.A	
bandonéon	29.C	
bandoulière	2.B	
bang	9.C	
banjo	21.C	
bank-note(s), f	32	
banlieue	6.B	
banlieusard	23.C	
banni	16.B	
bannière	16.B	
bannissement	16.B	
banque	14.B	
banqueroute	14.B	
banquet	2.B	
banquette	13.B	
banquier	2.B	
banquise	19.B	
bans ...9	31	
bantou	30	
baobab, m	12.A	

baptême 28.C
baptismal............. 28.C
baptiste 27
baquet 2.B
bar 23 23.A
baragouin 24.E
baraka, f 1.A
baraque.............. 14.B
baraquement 14.B
baratin 8.A
baratineur 30
baratte 13.B
barbacane, f 16.A
barbant 9.B
barbaque, f 14.B
barbare............... 26.B
barbaresque 14.B
barbarie.............. 26.A
barbe 12.A
barbeau.............. 5.B
barbecue 14.A
barbelé 30
barbet 2.B
barbichette 13.B
barbier 3.B
barbiturique 13.A
barboteuse.......... 7.A
barbouillage........ 11.B
barbouze, f.......... 19.A
barbu.............26 30
barbue 26 26.A
barcarolle, f......... 22.B
barcasse 18.B
barda 1.A
barde, m............. 13.A
bardeau 5 5.B
bardot 5 5.B
barème 2.A
barge 21.A
baril 22.A
barillet............... 11.B
bariolage 22.A
bariolé............... 30

barmaid............. 2.B
barman...........31
    pl. men ou mans
barnum 16.A
baromètre 2.A
baron(ne) 31
baronet 16.A
baronnie.............. 16.B
baroque.............. 14.B
baroud 13.A
baroudeur 30
barouf 17.A
barque 14.B
barquette 13.B
barracuda 23.B
barrage.............. 21.A
barre.............23 23.B
barreau.............. 5.B
barrette 23.B
barreur 30
barricade 23.B
barrière.............. 2.A
barrique.............. 23.B
barrissement........ 18.B
bartavelle, f 22.B
barycentre, m 4.B
baryon 11.A
baryton 4.B
bas, m 1 27
bas.................1 30
basal 19.A
basalte, m 19.A
basaltique 14.B
basané 16.A
bas-bleu(s), m 32
bas-côté(s), m 32
basculant............ 9.B
bascule 22.A
base.................. 19.A
base-ball, m sg.... 32
basilic, m.........14 14.A
basilique, f......14 14.B
basique 14.B

basket, m............ 14.C
basketteur........... 30
basoche, f........... 20.A
basquais............. 2.B
basque 30
basque(s), f 31
bas-relief(s), m.... 32
basse, f.............. 18.B
basse(s)-cour(s),
    f..................... 32
basse(s)-fosse(s),
    f..................... 32
bassement 9.B
bassesse 18.B
basset 2.B
bassin 8.A
bassine............... 16.A
bassinet............. 16.A
bassinoire 26.B
basson 18.B
basta................. 1.A
bast(a)ing........... 8.A
bastide, f 13.A
bastille 11.B
bastingage.......... 15.A
bastion.............. 5.A
bastonnade......... 16.B
bastringue, m 15.B
bas-ventre(s), m .. 32
bât 1 1.B
bataclan 9.B
bataille 11.B
batailleur 30
bataillon 11.B
bâtard 27
batave 13.A
batavia, f 1.A
bâté 1.B
bateau............... 5.B
bateau(x)-
    mouche(s), m .. 32
bateau(x)-
    pompe(s), m.... 32

batée 3.B
batelage 13.A
bateleur 30
batelier 3.B
batellerie 22.B
bat-flanc, *m* 32
bath 13.C
bathyscaphe, *m* ... 13.C
bâti 1.B
batifoleur 17.A
batik, *m* 14.C
bâtiment 9.B
bâtisse 18.B
bâtisseur 18.B
batiste 13.A
bâton 28
bâtonnet 16.B
bâtonnier 16.B
batracien 25.E
battage 13.B
battant 9.B
batte, *f* 13.B
battement 13.B
batterie 13.B
batteur 30
battoir 13.B
battue 26.A
baud 5.B
baudelairien 30
baudet 2.B
baudrier 3.B
baudroie, *f* 24.B
baudruche 20.A
bauge 21.A
baume, *m* 5 5.B
baumier 16.A
bauxite, *f* 13.A
bavard 27
bavarois 24.B
bavette 13.B
baveux 6.B
bavoir 23.A
bavure 26.B

bayadère, *f* 11.A
bazar 19.A
bazooka 14.C
béant 9.B
béarnais 30
béat 1.C
béatement 9.B
béatitude 13.A
beatnik 14.C
beau 5 30
beauceron 30
beaucoup 27
beau(x)-fils, *m* ... 32
beaufort 27
beau(x)-frère(s)
  [beauf(s)], *m* ... 32
beaujolais 30
beau(x)-père(s),
  m 32
beaupré 3.A
beauté 3.A
beaux-arts, *m pl* .. 32
bébé 3.A
be-bop(s), *m* 32
bec 2.C
bécane 16.A
bécarre, *m* 23 23.B
bécasse 18.B
bec(s)-de-cane,
  m 32
bec(s)-de-lièvre,
  m 32
bec(s)-fin(s), *m* .. 32
bêchage 2.A
béchamel, *f* 2.C
bêche 2.A
bêcheur 30
bécot 5.A
becquée, *f* 14.C
becquet, *m* 14.C
bedaine 2.B
bedeau 5.B
bedon 10.A

bédouin 24.E
bée, *f* 2* 3.B
beffroi 17.B
bégaiement 26.A
bégonia, *m* 1.A
bègue 15.B
bégueule 15.B
béguin 15.B
béguine 16.A
bégum 16.A
behavio(u)risme .. 29.B
beige 2.B
beigne, *f* 2.B
beignet 2.B
bel 2 30
bel canto 32
bêlement 2.A
belette 13.B
belge 2.C
belgicisme 18.A
bélier 22.A
bélître, *m* 4.B
belladone, *f* 22.B
bellâtre, *m* 1.B
belle 2 30
belle(s)-dame(s),
  f 32
belle(s)-de-jour, *f* 32
belle(s)-de-nuit, *f* 32
belle(s)-famille(s),
  f 32
belle(s)-fille(s), *f*. 32
belle(s)-mère(s), *f* 32
belles-lettres, *f pl*. 32
belle(s)-sœur(s), *f* 32
belliciste 18.A
belligène 2.A
belligérance 9.A
belligérant 9.B
belliqueux 6.B
belon, *f* 22.A
belote 13.A
bel(o)uga, *m* 1.A

belvédère............ 2.A
bémol, *m* 22.A
bénédicité........... 3.A
bénédictin 30
bénédiction......... 25.A
bénéfice 18.A
bénéficiaire 25.D
bénéfique 14.B
benêt 2.B
bénévolat 1.C
bénévole 22.A
bengali, *m*........... 4.A
bénignité 3.A
bénin 8.A
   f bénigne......... 30
béni-oui-oui,
   m inv 32
bénisseur............ 18.B
bénit 4.B
bénitier.............. 3.B
benjamin 8.A
benne 16.B
benoît 24.B
benoîtement........ 24.B
benzène, *m* 8.A
benzine, *f*........... 16.A
béotien 25.E
béquet 14.B
béquille 11.B
berbère.............. 2.A
bercail.............. 11.B
berceau 5.B
bercement.......... 18.A
berceuse............ 18.A
béret 2.B
bergamote, *f*....... 13.A
berge 2.C
berger 30
bergerie............. 26.A
bergeronnette...... 16.B
béribéri, *m* 4.A
berline.............. 16.A
berlingot........... 5.B

berlinois 24.B
berlue 26.A
bermuda, *m*........ 1.A
bernard-l'ermite
   m inv. 32
berne 2.C
bernique, *f*......... 14.B
bernois 24.B
berrichon 30
besace.............. 19.A
besicles, *f pl*....... 31
bésigue 15.B
besogne 19.A
besogneux.......... 6.B
besoin............... 24.D
besson 18.B
bestiaire 26.B
bestial 30
bestialement........ 22.A
bestiaux 31
bestiole, *f*........... 22.A
best-seller(s), *m* .. 32
bêta ....:............. 2.A
bétail 11.B
bétaillère 11.B
bête ....🔲2 28
bétel 2.C
bêtise 2.A
bêtisier 3.A
béton 10.A
bétonnage 16.B
bétonnière 16.B
bette ....🔲2 13.B
betterave 13.B
beuglant............. 9.B
beuglement......... 6.A
beurre 23.B
beurrier 23.B
beuverie 6.A
bévue................. 26.A
bey ....🔲2* 2.C
biais.................. 2.B
bibelot 5.A

biberon 10.A
bibi................... 4.A
bibine 16.A
bible 26.C
bibliobus 31
bibliographie....... 17.C
bibliophile 17.C
bibliothécaire 26.B
bibliothèque........ 13.C
biblique............. 14.B
bicarbonate, *m* 16.A
bicarré............... 23.B
bicentenaire 26.B
bicéphale............ 17.C
biceps 31
biche 20.A
bichromie 14.C
bickford............. 14.C
bicolore............. 26.B
bicoque.............. 14.B
bicorne.............. 14.A
bicyclette........... 4.B
bidasse.............. 18.B
bidet 2.B
bidon 10.A
bidonville, *m*....... 22.A
bidule, *m* 22.A
bief, *m* 2.C
bielle 22.B
biélorusse 18.B
bien 8.A
bien-aimé(es) 32
bienfaisance........ 9.A
bienfait.............. 27
bienfaiteur 30
bien-fondé(s), *m* . 32
bienheureux 29.A
biennal.............. 16.B
bien-pensant(es) . 32
bienséant........... 9.B
bientôt 33 27
bienveillant 11.B
bienvenu 30

bienvenue........... 26.A
bien-vivre, *m*....... 32
bière 2.A
biface, *m* 17.A
biffure 17.B
bifteck.............. 14.C
bifurcation 25.A
bigame............. 15.A
bigarré 23.B
bigarreau, *m*........ 23.B
bigarrure............ 23.B
bigleux.............. 30
bigorneau 5.B
bigot................. 30
bigoterie............ 13.A
bigouden............ 8.A
bigoudi, *m* 4.A
bigre 26.C
biguine.............. 15.B
bihebdomadaire... 29.A
bijectif.............. 30
bijection 25.A
bijou 31
bijouterie 13.A
bijoutier............. 30
bikini, *m* 14.C
bilan 9.A
bilatéral 30
bilboquet........... 14.B
bile 22.A
bileux............... 30
bilharziose 19.A
biliaire............. 22.A
bilieux.............. 30
bilingue............ 15.B
bill.................. 22.B
billard 27
bille 11.B
billet 2.B
billetterie 13.B
billevesée.......... 3.B
billion 22.B
billot 5.A

bimbeloterie........ 8.B
bimensuel 30
bimillénaire 22.B
bimoteur............ 16.A
binaire............... 26.B
binette 13.B
bingo 5.A
biniou 11.A
binocle, *m*.......... 26.C
binôme............. 5.B
biochimie 26.A
biodégradable 26.A
bioénergétique 29.C
bioénergie 29.C
biographie 17.C
biologie............. 26.A
biophysique 17.C
biopsie, *f* 18.A
biosphère, *f*........ 17.C
biosynthèse, *f*...... 8.C
biothérapie 13.C
biotope, *m* 12.A
biotype, *m* 4.B
bioxyde, *m*.......... 4.B
bipartite............ 13.A
bipartition........... 25.A
bipède.............. 13.A
biplace 18.A
biplan 9.A
bipolaire 26.B
bipolarisation 25.A
biquet 14.B
biréacteur 29.C
birman 30
bis 18.A
bisaïeul 29.B
bisannuel........... 30
bisbille, *f* 11.B
biscaïen............. 29.B
biscayen 11.A
biscornu 30
biscotte 13.B
biscuit.............. 4.B

biscuiterie 26.A
bise 19.A
biseau 5.B
bison 19.A
bisou 19.A
bisque, *f*............. 14.B
bissection 18.B
bissextile 18.B
bistouri.............. 4.A
bistre 26.C
bistro(t) 5.A
bit,, *m* 13 13.A
bitension 25.A
biterrois............. 23.B
bitte...............13 13.B
bitter................. 2.C
bitume, *m* 13.A
bitumeux 30
biture, *f* 26.B
biunivoque 14.B
bivalence........... 9.A
bivouac 14.A
bizarre............... 23.B
bizarrement 23.B
bizarrerie 23.B
bizarroïde 29.B
bizut(h)............. 19.A
blablabla, *inv*....... 1.A
blackboulage....... 14.C
black-out, *m* 32
blafard 27
blague............. 15.B
blagueur............ 30
blaireau 5.B
blâmable 1.B
blâme................ 1.B
blanc 9.C
blanc(s)-bec(s),
   m 32
blanchâtre........... 1.B
blancheur 7.A
blanchiment........ 9.B
blanchisserie 18.B

blanchisseur........ 30
blanc(s)-seing(s),
  m 32
blanquette 2.C
blasé 19.A
blason 19.A
blasphémateur 17.C
blasphématoire 26.B
blasphème 17.C
blastomère, *m* 2.A
blatte, *f* 13.B
blazer 19.A
blé 2* 3.A
bled 13.A
blême 2.A
blémissement 28
blennoragie 23.B
blessant 9.B
blessure 18.B
blet 2.B
bleu 31
bleuâtre 1.B
bl(e)uet 29.C
bleusaille 11.B
bleuté 30
blindage 8.A
blindé 8.A
blizzard 19.C
bloc 14.A
blocage 14.A
bloc(s)-
  cuisine(s), *m*.... 32
bloc(s)-
  cylindre(s), *m*... 32
blockhaus 14.C
bloc(s)-
  moteur(s), *m*.... 32
bloc(s)-notes, *m*.. 32
bloc(s)-
  système(s), *m* .. 32
blocus 31
blond 10.C
blondasse 18.B

blondinet 2.B
blouse, *f* 19.A
blouson 19.A
blue-jean(s), *m* ... 32
blues, *m* 19.A
bluette 13.B
bluff 17.B
bluffeur 7.C
blutage 13.A
boa 1.A
bobard 27
bobèche, *f* 2.A
bobinage 16.A
bobine 16.A
bobo 5.A
bob(sleigh) 12.A
bocage 14.A
bocal 22.A
bock 14.C
bœuf 7.B
  pl. bœufs ... 6.B
bog(g)ie, *m* 4.B
bogue, *f* 15.B
bohème 29.B
bohémien 29.B
bois 24.B
boiserie 19.A
boisseau 18.B
boisson 18.B
boîte 24.B
boiteux 30
boîtier 3.B
boitillement 11.B
bol 22.A
bolchevik 14.C
bolchevique 14.B
bolée, *f* 3.B
boléro 5.A
bolet, *m* 2.B
bolide 22.A
bolivien 30
bombance 9.A
bombarde 10.B

bombardement 10.B
bombardier 3.B
bombe 10.B
bombyx, *m* 4.B
bôme, *f* 5 5.B
bon 10 30
bonapartiste 30
bonasse.........18 18.B
bonbon 10.B
bonbonne.......... 16.B
bonbonnière 16.B
bond...........22 10.C
bonde 26.A
bondé 3.A
bondieuserie 19.A
bondissement 18.B
bon enfant 32
bonheur 29.A
bonhomie 28.C
bonhomme 28.C
  pl. bonshommes
bonification 25.A
boniment........... 9.B
bonimenteur 30
bonjour 21.A
bon marché........ 32
bonne 30
bonne(s)-
  maman(s), *f*..... 32
bonnement 16.B
bonnet 16.B
bonneteau 5.B
bonneterie 13.A
bonnetière 13.A
bonnette........... 13.B
bonniche 16.B
bon(s)-papa(s),
  m 32
bon sens, *m* 32
bonsoir............. 23.A
bonté 3.A
bonus 18.A
  m pl. boni 4.A

bonze................. 19.A
bonzesse 18.B
boogie-
    woogie(s), *m* ... 32
bookmaker.......... 14.C
booléen.............. 30
boolien.............. 30
boom..............27 16.A
boomerang 16.A
bootlegger 15.C
boots, *m pl* 31
boqueteau 5.B
bora, *f*.............. 1.A
borain 8.B
borborygme, *m*.... 4.B
borchtch, *m* 20.B
bord 23 27
bordeaux 27
bordée 3.B
bordel 22.A
bordelais 2.B
bordereau 5.B
bordure 26.B
bore, *m* 23 26.B
boréal 31
    pl. als *ou* aux
borée 3.B
borgne 26.C
borique 14.B
bornage.............. 21.A
bortsch, *m* 20.B
bosquet.............. 2.B
boss 26 18.B
bosse.............26 18.B
bosselure 26.B
bosseur 30
bossu 18.B
bot................5 5.A
botanique 14.B
botaniste 16.A
botte.............27 13.B
botteur 23.A
bottier 13.B

bottillon 11.B
bottin................. 13.B
bottine 16.A
boubou 12.A
bouc 14.A
boucan.............. 9.A
boucanier 16.A
bouche.............. 20.A
bouche-à-bouche,
    m 32
bouche-
    bouteille(s), *m* . 32
bouchée 3.B
boucher............. 3.B
boucherie 4.B
bouche-trou(s), *m* 32
bouchon 10.A
bouchonné 16.B
bouchot 5.A
boucle................ 14.A
bouclette 2.C
bouclier.............. 3.B
bouddha.......... 13.B.C
bouddhisme 13.B.C
bouderie............. 4.B
boudin 8.A
boudiné.............. 16.A
boudoir 23.A
boue.............26 26.A
bouée 3.B
boueux.............. 6.B
bouffant 17.B
bouffarde........... 17.B
bouffe............... 17.B
bouffée 17.B
bouffi................. 30
bouffon 17.B
bouffonnerie 16.B
bougainvillée, *f*.... 3.B
bougainvillier, *m*.. 3.B
bouge, *m*............ 21.A
bougeoir 21.B
bougeotte........... 13.B

bougie 4.B
bougnat 1.C
bougon 30
bougonnement.... 16.B
bougrement 9.B
bougresse........... 18.B
boui(s)-boui(s),
    m 32
bouillabaisse 2.B
bouillant............. 9.B
bouille................ 11.B
bouilleur............. 11.B
bouilli..............4 30
bouillie 4 4.B
bouilloire 26.B
bouillon.............. 11.B
bouillon(s)-
    blanc(s), *m*...... 32
bouillonnant 16.B
bouillonnement ... 16.B
bouillotte............ 13.B
boulanger 30
boulangerie......... 4.B
boule 22.A
bouleau 5 5.B
bouledogue 15.B
boulet 2.B
boulette.............. 2.C
boulevard 23.C
boulevardier........ 3.B
bouleversant 9.B
bouleversement ... 9.B
boulier 3.B
boulimie 4.B
bouliste 22.A
boulon 22.A
boulonnage 16.B
boulonnais.......... 16.B
boulot 5 5.A
boum ! 27 16.A
bouquet 2.B
bouquetière 14.B
bouquetin........... 14.B

bouquin	8.A
bouquineur	16.A
bouquiniste	16.A
bourbeux	30
bourbier	3.B
bourbonnais	16.B
bourde	13.A
bourdon	10.A
bourdonnant	16.B
bourdonnement	16.B
bourg	23 23.C
bourgeois	21.B
bourgeoisie	4.B
bourgeon	21.B
bourgeonnement	16.B
bourgmestre	15.A
bourgogne	26.C
bourguignon	15.B
bourlingueur	15.B
bourrache, f	23.B
bourrade	23.B
bourrasque	23.B
bourratif	30
bourre, f	23.B
bourreau	5.B
bourrée	23.B
bourrelet	2.B
bourrelier	3.B
bourriche	23.B
bourrichon	23.B
bourricot	5.A
bourrin	23.B
bourrique	23.B
bourru	30
boursicoteur	30
boursouflé	17.A
boursouflure	17.A
bousculade	14.A
bouse	19.A
bousillage	11.B
boussole	18.B
bout	26 27
bout à bout, m	32

boutade	13.A
bout(s)-de-table, m	32
boutefeu	6.A
bouteille	11.B
boutique	14.B
boutiquier	30
bouton	13.A
bouton(s)-d'or	32
boutonnage	16.B
boutonneux	30
boutonnière	2.A
bouton(s)-pression, m	32
bout(s)-rimé(s), m	32
bouturage	13.A
bouture	26.B
bouvier	3.B
bouvreuil	11.B
bovarysme	4.B
bovidé	3.A
bovin	30
bowling	27
box, m	26 31
box-calf(s), m	32
boxe, f	26 26.A
boxer	23.A
box-office, m sg	32
boy	11.A
boyard	11.A
boyau	11.A
boycott	11.A
boycottage	11.A
boy-scout(s), m	32
brabançon	30
brabant	9.B
bracelet	2.B
bracelet(s)-montre(s), m	32
brachial	14.C
brachycéphale	14.C
braconnage	16.B

braconnier	16.B
braderie	4.B
braguette	15.B
brahmane, m	29.A
brahmanisme	29.A
braies, f pl	2 31
braillard	23.C
braille, m	11.B
braiment	9.B
brainstorming, m.	15.A
brain-trust(s), m	32
braise	19.A
brame	16.A
brancard	23.C
branche	9.A
branchement	9.B
branchie	4.B
brandade	13.A
brandebourg	23.C
brandon	9.A
brandy	4.B
branlant	9.B
branle-bas, m	32
braquage	14.B
braque	14.B
braquet	14.B
bras	1.C
brasero	5.A
brasier	3.B
bras-le-corps (à)	32
brassard	23.C
brasse	18.B
brassée	3.B
brasserie	4.B
brassière	2.B
bravissimo	18.B
bravo	5.A
bravoure	26.B
break	14.C
brebis	4.B
brèche	2.B
bréchet	2.B
bredouille	11.B

bredouillis.......... 4.B
bref.................. 2.C
  f brève 30
brelan 9.A
breloque............ 14.B
brème, *f*.............. 2.B
brésilien 30
bressan 30
brestois 30
bretelle.............. 2.C
breton 30
bretonnant......... 16.B
bretteur 2.C
bretzel, *m* ou *f*..... 2.C
breuvage 6.A
brevet 2.B
breveté 3.A
bréviaire, *m*......... 26.B
briard 23.C
bribe, *f* 12.A
bric-à-brac, *inv*.... 32
bric et de broc
  (de) 32
bricolage 14.A
bricole.............. 22.A
bricoleur............ 30
bridé 30
bridge 21.A
brie 4 4.B
briefing 15.C
brièvement......... 2.A
brièveté 2.A
brigade............. 15.A
brigand 9.C
brigantin............ 8.A
brillamment........ 16.B
brillantine 11.B
brimade............. 16.A
brin................. 8.A
brindille............ 11.B
bringue, *f*........... 15.B
brio................. 5.A
brioche............. 20.A

brique 14 14.B
briquet 2.B
briqueterie 13.A
briquette............ 13.B
bris 4 4.B
brisant.............. 19.A
brise 19 19.A
brise-bise, *m inv*.. 32
brisées 31
brise-fer 32
brise-glace(s)...... 32
brise-jet, *m* 32
brise-lames, *m*..... 32
brise-vent, *m*....... 32
bristol 22.A
brisure............. 19.A
britannique 16.B
broc 14.A
brocante........... 14.A
brocanteur 14.A
brocard 23 23.C
brocart 23 23.C
broche 20.A
brochet 2.B
brochette........... 2.C
brochure............ 26.B
brodequin.......... 14.B
broderie............ 4.B
broiement 26.A
brome 16.A
bromure, *m*........ 16.A
bronche, *f*.......... 10.A
bronchiole 22.A
bronchite........... 13.A
broncho-
  pneumonie(s), *f* 32
brontosaure 5.B
bronzage 19.A
bronze.............. 19.A
brossage........... 18.B
brosse 18.B
brouet 2.B
brouette 2.B

brouettée........... 3.B
brouhaha........... 29.B
brouillage 11.B
brouillamini........ 11.B
brouillard........... 23.C
brouille............. 11.B
brouillon........... 11.B
broussaille 18.B
broussailleux 6.B
brousse 18.B
broutille............ 11.B
browning........... 27
broyage............ 11.A
broyat 1.C
brrr ! 23.B
bruant 9.B
brucellose.......... 22.B
brugeois 30
brugnon 10.A
bruine 16.A
bruissement 18.B
bruit............... 4.B
bruitage............ 13.A
bruiteur 23.A
brûlant 9.B
brûle-gueule, *m*... 32
brûle-parfum, *m*... 32
brûle-pourpoint
  (à)................. 32
brûleur 23.A
brûlis 4.B
brûlot.............. 5.B
brûlure 26.B
brumaire........... 26.B
brume 16.A
brumeux........... 30
brun............... 30
brunâtre 1.B
brunette 2.C
brushing 20.B
brusque........... 14.B
brut 26 30
brutal 31

brutalement 13.A
brutalité.............. 3.A
brute.............26 26.A
bruxellois............ 30
bruyamment........ 11.A
bruyant 11.A
bruyère 11.A
buanderie 29.C
bubonique 16.A
buccal 14.B
buccin............... 18.C
bûche 20.A
bûcheron 10.A
bucolique 14.A
budget 21.A
budgétaire 26.B
budgétisation 25.A
buée 3.B
buffet............... 17.B
buffle 17.B
bufflonne........... 17.B
buggy 15.C
bugle, *m*............. 15.A
building.............. 15.A
buis 4.B
buisson 18.B
buissonneux 30
buissonnier 30
bulbe, *m*............. 12.A
bulbeux 30
bulgare.............. 15.A
bulldog, *m* 22.B
bulldozer 19.A
bulle 22.B
bulletin.............. 22.B
bull-terrier(s), *m*.. 32
bungalow 27
bunker 23.A
buraliste 22.A
bure, *f*............... 26.B
bureau 5.B
bureaucrate......... 13.A
bureaucratie 18.C

bureaucratisation . 25.A
burette 13.B
burin................. 8.A
burlesque 14.B
burnous............. 27
bus 31
busard............... 19.A
buse 19.A
business 18.B
businessman 18.B
busqué.............. 14.B
buste 13.A
bustier............... 3.B
but 13 13.A
butane 13.A
buté 30
butée 3.B
buteur 8.A
butin................. 8.A
butineur 30
butoir............13 23.A
butor................. 23.A
butte.............13 13.B
buttoir...........13 13.B
buvard 23.C
buvette.............. 13.B
byzantin 30
byzantinisme....... 4.B

C

ça.................18 1.A
çà.................18 1.B
cabale 22.A
cabalistique......... 22.A
caban................. 9.A
cabane 16.A
cabanon 16.A

cabaret 2.B
cabaretier........... 3.B
cabas 1.B
cabernet 2.B
cabestan............ 9.A
cabillau(d) 5 11.B
cabine................ 16.A
cabinet.............. 16.A
câble................. 1.B
câbleur.............. 30
cabochard 23,C
caboche 20.A
cabochon 10.A
cabot 5.A
cabotage 16.A
caboteur 23.A
cabotin.............. 30
cabotinage.......... 16.A
caboulot............ 5.B
cabri 4.A
cabriole 22.A
cabriolet 2.B
cacah(o)uète 29.B
cacao 5.B
cacatoès 29.C
cacatois............. 24.B
cachalot 5.B
cache, *m* 20 20.A
cache, *f*.........20 20.A
cache-cache, *m*... 32
cache-col, *m*...... 32
cachemire, *m*....... 26.B
cache-misère, *m* .. 32
cache-nez, *m* 32
cache-pot, *m*....... 32
cache-poussière,
m 32
cache-sexe, *m* 32
cachet 2.B
cache-tampon, *m*. 32
cachette 2.C
cachot............... 5.A
cachotterie.......... 13.B

C/C

cachottier 13.B
cachou 20.A
cacique 18.A
cacophonie 17.C
cactus 31
cadastral 30
cadastre, m 13.A
cadavérique 14.B
cadavre 13.A
caddie 4 13.B
caddy 4 4.B
cadeau 5.B
cadenas 1.B
cadence 9.A
cadet 2.B
cadmium 16.A
cadran..........14 9.A
cadre 14.A
cadre(s)-cible(s),
  m 32
cadreur 23.A
caduc............... 30
caducée, m 3.B
caducité 3.A
cæcum 16.A
cafard 23.C
cafardeux........... 6.B
caf'conc', m 32
café 2.A
café(s)-crème, m . 32
caféier 3.B
caféine 29.C
caf(e)tan 9.A
cafétéria 1.A
café(s)-théâtre(s),
  m 32
cafetière 13.A
cafouillage 11.B
cafouillis........... 4.B
cafre 17.A
cage 21.A
cageot............... 21.B
cagibi............... 4.A

cagneux 30
cagnotte............. 13.B
cagoule 22.A
cahier................ 29.B
cahin-caha.......... 32
cahot ..`.............. 29.B
cahoteux 30
cahute............... 29.B
caïd 29.B
caillasse............. 18.B
caille 11.B
caillebotis 11.B
caillot............... 5.A
caillou 31
caillouteux 30
caïman 9.A
caisse................ 18.B
caissette 13.B
caissier 30
caisson.............. 18.B
cajolerie 21.A
cajoleur 30
cajou 21.A
cajun 8.A
cake.................. 14.C
cal, m 1 31
calabrais 30
calamine, f 16.A
calamité............. 3.A
calamiteux 30
calandre, f........... 9.A
calanque 9.A
calao 5.A
calcaire.............. 2.B
calcination 18.A
calcul 22.A
calculateur 30
cale, f 1 22.A
calé 3.A
calebasse............ 18.B
calèche.............. 20.A
caleçon 18.A
calédonien 30

calembour 9.B
calembredaine 8.B
calendes............. 31
calendrier 3.B
cale-pied(s), m.... 32
calepin 8.A
calfatage............. 17.A
calfeutrage.......... 6.A
calibrage 22.A
calibre............... 22.A
calice, m 18.A
calicot............... 5.A
califat................ 1.C
calife................. 17.A
californien 30
califourchon........ 22.A
câlin 30
câlinerie 1.B
calisson 18.B
calleux 22.B
call-girl(s), f....... 32
calligraphie 22.B
callipyge............. 4.B
callosité............. 22.B
calmar............... 23.A
calme................ 30
calmement 9.B
calomniateur 16.C
calomnie 16.C
calorie, f 4.B
calorifère, m 17.A
calorifique 14.B
calorifuge 17.A
calot 5.A
calotin 13.A
calotte............... 13.B
calque, m............ 14.B
calumet 2.B
calvados............. 18.A
calvaire.............. 26.B
calviniste 16.A
calvitie 18.C
calypso, m 4.B

camaïeu, *m* 29.B
camarade 16.A
camaraderie 4.B
camarde, *f.* 16.A
camarguais 15.B
cambiste 9.B
cambodgien 21.A
cambouis 4.B
cambrien 30
cambriolage 9.B
cambrioleur 23.B
cambrousse 18.B
cambrure 26.B
cambuse 19.A
came, *f* 16.A
camée, *m* 3.B
caméléon 29.C
camélia, *m* 1.A
camelot 5.B
camelote 13.A
camembert 9.B
caméra 1.A
cameraman 16.A
camériste 16.A
camerlingue, *m* 15.B
camerounais 16.A
camion 16.A
camion(s)-
 citerne(s), *m* 32
camionnette 16.B
camionneur 16.B
camisard 23.C
camisole 19.A
camomille, *f* 11.B
camouflage 17.A
camouflet 17.A
camp 9 27
campagnard 23.C
campagne 9.B
campagnol 22.A
campanile, *m* 22.A
campanule, *f* 22.A
campêche 2.A

campement 9.B
campeur 23.A
camphre, *m* 17.C
camping 15.C
campus 31
canadair 23.A
canadien 30
canaille 11.B
canal 16.A
canalisation 25.A
canapé 12.A
canaque 14.B
canard 23 23.C
canari 4.A
canasson 18.B
canasta, *f* 1.A
cancan 9.A
cancanier 3.B
cancer 23.A
cancéreux 30
cancérigène 2.A
cancre 14.A
cancrelat 1.C
candélabre 22.A
candeur 23.A
candi, *inv* 4.A
candidat 1.B
candidature 13.A
candide 13.A
cane 27 16.A
caneton 10.A
canette 13.B
canevas 1.C
caniche 16.A
caniculaire 26.B
canicule 22.A
canif 17.A
canin 30
canine 16.A
caniveau 5.B
cannabis, *m* 16.B
cannage 16.B
canne 27 16.B

cannelé 16.B
cannelle 2.C
cannelloni 22.B
cannelure 16.B
cannibale 16.B
canoë 29.B
canon 10.A
canonique 16.A
canonisation 25.A
canonnade 16.B
canonnière 16.B
canot 5 16.A
canotage 16.A
canotier 3.B
cantabile, *m* 22.A
cantal 22.A
cantaloup 27
cantate, *f* 13.A
cantatrice 13.A
cantharide, *f* 13.C
cantilène, *f* 22.A
cantine 13.A
cantinier 30
cantique 14 14.B
canton 9.A
cantonade 16.A
cantonal 30
cantonnement 16.B
cantonnier 16.B
canular 23.A
canularesque 14.B
canule, *f* 22.A
canut 27 27
canyon 11.A
caoutchouc 27
caoutchouteux 30
cap 26 12.A
capable 12.A
capacitaire 26.B
capacité 18.A
caparaçon 18.A
cape 26 26.A
capeline 18.A

C
C

capésien	30	caractériel	30	carentiel	25.C
capétien	25.E	caractéristique	14.B	caressant	18.B
capharnaüm	17.C	carafe	17.A	caresse	18.B
capillaire	22.B	carafon	17.A	car-ferry(ies), m	32
capillarité	22.B	caraïbe	29.B	cargaison	19.A
capitaine	2.B	carambolage	9.B	cargo	5.A
capitainerie	1.B	carambouillage	11.B	caribou	12.A
capital, m 22	22.A	carmel	22.A	caricatural	31
capital	30	caramélisé	22.A	caricature	26.A
capitale, f 22	22.A	carapace	18.A	carie	4.B
capitalisme	22.A	carat	1.C	carié	30
capitation	25.A	caravane	16.A	carillon	11.B
capiteux	30	caravaneige, m	2.B	carillonneur	16.B
capitole	22.A	caravaning	15.C	carlingue	15.B
capitonnage	16.B	caravansérail	11.B	carmagnole	22.A
capitulaire, m	26.B	caravelle	22.B	carmel	22.A
capitulation	25.A	carbonaro	5.A	carmélite, f	22.A
caporal	12.A	pl. carbonari	31	carmin	8.A
capot	5.B	carbone	16.A	carnage	21.A
capote	13.A	carburant	9.B	carnassier	30
câpre, f 1*	1.B	carburateur	23.A	carnation	25.A
capriccio	5.A	carbure, m	26.B	carnaval	31
caprice	18.A	carcan	9.A	carnavalesque	14.B
capricieux	30	carcasse	18.B	carnet	2.B
capricorne, m	14.A	carcéral	30	carnivore	26.B
capsule	18.A	cardan	9.A	carolingien	30
captieux	25.B	cardeur	30	carotène, m	2.A
captif	30	cardiaque	14.B	carotide	13.A
captivité	3.A	cardigan	9.A	carottage	13.B
capture	26.B	cardinal	30	carotte	13.B
capuce, m	18.A	cardiogramme	16.B	carpe	26.A
capuche	20.A	cardiologie	1.B	carpette	13.B
capuchon	20.A	cardiologue	15.B	carquois	14.B
capucin	18.A	cardio-		carrare, m	23.B
capucine	18.A	pulmonaire(s)	32	carre, f 5	23.B
caquelon	14.B	cardio-		carré 3	30
caquet	14.B	vasculaire(s)	32	carreau	23.B
car 14	23.A	carême	2.A	carrefour	23.B
carabin	8.A	carême(s)-		carrelage	23.B
carabine	16.A	prenant(s), m	32	carrelet	23.B
caraco	5.A	carénage, m	28	carreleur	30
caracole, f	22.A	carence	9.A	carrément	23.B
caractère	2.A	carène, f	28	carrier	3.B

carrière 23.B
carriole 22.A
carrosse 18.B
carrosserie 18.B
carrousel 18.A
carrure 23.B
cartable 14.A
carte 14 26.A
cartel 22.A
carte(s)-lettre(s),
   f 32
carter 23.A
cartésien 30
carthaginois 13.C
cartilage 22.A
cartilagineux 30
cartographie 17.C
cartomancie 18.A
carton 10.A
cartonnage 16.B
carton(s)-pâte(s),
   m 32
cartoon 16.A
cartouche(s)-
   amorce(s), f 32
cartouchière 2.A
caryatide, f 11.A
caryotype, m 11.A
cas 1.C
casanier 30
casaque 14.B
casbah 19.A
cascade 14.A
cascadeur 14.A
case 19.B
caséine 29.C
casemate 19.A
caserne 19.A
casernement 19.A
cash 20 20.B
casher 20.B
cash-flow, m 32
casier 19.A

casino 5.A
casoar 29.C
casque 14.B
casquette 14.B
cassate, f 18.B
cassation 25.A
casse, m et f 18.B
casse-cou, m 32
casse-croûte, m ... 32
casse-gueule, m .. 32
casse-noisettes, m 32
casse-noix, m 32
casse-pieds, m 32
casse-pipe(s), m.. 32
casserole 18.B
casse-tête, m 32
cassette 13.B
casseur 23.A
cassis 31
cassolette 18.B
cassonade........... 16.A
cassoulet 18.B
cassure 18.B
castagnettes........ 31
castel 22.A
castillan 30
castor 23.A
castrat 1.C
castration 25.A
casuel 30
casuistique......... 14.B
cataclysme.......... 4.B
catacombes, f...... 31
catadioptre, m 26.C
catafalque, m 17.A
catalan 22.A
catalogue 15.B
catalyse 4.B
catalyseur 4.B
catamaran.......... 9.A
cataphote, m 17.C
cataplasme.......... 13.A
catapulte, f 13.A

cataracte............. 13.A
catarrhe, m 23 23.C
catastrophe 17.C
catastrophique..... 17.C
catch 20.A
catcheur 30
catéchèse, f......... 20.A
catéchisme.......... 20.A
catéchumène....... 14.C
catégorie 4.B
caténaire, f.......... 26.B
cathare..........23 13.C
cathédrale 13.C
cathétérisme, m ... 13.C
cathode, f........... 13.C
cathodique 13.C
catholicisme........ 13.C
catholique 13.C
catimini 4.A
catin, f 8.A
catogan 9.A
cauchemar 23.A
cauchemardesque 14.B
cauchois............. 24.B
caudal 30
causalité 3.A
cause 19.A
causerie............. 19.A
causette............. 13.B
causse, m.......5* 18.B
causticité 18.A
caustique........... 14.B
cauteleux 30
cautérisation 25.A
caution.............. 25.A
cautionnement 16.B
cavaillon............ 11.B
cavalcade 14.A
cavale 22.A
cavalerie 22.A
cavalier.............. 30
cavalièrement 2.A
caverne 2.C

caveau 5.B
caverneux 30
caviar 23.A
cavité 3.A
ce 18 18.A
céans 18 9.C
ceci 18.A
cécité 2.A
cedex, m 2.C
cédille, f 11.B
cèdre 2.A
ceinture 8.B
ceinturon 8.B
cela 1.A
célébration 25.A
célèbre 2.A
célébrité 2.A
céleri 18 4.A
célesta 1.A
céleste 18.A
célibat 1.C
célibataire 26.B
celle 22 22.B
celle(s)-ci, f 32
celle(s)-là, f 32
cellier 18 22.B
cellophane, f 17.C
cellulaire 22.B
cellule 22.B
cellulite 13.A
celluloïd 29.B
cellulose, f 22.A
celte 2.C
celtique 14.B
celui 18.A
celui-ci 32
celui-là 32
cément 9.B
cénacle 26.C
cendre 9 9.A
cendrée 3.B
cendrillon 11.B
cène, f 18 2.A

cénobite 13.A
cénotaphe, m 17.C
cens 18 31
censé 18 30
censément 18.A
censeur 18.A
censitaire 18.A
censure 18.A
cent 9 9.B
centaine 2.B
centaure 26.B
centenaire 26.B
centième 2.A
centigrade 9.A
centime 16.A
central 30
centrale 22.A
centralisation 25.A
centre 9.A
centrifuge 21.A
centripète 13.A
centuple 9.A
centurion 9.A
cep, m 2 12.A
cépage 21.A
cèpe, m 2 26.A
cependant 9.B
céphalée, f 17.C
céphalopode, m ... 17.C
céphalo-
  rachidien(s) 32
céramique, f 14.B
cerbère, m 2.A
cerceau 18.A
cercle 2.C
cercueil 7.B
céréale, f 22.A
céréalier 30
cérébral 30
cérébro-spinal
  (aux), m 32
cérémonial 16.A
cérémonie 16.A

cérémonieux 16.A
cerf 23 18.A
cerfeuil 11.B
cerf(s)-volant(s),
  m 32
cerisaie 2.B
cerise 18.A
cerne, m 18.A
certain 30
certainement 9.B
certes 18 18.A
certificat 1.C
certitude 13.A
cérumen, m 16.A
cerveau 5.B
cervelas 1.C
cervelet 2.B
cervelle 2.C
cervical 30
cervidé 3.A
cervoise 18.A
ces 18 18.A
césarienne 16.B
cessation 25.A
cesse 18.B
cessez-le-feu, m .. 32
cession 18 25.A
c'est-à-dire 32
césure, f 19.A
cet 30
cétacé, m 18 3.A
ceux 6.B
ceux-ci 32
cévenol 22.A
chablis 4.B
chacal 31
chaconne 16.B
chacun 30
chagrin 8.A
chahut 29.B
chai, m 2* 2.B
chaîne 2 2.B
chaînette 2.B

chaînon	16.A	
chair, f	23 23.A	
chaire, f	23 26.B	
chaise	2.B	
chaland	9.C	
chaldéen	14.C	
châle	1.B	
chalet	2.B	
chaleur	23.A	
chaleureux	30	
châlit, m	1.B	
challenge, m	22.B	
challenger	23.A	
chaloupe	12.A	
chalumeau	5.B	
chalut	27	
chalutier	3.B	
chamade, f	16.A	
chamailleur	30	
chaman, m	16.A	
chamarrure	23.B	
chambard	23.C	
chambellan	22.B	
chambranle, m	9.B	
chambre	9.B	
chambrée	3.B	
chambrette	2.B	
chameau	5.B	
chamelier	3.B	
chamelle	2.C	
chamito-sémitique(s)	32	
chamois	23.B	
champ	9 27	
champenois	30	
champêtre	2.A	
champignon	10.A	
champignonnière	16.B	
champion	30	
championnat	16.B	
chance	18.A	
chancelant	9.B	
chancelier	22.A	
chancellerie	22.B	
chanceux	30	
chancre, m	9.A	
chandail	11.B	
chandeleur, f	23.A	
chandelier	22.A	
chandelle	22.B	
chanfrein	8.B	
change	21.A	
changeable	21.B	
changeant	21.B	
changement	9.B	
chanoine	16.A	
chanson	18.A	
chansonnette	16.B	
chansonnier	30	
chant	9 9.B	
chantant	9.B	
chanterelle, f	2.C	
chanteur	30	
chantier	3.B	
chantilly	4.B	
chantre, m	9.A	
chanvre	9.A	
chaos	14.C	
chaotique	14.C	
chapardeur	30	
chape, f	20 12.A	
chapeau	5.B	
chapelain	8.B	
chapelet	2.B	
chapelier	22.A	
chapelle	22.B	
chapellerie	22.B	
chapelure	22.A	
chaperon	23.A	
chapiteau	5.B	
chapitre	12.A	
chapka, f	14.C	
chapon	12.A	
chaptalisation	25.A	
chaque	14.B	
char	23.A	
charabia	1.A	
charade	13.A	
charançon	18.A	
charbon	10.A	
charbonnage	16.B	
charbonnier	16.B	
charcuterie	26.A	
charcutier	30	
chardon	10.A	
chardonneret	16.B	
charentais	30	
chargement	9.B	
chargeur	23.A	
chariot	5.A	
charisme	14.C	
charité	3.A	
charivari	4.A	
charlatan	9.A	
charlatanesque	14.B	
charleston	16.A	
charlotte	13.B	
charmant	9.B	
charmeur	30	
charmille	11.B	
charnel	2.C	
charnière	26.B	
charnu	30	
charognard	23.C	
charogne, f	23.A	
charolais	30	
charpente	9.A	
charpie	4.B	
charretée	23.B	
charretier	23.B	
charrette	23.B	
charroi	24.A	
charron	23.B	
charrue	26.A	
charte	20.A	
charter	23.A	
chartreux	30	
chas, m	1.C	
chasse	1* 18.B	

châsse 1* 1.B
chasse-clou(s), *m* 32
chassé(s)-
  croisé(s), *m* 32
chasse-
  goupille(s), *m*... 32
chasselas 1.C
chasse-mouches,
  m 32
chasse-neige, *m* .. 32
chasse-pierres, *m*. 32
chasse-rivet(s), *m* 32
chasseur 30
chassie, *f* 20 26.A
chassieux............ 25.B
châssis, *m* 20 27
chaste 20.A
chasteté............. 3.A
chasuble, *f* 10.A
chat 20 1.C
châtaigne 1.B
châtaignier......... 3.B
châtain 8.B
château 5.B
château(x) fort(s),
  m 32
châtelain 30
chat(s)-huant(s),
  m 32
châtiment 1.B
chatoiement 26.A
chaton 10.A
chatouillement..... 11.B
chatouilleux 30
chatoyant 11.A
chatte 13.B
chatterton 13.B
chaud............ ...5 30
chaudière 2.A
chaudron 10.A
chaudronnier....... 16.B
chauffage 17.B
chauffard 23.C

chauffe, *f* 17.B
chauffe-assiettes,
  m 32
chauffe-bain(s),
  m 32
chauffe-
  biberon(s), *m* ... 32
chauffe-eau, *m* 32
chauffe-pieds, *m*.. 32
chauffe-plat(s), *m* 32
chaufferette........ 17.B
chaufferie 17.B
chaulage 22.A
chaumage 5 5.B
chaume 5.B
chaumière.......... 2.B
chaussée 3.B
chausse-pied(s),
  m 32
chausses............ 18.B
chausse-
  trappe(s), *f* 32
chaussette 13.B
chausson 18.B
chaussure 26.B
chauve(s)-souris,
  f 32
chauvin 30
chauvinisme........ 5.B
chaux 5 27
chavirement 9.B
chéchia, *f* 1.A
check-list(s), *f* 32
check-up, *m*........ 32
cheddite, *f* 13.B
chef 2.C
chef(s)-d'œuvre,
  m 32
chef(s)-lieu(x), *m* 32
cheftaine 2.B
cheikh.......... ...14 14.C
chelem 16.A
chemin 8.A

chemin de fer, *m*.. 32
chemineau 5 5.B
cheminée............ 3.B
cheminement 9.B
cheminot 5 5.B
chemise............. 19.A
chemisette 13.B
chênaie, *f* 26.A
chenal 16.A
chenapan 9.A
chêne 2 2.A
chéneau 5.B
chêne(s)-liège(s),
  m 32
chenet............... 2.B
chêne(s) vert(s),
  m 32
chenil................. 22.A
chenille 11.B
chenillette........... 11.B
chenu 30
cheptel 22.A
chèque.......... ...14 14.B
chèque(s)
  barré(s), *m* 32
chèque(s)
  postal(aux), *m*.. 32
chéquier 14.B
cher 23 30
chercheur 30
chère 23 2.A
chéri 20 30
chérot 5.B
cherry 20 4.B
cherté 3.A
chérubin 8.A
chétif 30
cheval 22.A
chevaleresque 14.B
chevalet.............. 2.B
cheval fiscal, *m*.... 32
chevaux fiscaux,
  m pl 32

ciboulot.............. 5.B
cicatrice.............. 18.A
ci-contre 32
ci-dessous 32
ci-dessus 32
ci-devant 32
cidre 18.A
ciel 2.C
  pl. cieux *et* ciels 31
cierge................ 18.A
cieux................. 25.B
cigale 22.A
cigare 18.A
cigarette 2.C
cigarillo 11.B
ci-gît................. 32
cigogne.............. 18.A
ciguë, *f*.............. 29.B
ci-inclus(es) 32
ci-joint(es) 32
cil...............18 22.A
cilice, *m* 18 18.A
cime................4 18.A
ciment............... 9.B
cimenterie........... 4.B
cimeterre, *m*........ 23.B
cimetière............. 2.A
cinéaste.............. 29.C
ciné-club(s), *m* ... 32
cinéma 1.A
cinémathèque...... 13.C
cinémato-
  graphique 17.C
cinéphile 17.C
cinéraire, *f*........... 26.B
cinglant.............. 9.B
cinq 18 8 14.B
cinq-à-sept, *m*..... 32
cinquantenaire..... 26.B
cinquantième 14.B
cintre, *m*............ 8.A
cirage................ 18.A
circoncis............. 30

circonférence 17.A
circonflexe 17.A
circonlocution 25.A
circonscription 25.A
circonspect 30
circonspection..... 25.A
circonstance........ 9.A
circonstanciel 25.C
circonvolution 25.A
circuit 4.B
circulaire 26.B
circulation 25.A
circulatoire.......... 26.B
cire, *f*.............23 18.A
cireur 30
cireux................ 30
cirque 14.B
cirrhose, *f* 23.C
cirrus, *m* 23.B
cisaille................ 11.B
ciseau 5.B
ciseaux.............. 31
ciselure 26.B
cistercien 25.E
citadelle 22.B
citadin............... 8.B
citation.............. 25.A
cité, *f* 3.A
cité(s)-dortoir(s),
  f.................... 32
cité(s)-jardin(s), *f.* 32
citerne............... 18.A
cithare, *f*............. 13.C
citoyen 11.A
citoyenneté......... 16.B
citronnade 16.B
citronnelle 16.B
citrouille 11.B
cive, *f*................. 18.A
civet 2.B
civette................ 2.C
civière 2.A
civil 22.A

civilisation 25.A
civilité 3.A
civique 14.B
clac !..............14 14.A
clafoutis 4.B
claie, *f*............2* 26.A
clair..................2 30
clairement.......... 9.B
clairet................ 2.B
claire(s)-voie(s), *f* 32
clairière 2.A
clair(s)-obscur(s),
  m 32
clairon............... 2.B
claironnant 16.B
clairsemé 30
clairvoyant.......... 11.A
clameur 23.A
clan 9.A
clandestin........... 30
clandestinement .. 9.A
clandestinité........ 3.A
clapet................ 2.B
clapier............... 3.B
clapotis 4.B
claquage 14.B
claque...........14 14.B
claquette 13.B
clarification 25.A
clarinette 16.A
clarté 3.A
classe................ 18.B
classement.......... 18.B
classicisme.......... 18.A
classique 14.B
claudication 25.A
clause............5 5.B
claustral 30
claustrophobie 17.C
clavecin.............. 8.A
clavette 13.B
clavicule............ 22.A
clavier 3.B

clayette 11.A
clayonnage 16.B
clé 2* 3.A
clef 3* 3.C
clématite, f 13.A
clémence 9.A
clémentine 9.A
clenche, f 9.A
clepsydre, f 4.B
cleptomanie 4.B
clerc 2 27
clergé 3.A
clergyman 4.B
clérical 30
clic ! 14 14.A
cliché 3.A
client 9.B
clientèle 2.A
clignement 9.B
clignotant 9.B
climat 1.C
climatique 14.B
climatisation 25.A
clin 8.A
clinicien 25.E
clinique 14.B
clinquant 14.B
clip, m 12.A
clique 14 14.B
cliques 14 31
cliquet 2.B
cliquetis 4.B
clisse, f 18.B
clitoridien 30
clitoris 31
clivage 21.A
cloaque 29.C
clochard 23.C
cloche 20.A
cloche-pied (à) ... 32
clocheton 13.A
clochette 2.C
cloison 19.A

cloisonnement 16.B
cloître 24.B
clone, m 16.A
clopin-clopant 32
clopinettes 31
cloporte, m 12.A
cloque, f 14.B
clos 5.B
close-combat, m
  sg 32
clôture 5.B
clou 31
clouterie 4.B
clovisse, f 16.B
clown 16.A
clownerie 4.B
clownesque 14.B
club 7.C
cluse, f 19.A
clystère, m 4.B
coadjuteur 29.C
coagulation 25.A
coalisé 29.C
coalition 25.A
coassement 18.B
coauteur 29.C
cobalt, m 13.A
cobaye 11.A
cobol 22.A
cobra 1.A
coca, f 1.A
coca-cola, m 32
cocagne, f 14.A
cocaïne 29.B
cocarde 14.A
cocardier 30
cocasse 18.B
cocasserie 4.B
coccinelle 18.C
coccyx 18.C
coche 20.A
cocher 2* 3.B
cochère, f 2.A

cochon 30
cochon(s) d'Inde,
  m 32
cochonnaille 11.B
cochonnet 16.B
cocker 14.C
cockpit 14.C
cocktail 14.C
coco 5.A
cocon 14.A
cocorico 14.A
cocotier 3.B
cocotte 13.B
cocu 14.A
coda, f 1.A
code 13.A
codex 31
codicille, m 22.B
coefficient 17.B
coercition 25.A
cœur 14 7.B
coexistence 29.C
coffre 17.B
coffre(s)-fort(s),
  m 32
coffret 17.B
cogito 5.A
cognac 14.A
cognassier 18.B
cognée 3.B
cognement 9.B
cohabitation 29.A
cohérent 29.A
cohéritier 29.A
cohésion 29.A
cohorte 29.A
cohue 29.A
coi 14 24.A
  f coite 30
coiffe 17.B
coiffeur 30
coiffure 26.B
coin 24 24.D

coincement 24.A
coïncidence 29.B
coin-coin, *m* 32
coin(s)-de-feu, *m* 32
coing 24 24.E
coït 29.B
coke 14 14.C
col 22 5* 22.A
col(s)-bleu(s), *m*. 32
colchique, *m* 14.B
col(s)-de-cygne,
m 32
coléoptère 29.C
colère.................. 2.A
coléreux 30
colérique 14 14.B
colibacille, *m*....... 22.B
colibri 4.A
colifichet 2.B
colimaçon........... 18.A
colin 5.A
colin-maillard, *m*
sg 32
colique............... 22.A
colis.................. 4.B
colite, *f*.............. 13.A
collaborateur 30
collaboration 22.B
collage 22.B
collant................ 22.B
collatéral 31
collation 25.A
colle...........22 5* 22.B
collecte 22.B
collecteur 30
collectif 30
collection 25.A
collectionneur 16.B
collectivité 22.B
collège 22.B
collégial 11.A
collégien 30
collègue 15.B

collerette 22.B
collet 22.B
collier................ 3.B
collimateur.......... 22.B
colline............... 22.B
collision 22.B
colloque 14.B
collusion 22.B
collutoire, *m*........ 26.B
collyre, *m*........... 4.B
colmatage........... 13.A
colombier 22.A
colon 5* 22.A
côlon 5* 5.B
colonel.............. 16.A
colonial 30
colonialisme........ 16.A
colonie.............. 4.B
colonisation 25.A
colonnade 16.B
colonne.............. 16.B
colonnette 13.B
coloquinte, *f* 14.B
colorant.............. 22.A
coloris............... 4.B
colossal 18.B
colosse.............. 18.B
colporteur 30
colt.................... 13.A
columbarium....... 16.A
colza, *m*............. 19.A
coma 27 16.A
comateux............ 30
combat............... 1.C
combatif 30
combativité 10.B
combattant 13.B
combien 8.A
combinaison 16.A
combinard 23.C
combine 16.A
comble............... 10.B
combustion......... 10.A

comédie 4.B
comédie(s)-
ballet(s), *f* 32
comédien 30
comestible 16.A
comète.............. 2.A
comices, *m* 31
comics, *pl* 31
comique 14.B
comité................ 3.A
comma, *m* 27 16.B
commandant 9.B
commande 9 16.B
commandement... 16.B
commanditaire..... 26.B
commando 5.A
commedia
dell'arte, *f* 32
commémoratif 16.B
commémoration... 16.B
commencement ... 16.B
comment 9.B
commentaire 16.B
commentateur 30
commérage 16.B
commerçant 16.B
commerce........... 16.B
commercial 30
commère 16.B
comminatoire 26.B
commis 16.B
commisération 25.A
commis-
greffier(s), *m*.... 32
commissaire 18.B
commisaire(s)-
priseur(s), *m*.... 32
commissariat 1.C
commission......... 25.A
commissionnaire.. 16.B
commissure......... 18.B
commis
voyageur(s), *m*. 32

commode 16.B
commodément 16.B
commodité 16.B
commodore, m 26.B
commotion 25.A
commun 30
communard 23.C
communautaire.... 26.B
communauté 3.A
commune 16.B
communicant 9.B
communication.... 25.A
communion 16.A
communiqué 3.A
communisme....... 16.B
commutateur....... 23.A
commutation....... 25.A
compact 13.A
compagnie.......... 4.B
compagnonnage.. 16.B
comparaison 19.A
comparse............ 18.A
compartiment 9.B
comparution 25.A
compas 1.C
compassé 18.B
compassion......... 25.A
compatibilité 10.B
compatible.......... 10.B
compensation...... 25.A
compensatoire..... 26.B
compère(s)-
   loriot(s), m 32
compétence 9.A
compétition 25.A
compilation......... 25.A
complainte.......... 8.B
complaisamment.. 16.B
complaisance 9.A
complémentaire ... 26.B
complet............. 2.B
complètement 9.B
complétive.......... 13.A

complet(s)-
   veston, m 32
complexité 3.A
complication 25.A
complice 18.A
complicité........... 3.A
complies, f pl 31
compliment......... 9.B
compliqué 14.B
complot............. 5.B
componction....... 25.A
componentiel 25.C
comportement..... 9.B
compos(ac)ée 3.B
composante 9.A
composite 13.A
compositeur........ 30
composition........ 25.A
compost, m......... 13.A
compote............. 13.A
compotier 13.A
compréhension.... 25.A
compresse 18.B
compresseur........ 23.A
comprimé 3.A
compromettant.... 13.B
compromis.......... 4.B
compromission 25.A
comptabilité 27
comptant 9 27
compte............10 27
compte(s)
   courant(s), m... 32
compte-fils, m..... 32
compte-gouttes, m 32
compte(s)
   rendu(s), m 32
compte-tours, m.. 32
compteur........10 27
comptine 27
comptoir............. 23.A
comput 13.A
computer............ 23.A

comte 10 10.B
comté 10 10.B
comtesse 18.B
comtois 30
concasseur.......... 18.B
concaténation 25.A
concentration...... 25.A
concentration-
   naire 26.B
concentré 30
concept.............. 13.A
conception 25.A
conceptuel.......... 30
concert.............. 27
concerto............. 5.A
concession.......... 25.A
concessionnaire... 26.B
concierge 18.A
concile, m........... 22.A
conciliabule 22.A
conciliaire........... 26.A
conciliateur......... 30
concis 30
concitoyen.......... 11.A
conclave, m 10.A
concluant 9.B
conclusif 30
concombre 14.B
concomitant........ 9.B
concordance 18.A
concordat 1.C
concordataire 26.B
concours 27
concret.............. 30
concrètement 9.B
concrétion 25.A
concrétisation...... 25.A
concubin 8.A
concubinage 16.A
concupiscence 18.C
concurremment ... 1.C
concurrence........ 23.B
concurrent 23.B

concurrentiel	25.C	confusément	9.B	consciencieux	25.B
concussion	25.A	congé	3.A	conscient	18.C
condamnation	25.A	congélateur	23.A	conscription	25.A
condensateur	9.A	congénère	26.B	conscrit	4.B
condensation	25.A	congénital	30	consécration	25.A
condescendance	18.C	congère, f	2.A	consécutif	30
condiment	9.B	congestion	25.A	conseil	11.B
condisciple	18.C	congestionné	16.B	conseiller	3.B
condition	25.A	conglomérat	1.B	consensus	31
conditionnel	16.B	congratulation	25.A	consentement	9.A
condoléances, f pl	31	congre	14.A	conséquemment	1.C
condor	23.A	congrégation	25.A	conséquence	14.B
condottiere	13.B	congrès	27	conservateur	30
conducteur	30	congressiste	18.B	conservatoire	26.B
conduit	4.B	congruence	29.C	conserve	18.A
conduite	13.A	congrûment	9.B	considération	25.A
cône	5.B	conifère, m	16.A	consignation	25.A
confection	25.A	conique	16.A	consigne	18.A
confédération	25.A	conjecture	26.B	consistant	9.B
conférence	9.A	conjoint	24.E	consistoire, m	26.B
conférencier	18.A	conjointement	9.B	consolateur	30
confession	25.A	conjonction	25.A	console, f 22	22.A
confessionnal	16.B	conjonctivite	13.A	consolidation	25.A
confetti	13.B	conjoncture	26.B	consommation	16.B
confiance	9.A	conjugaison	15.A	consomption	25.A
confidence	9.A	conjugal	30	consonance	16.A
confidentiel	25.C	conjuration	25.A	consonne	16.B
confins	31	connaissance	16.B	consort	27
confirmation	25.A	connecteur	23.A	consorts	31
confiscation	14.A	connerie	16.B	constable, m	26.C
confiserie	4.B	connétable	16.B	constance	18.A
confiseur	19.A	connexe	16.B	constat	1.C
confisqué	14.A	connexion	25.A	constellation	25.A
confit	30	connivence	9.A	consternation	25.A
confiture	26.B	connotation	16.B	constipation	25.A
conflictuel	30	connu	30	constituant	9.B
conflit	4.B	conque, f	14.B	constitution	25.A
conformément	9.B	conquérant	14.B	constitutionnel	16.B
conformité	3.A	conquête	2.A	constriction	25.A
confort	27	conquistador, m	23.A	construction	25.A
confrère	2.A	consanguin	30	consul	22.A
confrérie	4.B	consanguinité	15.B	consulaire	26.B
confus	30	consciemment	1.C	consulat	1.C

consultation 25.A
contact 13.A
contagieux 30
container, *m* 3.B
contamination 25.A
conte 10 10.A
contemplatif 30
contemporain 30
contempteur, *m* ... 30
contenance 9.A
content 9 9.B
contentement 9.B
contentieux 25.B
contention 25.A
contenu 10.A
contestataire 26.B
conteur 10 30
contextuel 30
contigu 30
contiguïté 29.B
continence.......... 9.A
contingence 21.A
continuel 30
continûment 9.B
contondant 9.B
contorsion 25.A
contorsionniste.... 16.B
contour 23.A
contraceptif 30
contraception 25.A
contraction 25.A
contractuel 30
contradicteur....... 30
contradictoire 26.B
contraignant 9.B
contraint............. 8.B
contrainte 8.B
contraire............. 26.B
contralto, *m* 5.A
contraste 13.A
contrastif 30
contrat 1.C
contravention 25.A

contre-allée(s), *f*.. 32
contre-
    amiral(aux), *m*.. 32
contre-appel(s), *m* 32
contre-attaque(s),
    f 32
contrebande........ 9.A
contrebas 1.C
contrebasse.:....... 18.B
contre-chant(s),
    m 32
contrecœur 8.B
contrecoup 27
contre-courant(s). 32
contrée 3.B
contre-écrou(s), *m* 32
contre-
    enquête(s), *f*.... 32
contre-épreuve(s),
    f..................... 32
contre-
    espionnage, *m sg*.. 32
contre-essai(s), *m* 32
contre-
    expertise(s), *f*... 32
contrefaçon 18.A
contrefort 27
contre-
    indication(s), *f*. 32
contre-jour(s), *m*. 32
contremaître........ 2.B
contre-manifes-
    tation(s), *f*....... 32
contremarque, *f*... 32
contre-
    offensive(s), *f*... 32
contrepartie 4.B
contre-pente(s), *f*. 32
contre-
    performance(s),
    f..................... 32
contrepèterie....... 13.A
contre-pied(s), *m*. 32

contre-plaqué(s),
    m 32
contre-
    plongée(s), *f*.... 32
contrepoids......... 27
contrepoint 24.E
contrepoison, *m*... 32
contreprojet, *m*.... 32
contreproposition,
    f..................... 32
contre-réforme(s),
    f..................... 32
contre-
    révolution(s), *f*. 32
contresens 31
contresignataire,
    m 32
contre-sujet(s), *m*. 32
contretemps........ 31
contre-
    torpilleur(s), *m*.. 32
contretype 4.B
contre-ut, *m sg*.... 32
contrevenant....... 9.B
contrevent 9.B
contre-vérité(s), *f*. 32
contre-visite(s), *f*. 32
contre-voie (à) 38
contribution 25.A
contrit 4.B
contrition............ 25.A
contrôle.............. 5.A
contrordre, *m* 32
controverse, *f* 18.A
contumace, *f* 18.A
contusion 19.A
convaincant 14.A
convalescence..... 15.C
convalescent 18.C
convenance 9.A
conventionnel 16.B
convergence 9.A
conversation 25.A

conversion 25.A
converti 4.A
convertisseur 18.B
convexe............. 30
convict 27
conviction 25.A
convive 10.A
convocation 25.A
convoi................ 24.A
convoitise 19.A
convoyeur 11.A
convulsif 30
convulsion 25.A
cool [u] 26 22.A
coolie, m 26 22.A
coopératif 29.C
cooptation 25.A
coordination 29.C
coordonné 29.C
coordonnée 31
copain................ 8.B
copal, m 22.A
copeau 5.A
copie 4.B
copie conforme, f. 32
copine............... 16.A
copra(h), m 1.A
copte 14.A
copule, f............. 22.A
copyright, m........ 11.A
coq, m 14 14.B
coq-à-l'âne (du).. 32
coquard............. 14.B
coquart 23.C
coque, f.........14 14.B
coquelicot 5.A
coqueluche......... 14.B
coquet 30
coquetterie 13.B
coquillage........... 11.B
coquille 11.B
coquin 30
cor 23 23.A

corail 31
corallien 30
coranique 14.B
cor au pied, m 32
corbeau............. 5.B
corbeille 11.B
corbillard 23.C
corde 26.C
cordeau............. 5.B
cordée.............. 3.B
cordelette 2.C
cordial............... 30
cordon 10.A
cordonnier 16.B
coreligionnaire 16.B
coriace 18.A
coriandre, f 9.A
corinthien 13.C
cormoran............ 9.A
corne 16.A
corned-beef, m sg 32
cornée.............. 3.B
corneille 11.B
cornélien 30
cornemuse.......... 19.A
corniaud............. 5.B
cornichon 10.A
cornu 26 30
cornue 26 26.A
corollaire, m........ 26.B
corolle, f............. 22.B
coronaire, f 16.A
coronarien 16.A
corps-mort(s), m . 32
corporation 25.A
corporatisme 13.A
corporel............. 30
corps 23 27
corpulence.......... 9.A
corpus............... 31
corpuscule 22.A
corral 14 23.B
correct 23.B

correcteur 30
correctionnel 16.B
corrélatif 23.B
corrélation 25.A
correspondance ... 9.A
correspondant 23.B
corrida, f............. 23.B
corridor 23.B
corrosif.............. 30
corrupteur.......... 30
corsage 21.A
corsaire 23.B
corse................ 18.A
corset............... 2.B
corso 5.A
cortège.............. 21.A
cortex, m 31
cortisone, f.......... 16.A
corvée.............. 3.B
corvette............. 2.B
coryphée, m........ 17.C
coryza, m........... 4.B
cosaque 19.A
cosinus 31
cosmétique 14.B
cosmique............ 14.B
cosmogonie, f 16.A
cosmonaute 16.A
cosmopolite 22.A
cosmos 31
cossard 18.B
cosse, f..........5* 18.B
cossu 30
costaud 5.B
costume 16.A
cosy................. 4.B
cote 5* 5.A
côte 5* 5.B
coté 5* 5.A
côté 5* 5.B
coteau............... 5.B
côtelette............. 5.B
coterie............... 4.B

cothurne, *m* 13.C
côtier 30
cotillon 11.B
cotisation 25.A
côtoiement 26.A
coton 10.A
cotonnade 16.B
cotre, *m* 5.A
cottage 13.B
cotte, *f*............5* 13.B
cou 27 14.A
couac 14.A
couard 23.C
couardise 19.A
couchant 9.B
couche 20.A
couchette 2.B
couci-couça 32
coucou 14.A
coudée 3.B
cou(s)-de-pied, *m* 32
coudrier 3.B
couenne, *f* 16.B
couette 2.B
couffin, *m* 17.B
couic ! 14.A
couillonnade 11.B
couinement 16.A
coule, *f*...........26 22.A
coulée 3.B
couleur 23.A
couleuvre 7.A
coulis 26 4.B
coulisse 18.B
couloir 23.A
coulomb 10 27
coulommiers 16.B
coup 27 27
coupable 12.A
coup(s) de pied,
  m 32
coup(s) de poing,
  m 32

coupe 12.A
coupé 3 12.A
coupe-choux, *m* .. 32
coupe-cigares, *m*. 32
coupe-circuit, *m*.. 32
coupe-coupe, *m* .. 32
coupée 3 3.B
coupe-feu, *m* 32
coupe-file, *m*....... 32
coupe-gorge, *m*... 32
coupe-jarret(s), *m* 32
coupe-légume(s),
  m 32
coupelle 2.B
coupe-papier, *m*.. 32
couperet 2.B
coupe-vent, *m*..... 32
couple, *m* 14.A
couple, *f*............ 14.A
couplet.............. 2.B
coupole 22.A
coupon 10.A
coupure............. 23.A
cour, *f*...........23 23.A
courage............. 23.A
couramment........ 16.B
courant 9.B
courbatu 13.A
courbature 23.A
courée 3.B
coureur 23.A
courge 21.A
courgette 2.C
couronne 16.B
courrier 3.B
courroie............. 24.B
courroucé 23.B
courroux 31
cours, *m*.........23 31
course 26.C
coursive 18.A
court, *m* 23 30
courtaud............ 5.B

court(s)-
  bouillon(s), *m*.. 32
court(s)-
  circuit(s), *m*..... 32
courtier 3.B
courtisan 9.A
courtois 30
courtoisie 4.B
court-vêtu(es) 32
couscous 31
cousette 19.A
cousin 30
cousinage 19.A
coussin 18.B
coût.............27 27
coûtant 9.B
couteau 5.B
couteau(x)-scie(s),
  m 32
coutelas 1.C
coûteux 30
coutil, *m*............ 22.A
coutume............. 16.A
coutumier 30
couturier............ 30
couvée 3.B
couvent.............. 9.B
couvert.............. 27
couvre-chef(s), *m*. 32
couvre-feu(x), *m*. 32
couvre-lit(s), *m*... 32
couvre-pied(s), *m*. 32
cover-girl(s), *f*..... 32
cow-boy(s), *m*.... 32
coyote, *m* 11.A
crabe 12.A
crac ! 14 14.A
crachat.............. 1.C
crachin 8.A
crack............14 14.C
cracker 14.C
craie.............2 26.A
craintif 30

cramoisi 30
crampe 9.B
crampon 9.B
cramponné 16.B
cran 9.A
crâne 1.B
crâneur 30
crapaud 5.B
crapule 22.A
crapuleux 30
craque, f. ...14 14.B
craquelure 14.B
crash, m 20.B
crasse 18.B
crasseux 30
crassier 3.B
cratère, m 2.A
cravate 13.A
crawl 5.C
crayeux 30
crayon 11.A
crayon(s)-
  feutre(s), m 32
crayonnage 16.B
créance, f 29.C
créancier 30
créateur 30
création 25.A
créativité 3.A
crécelle 2.C
crèche 20.A
crédence, f 9.A
crédibilité 3.A
crédit 4.B
créditeur 30
credo 5.A
crédulité 3.A
crémaillère 11.B
crématoire 26.B
crématorium 16.A
crème ...14 2.A
crémerie 4.B
crémone, f 16.A

créneau 5.B
créole 22.A
crêpe 28
crépine 16.A
crépitement 9.B
crépon 10.A
crépu 28
crépuscule 22.A
crescendo 20.B
cresson 18.B
crêt ...2 2.B
crétacé 3.A
crête 2.A
crétin 8.A
cretonne 16.B
creuset 2.B
creux 6.B
crevaison 19.A
crevasse 18.B
crève-cœur, m 32
crève-la-faim, m .. 32
crève-tonneau, m. 32
crevette 13.B
cri 1.A
criard 23.C
crible 26.C
cric ...14 14.A
cricket 14.C
criée 3.B
crime 16.A
criminel 30
crin ...8 8.A
crinière 2.A
crinoline 16.A
crique ...14 14.B
criquet 14.B
crise 19.A
crispation 25.A
crissement 18.B
cristal 22.A
cristallin 22.B
cristallisation 25.A
critère, m 2.A

critérium 16.A
criticisme 18.A
critique 14.B
croassement 29.C
croc 27
croc(s)-en-jambe,
  m 32
croche, f 20.A
crochet 2.B
crochu 20.A
crocodile 14.A
crocus, m 31
croisade 19.A
croisé, m 19.A
croisée, f 3.B
croisement 9.B
croisillon 11.B
croissance 18.B
croissant 9.B
croix 27
croque-mitaine(s),
  m 32
croque-monsieur,
  m 32
croquenot 5.B
croque-note(s), m 32
croquet 14.B
croquette 14.B
croqueur 30
croquignolet 14.B
croquis 4.B
cross ...26 18.B
cross-country, m.. 32
crosse ...26 26.A
crotale, m 22.A
crotte 13.B
crottin 13.B
croup, m ...26 12.A
croupe, f ...26 26.A
croupion 12.A
croustillant 11.B
croûte 13.A
croyance 11.A

damier............... 16.A
damnation 25.A
damoiseau 19.A
dan.................... 16.A
dancing.............. 18.A
dandin 8.A
dandy 4.B
danger 21.A
dangereux 30
dans................9 9.C
danse 9 9.A
dard...............23 27
datcha, f............ 1.A
date...............27 13.A
datte..............27 13.B
daube 5.B
dauphin............. 17.C
dauphinois.......... 17.C
daurade............. 5.B
davantage........... 21.A
dé.................2* 3.A
dead-heat, m sg .. 32
débâcle 1.B
déballage........... 22.B
débarcadère, m.... 26.B
débarquement 14.B
débarras 23.B
débat 1.C
débauche 5.B
débile............... 22.A
débilité 3.A
débit 4.B
déblai.............. 2.B
déblaiement 26.A
déblayage.......... 11.A
déblocage.......... 14.A
déboire............. 26.B
déboisement 19.A
déboîtement....... 24.B
débonnaire 16.B
débordement...... 9.B
débotté 13.B
débouché 3.A

déboulé 3.A
débours............. 27
debout 27
débraillé 11.B
débrayage.......... 11.A
débris............... 4.B
début 27
deçà 1.B
décadence 9.A
décaèdre........... 29.C
décaféiné.......... 29.C
décalcification 25.A
décalcomanie, f ... 4.B
décalogue.......... 14.A
décan.............. 9.A
décapant 9.B
décathlon 13.C
décembre.......... 9.B
décemment 1.C
décence............ 9.A
décennie 16.B
décentralisation ... 25.A
déception 25.A
décès 27
décevant........... 30
déchaînement...... 2.B
dèche.............. 2.A
déchéance 9.A
déchet............. 2.B
déchirement....... 9.B
déchirure 26.B
décibel 22.A
de-ci, de-là 32
décidément 9.B
décimal 30
décisif 30
déclamatoire 26.B
déclaration......... 25.A
déclenchement 9.A
déclic.............. 14.A
déclin.............. 8.A
décoction 25.A
décollage.......... 22.B

décolleté 22.B
décombres......... 31
déconnexion 25.B
déconvenue 26.A
décor 23.A
décorticage........ 14.A
décorum 16.A
décousu 19.A
découverte......... 14.A
décrépi 4 4.A
décrépit 4 27
decrescendo....... 5.A
décret 2.B
décret(s)-loi(s), m 32
décrochez-moi-ça,
m 32
décryptage......... 4.B
décuple 14.A
dédaigneux 30
dédain.............. 8.B
dédale, m........... 22.A
dedans 9.C
dédicace............ 18.A
dédit 4.B
dédommagement . 16.B
déductif............ 30
déesse............. 18.B
défaillance 11.B
défaite 2.B
défaut 5.B
défécation 25.A
défectif............ 30
défection 25.A
défectueux......... 30
défense 9.A
déférence........... 9.A
défi................. 4.A
défiance 9.A
déficience 18.A
déficit 18.A
déficitaire 26.B
défilé 22.A
définitif 30

définition............. 25.A
définitoire............ 26.B
déflation.............. 25.A
défoliant.............. 9.B
défoliation........... 25.A
défoulement........ 9.B
défunt................ 8.C
dégaine.............. 2.B
dégât................. 1.C
dégazage............ 19.A
dégel................. 2.C
dégelée.............. 3.B
dégénérescence... 18.C
dégingandé......... 30
déglutition.......... 25.A
dégoût.............. 25
dégoûtant........... 9.B
dégradant.......... 9.B
dégradé............. 3.A
degré................ 3.A
dégressif............ 30
dégrèvement....... 2.A
dégringolade....... 22.A
déguenillé.......... 20.B
déhanché........... 29.A
dehors............... 29.B
déicide.............. 18.A
déiste............... 29.C
déjà.................. 1.B
déjection............ 25.A
déjeuner............. 6.A
de jure.............. 32
delà.................. 1.B
délai................. 2.B
délateur............. 13.A
délayage............ 11.A
delco................. 5.A
délégué.............. 20.B
délétère............. 2.A
délibérément....... 3.A
délicat............... 30
délicatesse.......... 18.B
délice, m............. 18.A

délices, f pl......... 31
délicieux............. 25.B
délictueux........... 30
délinquant.......... 14.B
déliquescence..... 18.C
délit.................. 4.B
délivrance........... 9.A
déloyal.............. 11.A
delta, m.............. 1.A
déluge............... 21.A
déluré............... 30
démagogie......... 4.B
demain.............. 8.B
demande........... 9.A
démangeaison..... 21.B
démantèlement.... 2.A
démaquillant....... 11.B
démarcation........ 14.A
démarquage........ 14.B
démarrage.......... 23.B
démêlage........... 2.A
démêlé.............. 2.A
déménageur........ 30
démence............ 9.A
démenti............. 4.A
démentiel........... 25.C
démesurément..... 9.B
demeure............ 7.A
demi................. 4.A
demi-bas, m........ 32
demi-botte(s), f... 32
demi-cercle(s), m 32
demi-clef(s), f..... 32
demi-deuil, m...... 32
demi-dieu(x), m.. 32
demi-douzaine(s),
f...................... 32
demi-droite(s), f.. 32
demie................ 4.B
demi-fin(s), m..... 32
demi-finale(s), f . 32
demi-frère(s), m . 32
demi-gros, m....... 32

demi-heure(s), f.. 32
demi-journée(s), f 32
demi-litre(s), m ... 32
demi-mal(maux),
m.................... 32
demi-mot (à)...... 32
demi-pause(s), f.. 32
demi-pension(s),
f...................... 32
demi-pensionnaire
(s)................... 32
demi-queue, m.... 32
demi-sang, m...... 32
demi-sel, m......... 32
demi-sœur(s), f... 32
demi-solde(s), m . 32
démissionnaire 26.B
demi-tarif(s), m ... 32
demi-teinte(s), f.. 32
demi-ton(s), m.... 32
demi-tour(s), m... 32
démocrate(s)-
chrétien(s), m .. 32
démocratie.......... 18.C
démographie....... 17.C
démolisseur......... 18.B
démolition.......... 25.A
démoniaque........ 14.B
démonstratif........ 30
démonte-pneu(s),
m.................... 32
dénégation......... 25.A
déni.................. 4.A
denier............... 3.B
dénivelé............. 3.A
dénivellation....... 22.B
dénominateur...... 16.A
dénouement........ 26.A
denrée.............. 3.B
dense ....9.. 9.A
densité............. 3.A
dent ....9.. 9.B
dentaire............. 26.B

dent(s)-de-lion, f. 32
dent(s)-de-loup, f 32
dentellerie........... 22.B
dentelure 22.A
dentifrice 18.A
dénué 3.A
dénuement 26.A
déodorant........... 29.C
déontologie 29.C
dépannage.......... 16.B
dépareillé........... 11.B
départ 23.C
dépeçage............ 18.A
dépêche 2.A
dépenaillé........... 11.B
dépendance 9.A
dépens, m pl 31
dépense 9.A
déperdition 25.A
déphasé 17.C
dépit.................. 4.B
déplafonnement... 16.B
déploiement........ 26.A
dépositaire 26.B
déposition 25.A
dépossession....... 25.A
dépôt 5.A
dépotoir 23.A
dépouillement 11.B
dépourvu 30
dépréciation 25.A
dépressif............. 30
dépression 25.A
déprimant 9.B
depuis............... 4.B
député 3.A
déraillement 11.B
dérailleur 11.B
dérapage 12.A
derby 4.B
derechef 2.C
déréglé 3.A
dérèglement 28.B

dérision 19.A
dérive, f.............. 23.A
derm(at)ite 13.A
dernier 30
dernier(s)-né(s),
   m 32
dérogation 25.A
déroute 13.A
derrick............... 14.C
derrière.............. 23.B
derviche 20.A
des 2* 3.C
dès 2* 2.A
désaccord 14.B
désappointé 12.B
désargenté 3.A
désarroi 23.B
désastreux 30
désaveu.............. 6.A
descellement 18.C
descendance 18.C
descente............. 18.C
désemparé 9.B
désert................ 23.C
désertion 25.A
désespéré 3.A
déshérité 29.A
déshonneur......... 29.A
déshonorant........ 29.A
desiderata, m pl ... 31
désinence, f 9.A
désintéressé 18.B
désinvolture 26.B
désir 23.A
désireux 30
désobéissance 9.A
désobligeance 21.B
désodorisant 9.B
désœuvré............ 7.B
désopilant........... 9.B
désordonné......... 16.B
désormais 27
desperado........... 5.A

despotisme 13.A
desquelles, f pl 31
desquels, m pl 31
dessaisissement ... 18.B
dessein 8 8.B
desserrage 23.B
dessert 18.B
dessiccation 14.B
dessin..........8 18.B
dessinateur 30
dessous.............. 31
dessous-de-plat,
   m 32
dessous(-)de
   (-)table, m....... 32
dessus............... 31
dessus-de-lit, m... 32
destin................. 8.A
destinée 3.B
destitution 25.A
destroyer 11.A
destruction 25.A
désuet 2.B
désuétude........... 29.C
détail 11.B
détaillant 11.B
détaxe................ 13.A
détection 25.A
détente.............. 9.A
détention 25.A
détergent 9.B
détérioré 3.A
détonateur 16.A
détonation 16.A
détour 23.A
détracteur 30
détrempe 9.B
détresse.............. 18.B
détriment............ 9.B
détritus............... 31
détroit 24.B
dette 13.B
deuil 11.B

deus ex machina,
m 32
deux 6.B
deuxième 19.B
deux-mâts, m 32
deux-pièces, m.... 32
deux-roues, m 32
deux-temps, m 32
dévaluation 25.A
devant 9.B
devanture 26.B
déveine 2.B
développement.... 12.B
devers 27
déviance 18.A
déviation 25.A
devin 8.A
devineresse 18.B
devinette 13.B
devis 4.B
dévolu 30
dévot 30
dévotion 25.A
dévouement 26.A
dextérité 3.A
dey 2* 2.C
diabète, m 2.A
diabétique 30
diable 11.A
diablotin 8.A
diabolique 14.B
diabolo 5.A
diabolo menthe, m 32
diachronie 14.C
diadème 2.A
diagnostic, m 14.A
diagonal 30
diagramme, m 16.B
dialecte, m 22.A
dialectique 14.B
dialogue 15.B
dialyse, f 4.B
diamant 9.B

diamantaire 26.B
diamétralement.... 28.B
diamètre 2.A
diantre 9.A
diapason 19.A
diaphane 17.C
diaphragme 17.C
diapré 3.A
diarrhée 23.C
diaspora, f 1.A
diatribe, f 12.A
dichotomie, f 14.C
dictateur 30
dictée 3.B
diction 25.A
dictionnaire 16.B
dicton 14.A
didacticiel 25.C
didactique 14.B
dièdre, m 2.A
dièse, m 2.A
diesel 22.A
diète 28.B
diététicien 25.E
dieu 6.A
diffamatoire 17.B
différemment 1.C
différence 17.B
différenciation 25.A
différend 9 9.C
différent 9 9.B
différentiel 25.C
difficile 22.A
difficilement 22.A
difficulté 17.B
difformité 17.B
diffraction 25.A
diffus 30
digeste 26.A
digital 30
digitale, f 22.A
dignité 3.A
digression 25.A

diktat 14.C
dilatation 25.A
dilatoire 26.B
dilemme, m 16.B
dilettante 13.B
diligemment 1.C
diligence 9.A
dilution 25.A
dîme 4.B
dimension 25.A
diminution 25.A
dinar, m 23.A
dindonneau 16.B
dîner 3.B
dingue 8 20.B
dinosaure, m 26.B
diocèse, m 2.A
diode, f 13.A
diorama 1.A
diphtérie 17.C
diphtongue, f 17.C
diplodocus 31
diplomate 28.A
diplôme 28.A
diptyque, m 4.B
direct 2.C
direction 25.A
directionnel 16.B
directoire 26.B
dirigeant 21.B
dirimant 9.B
discernement 18.C
discipline 18.C
discobole, m 22.A
discophile 17.C
discordance 9.A
discorde 14.A
discothèque 13.C
discours 23.C
discourtois 30
discrédit 4.B
discret 30
discrétion 25.A

discrimination	25.A	dithyrambique	13.C
discursif	30	diurne	30
discussion	25.A	diva, f	1.A
disert	30	divagation	25.A
disette	13.B	divan	9.A
disgrâce	1.B	divergent	9.B
disgracieux	25.B	divers	27
disjoint	24.E	diversement	18.A
disparate	13.A	dividende, m	9.A
disparité	3.A	divination	25.A
disparition	25.A	divinité	3.A
dispatching	15.C	divisibilité	3.A
dispensaire, m	26.B	divisionnaire	16.B
dispense	9.A	divorce	18.A
disponibilité	3.A	divulgation	25.A
dispos	31	dix	18.C
dispute	13.A	dixième	19.B
disquaire	14.B	dizaine	19.A
disque	14.B	djebel	21.A
disquette	13.B	djellaba, f	22.B
dissection	25.A	do	5	5.A
dissemblable	18.B	doberman	2.C
dissémination	18.B	docile	30
dissension	25.A	docilité	22.A
dissidence	9.A	dock	14.C
dissimulation	18.B	docker	14.C
dissipation	18.B	doctorat	1.C
dissociation	18.A	doctrinal	30
dissolu	18.B	doctrine	16.A
dissolution	25.A	documentaire	26.B
dissonance	16.A	dodécaèdre	29.C
dissuasion	19.A	dodécaphonique	17.C
distance	9.A	dodu	13.A
distillerie	22.B	doge	21.A
distinct	8.C	dogmatique	14.B
distinction	25.A	dogue	15.B
distinguo, m	5.A	doigt	27
distorsion	25.A	doigté	3.A
distraction	25.A	dolce vita, f sg	32
distrait	30	doléances, f pl	31
distrayant	11.A	dollar	22.B
distribution	25.A	dolmen	2.C
district	13.A	dolomite, f	16.A

domaine	2.B
domaine(s) public(s), m	32
domanial	30
dôme	5.B
domesticité	3.A
domestique	14.B
domicile	22.A
dominance	9.A
domination	25.A
dominical	30
dominion, m	16.A
domino	5.A
dommage	16.B
dompteur	27
don	10	10.A
donataire	16.A
donateur	28.C
donation	25.A
donation(s)- partage(s), f	32
donc	14.A
donjon	21.A
donne	28.C
donneur	16.B
dont	10	10.C
doping	12.A
dorade	23.A
dorénavant	9.B
dorien	30
dormeur	30
dorsal	30
dorso-palatal(es)	32
dorso-vélaire(s)	32
dortoir	23.A
dorure	26.B
doryphore, m	17.C
dos	5	27
dose	19.A
dossard	23.C
dossier	18.B
dot	13.A
dotation	25.A

douairière............. 29.C
douane............... 29.C
doublet 2.B
douce(s)-
   amère(s) 32
douceâtre 18.B
douceur 23.A
douille............... 11.B
douillettement 13.B
douleur 23.A
douloureux 30
douteux............. 30
douve, f.............. 26
doux 30
douzaine 19.A
douze............... 19.A
doyen 11.A
drachme, f.......... 14.C
draconien 16.A
dragage.............. 20.A
dragée.............. 3.B
dragon 20.A
dragonnade 16.B
dragueur............. 20.B
drain 8.B
dramaturge 21.A
drame 16.A
drap 27
drapeau 5.B
drap(s)-
   housse(s), m.... 32
dresseur 30
dressoir 23.A
dribble, m 12.B
dribbleur............ 12.B
drille, m........11 11.B
drink, m.............. 14.C
drisse, f 18.B
drive, m [drãjv] ... 11.A
drogue 15.B
droguerie........... 15.B
droit.................. 24.B
droiture 26.B

drolatique 22.A
drôle 5.B
drôlerie.............. 5.B
drôlesse............. 18.B
dromadaire, m 26.B
drop................. 12.A
dru 30
drugstore............ 26.B
druide 13.A
du 26 13.A
dû, m.............26 30
   f due
dualité............... 3.A
duc.................. 14.A
ducasse, f........... 18.B
duché 3.A
duchesse 18.B
duel 2.C
duelliste 22.B
duffel-coat(s), m . 32
dulcinée 3.B
dûment 9.B
dumping............ 7.C
duo.................. 5.A
duodénum 16.A
dupe 12.A
duplex.............. 31
duplicata, inv 1.A
duplicité 18.A
duquel 14.B
dur 30
durablement........ 23.A
duralumin 8.A
durant 9.B
durée 3.B
dureté 3.A
durillon 11.B
durit, f................ 4.B
duvet 2.B
dynamique.......... 4.B
dynamo, f........... 4.B
dynamométrique.. 16.A
dynastie 4.B

dyne, f 4.B
dysenterie.......... 4.B
dysfonction-
   nement............ 4.B
dyslexie 4.B
dystrophie 4.B

e

eau 5 5.B
eau(x)-de-vie, f... 32
eau(x)-forte(s) 32
ébahi 29.B
ébats................. 31
ébauche 5.B
ébène, f............. 28.B
ébéniste 28.B
éberlué.............. 3.A
éblouissant 9.B
éblouissement 18.B
ébonite, f........... 16.A
éboueur............. 29.C
éboulis 4.B
ébréchure 26.B
ébriété.............. 3.A
ébullition 22.B
écaille 11.B
écarlate 13.A
écart 27
écartèlement 14.A
ecchymose, f....... 14.B
ecclésiastique...... 14.B
échafaud 5.B
échafaudage 21.A
échalas, m 1.C
échalote, f.......... 13.A
échancrure.......... 26.B
échangeur 23.A
échanson............ 9.A

échantillon	11.B	écrémage	3.A	efflanqué	14.B
échantillonnage	16.B	écrêtement	2.A	effleurement	17.B
échappatoire, f	12.B	écrevisse	18.B	effluve, m	17.B
échappée	12.B	écrin	8.A	effort	27
échassier	18.B	écriteau	5.B	effraction	25.A
échauffourée, f	17.B	écritoire, f	26.B	effraie, f	26.A
échéance	29.C	écrit(s)-parlé(s),		effrayant	11.A
échéant	9.B	m	32	effroi	24.A
échec	14.A	écrivain	8.B	effrontément	17.B
échelle	22.B	écrou	3.A	effroyable	11.A
échelon	22.A	écrouelles	31	effusion	19.A
échelonnement	16.B	écru	30	égal	30
écheveau	5.B	ectoplasme	14.A	égalitaire	26.B
échevin	8.A	écu	14.A	égalité	3.A
échine	16.A	écueil	7.B	égard	27
échiquier	14.B	écuelle	22.B	égérie	3.A
écho	14 5.A	écume	16.A	égide, f	21.A
échoppe	12.B	écumoire	26.B	églantine, f	9.A
éclaboussure	16.B	écureuil	11.B	église	19.A
éclair	23 23.A	écurie	4.B	ego	15.A
éclaircie	18.A	écusson	18.B	égocentrisme	15.A
éclat	1.C	écuyer	11.A	égoïne, f	29.B
éclectique	14.B	eczéma	2.C	égoïste	29.B
éclipse, f	18.A	edelweiss, m	18.B	égotisme	13.A
éclisse, f	18.B	éden	2.C	égout	27
éclopé	12.A	édification	14.A	égoutier	3.B
éclosion	19.A	édifice, m	18.A	égouttoir	13.B
écluse	19.A	édile, m	22.A	égrainage	16.A
écœurant	7.B	édit	4.B	égratignure	11.C
école	22.A	éditeur	30	égrenage	16.A
écologie	14.A	éditorial	22.A	égrillard	11.B
économie	16.A	édredon	10.A	égyptien	30
écope, f	12.A	éducateur	30	eh !	3.C
écorce	18.A	effaçable	18.A	éhonté	29.B
écorchure	26.B	effarant	17.B	eider	23.A
écossais	30	effectif	17.B	éjection, f	25.A
écot	14 5.B	efféminé	17.B	élaboration	25.A
écoute, f	14.A	effervescence	18.C	élagage	15.A
écoutille	11.B	effet	17.B	élan	9.A
écouvillon	11.B	effeuillage	11.B	élargissement	18.B
écran	9.A	efficace	18.B	élasticité	18.A
écran(s)-filtre(s),		efficience	9.A	eldorado	5.A
m	32	effigie	4.B	électeur	30

électif 30
élection 25.A
électorat 1.C
électricité 3.A
électrique 14.B
électroacoustique. 29.C
électro-aimant(s),
m 32
électrocution 25.A
électrogène 2.A
électrolyse, f 4.B
électron 10.A
électronique 14.B
électronucléaire ... 26.A
élégamment 16.B
élégance 9.A
élégiaque 14.B
élégie, f 4.B
élément 9.B
élémentaire 26.B
éléphant 17.C
éléphantesque 14.B
élévateur 30
élève 2.A
elfe, m 2.C
éligible 21.A
éliminatoire 26.B
élision, f 19.A
élite, f 13.A
élixir 23.A
elle 2 2.C
ellipse 3.C
elliptique 3.C
élocution 25.A
éloge, m 21.A
élogieux 30
élongation 25.A
éloquence 14.B
élucubration 25.A
élytre, m 4.B
émail 31
émanation 16.A
émancipation 25.A

émasculation, f 25.A
emballage 22.B
embarcadère 26.B
embardée 3.B
embargo 5.A
embarquement 14.B
embarras 23.B
embarrassant 23.B
embauche, f 5.B
embauchoir 23.A
embêtant 2.A
emblée (d') 3.B
emblématique 28.B
emblème, m 2.A
emboîtement 24.B
embolie, f 4.B
embonpoint 24.E
embouchure 26.B
embout 27
embrasure 26.B
embrasse, f 18.B
embrassement 18.B
embrayage 11.A
embrocation 25.A
embrouillamini 4.A
embruns 31
embryon 11.A
embryonnaire 16.B
embûche, f 20.A
embuscade 9.B
éméché 3.A
émeraude, f 5.B
émergence 9.A
émeri, m 4.A
émérite 13.A
émersion 25.A
émerveillement 11.B
émetteur 13.B
émeute 13.A
émigrant 9.B
éminemment 1.C
éminence 9.A
émir 23.A

émirat 1.C
émissaire 26.B
émission 25.A
emmagasinage 16.B
emmanchure 16.B
emménagement ... 16.B
emment(h)al 16.B
émoi 24.A
émolument 9.B
émotif 30
émotion 25.A
émotionnel 16.B
émoulu 30
émoustillant 11.B
empaillage 11.B
empan, m 9.A
empaquetage 13.A
empâtement 1* 1.B
empattement ...1* 13.B
empêchement 2.A
empêcheur 30
empeigne, f 2.B
empennage 16.B
empereur 30
empêtré 2.A
emphase, f 17.C
emphatique 17.C
empiècement 16.A
empierrement 23.A
empiètement 2.A
empilement 22.A
empire, m 26.A
empiriquement 14.B
emplacement 9.B
emplâtre, m 9.B
emplette 13.B
emploi 24.A
employeur 11.A
empoisonnement . 16.B
empoissonnement 18.B
emporte-pièce, m. 32
empreinte, f 8.B
empressement 18.B

emprise, f 19.A
emprisonnement .. 16.B
emprunt 8.C
émule 22.A
émulsion 25.A
en 9 9.A
énarque 14.B
en-avant 32
encablure, f 28.A
encaisse, f 18.B
encan 9.A
encart 23.C
encas 31
encastrement 14.A
encaustique, f 14.B
enceinte 8.B
encens 31
encensoir 23.A
encéphale, m 17.C
enchaînement 2.B
enchanteur 30
enchâssement 1.B
enchère, f 2.A
enchevêtrement ... 2.A
enclave, f 9.A
enclin 30
enclos 5.A
enclume, f 16.B
encoche, f 9.A
encoignure 11.C
encollage 22.B
encolure 22.A
encombrant 9.B
encombre, m 10.B
encontre 10.A
encorbellement 22.B
encor(e) 9.A
encornet 2.B
encourageant 21.B
encrassement 18.B
encre 9 9.A
encroûtement 28
encyclique, f 4.B

encyclopédie 4.B
endémique 14.B
endettement 13.B
endive, f 9.A
endocrinien 30
endoctrinement ... 16.A
endogamie 4.B
endogène 2.A
endossement 18.B
endroit 24.B
enduit 4.B
endurance 9.A
endurcissement ... 18.A
énergétique 14.B
énergie 16.A
énergumène 16.A
énervement 9.B
enfance 9.A
enfant 9.A
enfantillage 11.B
enfantin 8.A
enfer 23.A
enfilade 22.A
enfin 8.A
enflé 3.A
enflure 26.B
engageant 21.B
engeance, f 21.B
engelure 26.B
engin 8.A
engouement 26.A
engouffrement 17.B
engourdissement . 18.B
engrais 2.B
engrenage 21.A
enharmonie 29.A
énième 2.A
énigmatique 14.B
énigme, f 3.A
enivrant 9.B
enjambée 9.B
enjeu 6.A
enjôleur 5.A

enjolivure 26.B
enjouement 26.A
enkysté 14.C
enlèvement 2.A
enluminure, f 16.A
enneigement 16.B
ennemi 16.B
ennui 16.B
ennuyeux 11.B
énonciation 25.A
énorme 16.A
énormité 16.A
enquête 14.B
enrageant 21.B
enrayage 11.A
enrayement 11.A
enregistrement 9.B
enrôlement 5.B
enrouement 26.A
enseignant 2.B
enseigne, m 2.B
enseigne, f 2.B
ensemble 9.B
ensemencement... 18.A
ensevelissement... 18.B
ensilage, m 18.A
ensoleillement 11.B
ensommeillé........ 16.B
ensorcellement 18.A
ensuite 18.A
entaille 11.B
entame, f 16.B
enté 29 30
entente 9.A
entérite, f 9.A
enterrement........ 23.B
entêté 2.A
enthousiasme, m.. 13.C
entier 30
entité 3.A
entomologie........ 13.A
entonnoir............ 16.B
entorse, f 18.A

entourage 13.A
entourloupette 2.C
entournure 26.B
entracte 14.A
entraide 2.B
entrailles 31
entrain 8.B
entraînement 2.B
entrave, f 9.A
entre 9 9.A
entrebâillement 11.B
entrechat 1.C
entrecôte, f 5.B
entre-deux, m 32
entre-deux-
  guerres, m ou f. 32
entrée 3.B
entrefaites 31
entrefilet 2.B
entrejambe, m 32
entrelacs, m 27
entremets 27
entremetteur 13.B
entremise 19.A
entrepont 10.C
entrepôt 5.B
entrepreneur 16.A
entreprise 19.A
entresol, m 18.A
entre-temps (adv) 32
entretien 8.A
entrevue, f 26.A
entropie, f 9.A
entrouvert 30
énucléation 29.C
énumération 25.A
envahi 29.B
envahissant 29.B
enveloppe 12.B
enveloppement 12.B
envenimé 30
envergure, f 26.B
envers 27

envi 4 4.A
envie, f 4 4.B
envieux 30
environ 10.A
environnant 16.B
environnement 16.B
envoi 24.A
envol 22.A
envolée 3.B
envoûtement 9.B
envoûteur 23.A
enzyme, m ou f.... 4.B
éolien 29.C
épagneul 7.A
épais 2* 30
épaisseur 23.A
épaississant 18.B
épanchement 9.A
épandage, m 9.A
épanouissement ... 18.B
épargne, f 11.C
éparpillement 11.B
épars 23 31
épate, f 13.A
épaulard 23.C
épaule 5.B
épaulette 2.C
épave 3.A
épée 2* 3.B
épeire, f 2.B
éperdument 2.C
éperon 3.B
épervier 3.B
éphèbe, m 17.C
éphémère 17.C
éphéméride, f 17.C
épi 4.A
épice, f 18.A
épicéa 1.A
épicerie 26.A
épicier 30
épicurien 30
épidémie 26.A

épieu 6.A
épiglotte, f 13.B
épigone, m.......... 16.A
épigramme, f 16.B
épigraphe, f........ 17.C
épilation 25.A
épilepsie 18.A
épileptique.......... 14.B
épilogue, m......... 22.A
épinard 23.C
épine 16.A
épinette 2.C
épineux 30
épine(s)-
  vinette(s), f 32
épingle 8.A
épinoche, f.......... 16.A
épiphanie 17.C
épiphénomène..... 17.C
épique 30
épiscopat 1.C
épisiotomie 19.A
épisode, m 19.A
épissure, f 18.B
épistémologie 26.A
épistolaire 26.B
épitaphe, f 17.C
épithète, f 13.C
épître, f 28.C
épizootie 19.A
éploré 3.A
épluchure 26.B
éponge............. 21.A
épongeage 21.B
épopée............. 12.A
époque............. 14.B
épouillage.......... 11.B
épousailles 31
épouse 19.A
époussetage........ 18.B
époustouflant 9.B
épouvantail 11.B
épouvante 9.A

époux 30
épreuve 7.A
éprouvette 2.C
epsilon, *m* 16.A
épuisant 9.B
épuisette 2.C
épuration 25.A
épure, *f* 26.B
équarrissage 14.B
équateur 23.A
équation 25.A
équatorial 14.B
équerre, *f* 23.B
équestre 14.B
équidé 14.B
équilatéral 22.A
équilibre 14.B
équinoxe, *m* 14.B
équipage 14.B
équipe 14.B
équipée 3.B
équipollence, *f* 22.B
équipotent 14.B
équitable 14.B
équitation 25.A
équité, *f* 14.B
équivalence 9.A
équivalent 9.B
équivoque, *f* 14.B
érable, *m* 3.A
éraflure 26.B
éraillé 11.B
ère, *f* 23 2.A
érectile 22.A
érection 25.A
éreintant 8.B
erg, *m* 15.A
ergol, *m* 15.A
ergot 5.B
ergoteur 13.A
ergothérapie 13.C
ermitage, *m* 2.C
ermite 13.A

érogène 2.A
éros 18.A
érosion 19.A
érotique 14.B
errance 23.B
errant 23.B
erratique 23.B
erratum, *m sg* 23.B
errata, *m inv* 1.A
erre, *f* 23 2.C
errements 31
erreur 23.B
erroné 23.B
ersatz, *m* 31
érudit 30
érudition 25.A
éruptif 30
éruption 25.A
érythème, *m* 4.B
ès 18 2.A
esbroufe, *f* 2.C
escabeau 5.B
escadre 2.C
escadrille, *f* 11.B
escadron 14.A
escalade 22.A
escalator, *m* 22.A
escale 22.A
escalier 3.B
escalope, *f* 12.A
escamotable 14.A
escampette 2.C
escapade 14.A
escarbille, *f* 11.B
escarboucle, *f* 14.A
escarcelle, *f* 2.C
escargot 5.B
escarmouche 14.A
escarpement 14.A
escarpin 8.A
escarpolette, *f* 2.C
escarre, *f* 23.B
eschatologie 14.C

escient 18.C
esclandre, *m* 9.A
esclavage 14.A
esclave 2.C
escogriffe, *m* 17.B
escompte, *m* 10.B
escorte 13.A
escouade, *f* 29.C
escrime, *f* 16.A
escroc 5.B
escroquerie 14.B
ès lettres 32
ésotérique 3.A
ésotérisme 3.A
espace 18.A
espace(s)-temps,
m 32
espadon 10.A
espadrille, *f* 11.B
espagnol 30
espagnolette 2.C
espalier 3.B
espèce, *f* 2.C
espérance 9.A
espiègle 2.A
espièglerie 28.B
espion 30
espionnage 16.B
espionnite 16.A
esplanade 16.A
espoir 23.A
esprit 4.B
ès qualités 32
esquif 14.B
esquimau, *m* 14.B
f esquimaude
et eskimo 14.C
esquisse, *f* 14.B
esquive, *f* 14.B
essai 2.B
essaim 8.B
essaimage 2.B
essart 23.C

essayage............. 11.A
essayiste............. 11.A
ès sciences 32
esse, f............18 18.B
essence, f 9.A
essentiel 25.C
esseulé 18.B
essieu 6.A
essor................. 23.A
essorage 23.A
essoreuse............ 18.B
essoufflement...... 17.B
essuie-glace(s), m 32
essuie-mains, m... 32
essuie-pieds, m ... 32
essuyage 11.A
est 13.A
establishment...... 20.B
estafette, f........... 2.C
estafilade............ 17.A
est-allemand(es) . 32
estaminet............ 2.B
estampe, f........... 9.B
estampille, f 11.B
est-ce que 32
esthète 13.C
esthéticien 25.E
esthétique........... 13.C
estimation........... 25.A
estime 16.A
estival 30
estivant 9.B
estoc 14.A
estocade, f.......... 14.A
estomac............. 27
estompe, f.......... 10.B
estrade 2.C
estragon 2.C
estropié 3.A
estuaire, m.......... 26.B
estudiantin.......... 30
esturgeon 21.B
et 29 3.B

étable................. 3.A
établi 4.A
établissement 18.B
étage, m 3.A
étagère............... 2.A
étai, m................ 2.B
étaiement............ 26.A
étain................8 8.B
étal 22 31
étalage 21.A
étale 22 22.A
étalement........... 9.B
étalon 22.A
étalonnage.......... 16.B
étalon-or, m sg.... 32
étamage 16.A
étamine, f 16.A
étanche 9.A
étanchéité........... 29.C
étançon 18.A
étang 27
étape 12.A
état.................... 1.C
étatique 14.B
état(s)-major(s),
    m 32
étau 5.B
et cætera (etc.).... 32
été...................... 3.A
éteignoir............. 23.A
éteint.............8 8.B
étendard............. 23.C
étendue.............. 26.A
éternel 30
éternellement 22.B
éternité.............. 3.A
éternuement........ 26.A
éther 13.C
éthéré 13.C
éthiopien 13.C
éthique, f.......13 13.C
ethnarque 14.B
ethnie, f.............. 13.C

ethnocentrisme.... 13.C
ethnologie 13.C
éthologie 13.C
éthylène, m......... 4.B
éthylisme 4.B
étiage, m 21.A
étincelant 9.B
étincelle 2.C
étiolement 22.A
étiologie 26.A
étique 13 13.A
étiquetage 14.B
étiquette............. 2.C
étoffe 17.B
étoile 22.A
étoile polaire, f 32
étole, f 22.A
étonnamment...... 16.B
étonnement 16.B
étouffée............. 17.B
étouffement 17.B
étouffoir 23.A
étoupe, f............. 12.A
étourderie 26.A
étourdiment 9.B
étourdissement 18.B
étourneau 5.B
étrangement........ 9.B
étranger............. 30
étrangeté 3.A
étranglement 9.B
étrave, f.............. 3.A
être 29 2 2.A
étreinte............... 8.B
étrenne, f............ 2.C
êtres 2 30
étrier 3.B
étrille, f............... 11.B
étriqué 14.B
étrivière, f 2.A
étroit................. 24.B
étroitesse........... 18.B
étrusque 14.B

étude 13.A
étudiant 9.B
étui 4.A
étuve, f 3.A
étuvée 3.B
étymologie 4.B
eucalyptus, m 31
eucharistique 14.C
euclidien 30
eugénique 21.A
euh ! 6 27
eunuque 16.A
euphémisme 17.C
euphonie 17.C
euphorie 17.C
eurafricain 8.B
eurasien 8.A
eurêka ! 1.A
euristique 14.B
eurodollar 23.A
européen 30
euthanasie, f 13.C
eux 6 6.B
évacuation 25.A
évaluation 25.A
évanescence 18.C
évangélique 14.A
évangile, m 22.A
évanouissement ... 16.A
évaporé 12.A
évasement 19.A
évasif 30
évasion 19.A
évêché 3.A
éveil 11.B
événement 9.B
événementiel 25.C
éventail 11.B
éventaire, m 26.B
éventualité 3.A
éventuel 30
évêque 2.A
éviction 25.A

évidement 16.A
évidemment 1.C
évidence 18.A
évident 9.A
évier, m 3.B
évocation 14.A
évolutif 30
évolution 25.A
évolutionnisme 16.B
evzone, m 19.A
ex abrupto 32
exacerbation 25.A
exact 13.A
exaction 25.A
ex æquo 32
exagération 25.A
exagérément 9.B
exaltation 25.A
examen 8.A
examinateur 30
exaspération 25.A
exaucement 18.A
ex cathedra 32
excavateur 30
excédant 9.B
excédent, m 9.B
excédentaire........ 26.B
excellemment 22.B
excellence........... 22.B
excellent............. 22.B
excentrique 14.B
exception 25.A
exceptionnel 16.A
excès 27
excessif 30
excipient 9.B
excision 19.A
excitation 25.A
exclamation 25.A
exclu 30
exclusif 30
exclusivité........... 3.A
excommunication 16.B

excrément 9.B
excrémentiel........ 25.C
excroissance 18.B
excursion 25.A
excursionniste 16.A
excusable 19.A
exeat, m 29.C
exécrable 19.B
exécutant........... 9.B
exécution 25.A
exégèse, f 19.B
exégète 19.B
exemplaire 26.B
exemplarité 3.A
exemple............. 9.B
exempt 27
exemption 25.A
exercice 18.A
exergue, m.......... 15.B
exhalaison 29.A
exhalation........... 29.A
exhaussement 29.A
exhaustif 29.A
exhibition 29.A
exhibitionnisme ... 16.B
exhortation 25.A
exhumation......... 29.A
exigeant 21.B
exigence............. 9.A
exigu 30
exiguïté 29.D
exil 22.A
existence 18.A
existentialisme..... 18.C
existentiel 25.C
exit, m inv 13.A
exode, m 2.C
exogamie............ 26.A
exonération......... 25.A
exorbitant 9.B
exorcisme, m....... 18.A
exorde, m 2.C
exotique 14.B

expansif 30
expansion 25.A
expansionnisme... 16.B
expatriation......... 25.A
expectative 13.A
expédient 9.B
expéditif 30
expéditionnaire.... 16.B
expérience 9.A
expérimenta-
   lement............. 9.A
expérimentateur... 30
expert 27
expert(s)-
   comptable(s) ... 32
expertise............. 19.A
expiatoire 26.B
expiration 25.A
explication 25.A
explicite 18.A
explicitement....... 18.A
exploit................ 24.B
exploitation......... 25.A
exploiteur 30
explorateur 30
exploratoire......... 26.B
explosif 30
exponentiel 25.C
exportateur 30
exposant 9.B
exposé 3.A
exposition 25.A
exprès..............2 18.A
   adv 27
express 2 18.B
expressément 18.B
expressif 30
expression 25.A
expressionnisme .. 16.B
exprimable......... 16.A
expropriation....... 25.A
expulsion............ 25.A
expurgation 25.A

exquis 30
exsangue 15.B
extase, *f*............. 19.A
extenseur........... 18.A
extensif 30
extension............ 25.A
exténué 3.A
extérieur 23.A
extériorité 3.A
extermination 25.A
externat 1.C
externe 2.C
extincteur 23.A
extinction 25.A
extirpateur 23.A
extorqueur 23.A
extorsion 25.A
extra 1.A
extraction 25.A
extradition 25.A
extra-dry............ 32
extra-fin(es)........ 32
extra-fort(es) 32
extrait 2.B
extra-légal(aux)... 32
extralucide 18.A
extra-muros 32
extraordinaire 29.C
extrapolation 25.A
extrasensoriel(les) 32
extra-utérin(es) ... 32
extravagance....... 9.A
extravagant 9.B
extraversion 25.A
extraverti 4.A
extrême 2.A
extrêmement 2.A
extrême(s)-
   onction(s), *f* 32
extrême-orient,
   m sg 32
extrême-oriental
   (aux) 32

extrémisme 16.A
extrémité 28
exubérance 9.A
exultation 25.A
exutoire, *m*.......... 26.B
ex-voto, *m inv*..... 32

fa....................1 1.A
fable 17.A
fabliau, *m* 5.B
fabrication 25.A
fabricant 14.A
fabrique............. 14.B
fabulation 25.A
fabuleux 30
fabuliste 22.A
façade 18.A
face 18 18.A
face-à-face 32
facétie............... 18.C
facétieux............ 25.B
facette............... 2.C
fâcheusement...... 1.B
fâcheux 30
facial 11.A
faciès, *m*............. 18.A
facile 18.A
facilité 3.A
façon 18.A
faconde............. 14.A
façonnage 16.B
fac-similé(s), *m* ... 32
facteur 32
factice............... 18.A
factieux 25.B

faction	25.A	falsification	25.A	farineux	30
factoriel	30	famé	16.A	farniente	9.A
factotum	16.A	famélique	14.B	farouche	20.A
facturation	25.A	fameux	30	fart, *m*	23.C
facture	26.B	familial	30	fascicule, *m*	18.C
facultatif	30	familiarité	3.A	fascination	18.C
faculté	3.A	familier	30	fascisme	18.C
fada	1.A	famille	11.B	faste, *m*	17.A
fadaise	2.B	famine	16.A	fastidieux	30
fade	30	fan ...26	9.A	fastueux	30
fadeur	23.A	fanal	22.A	fat ...1	27
fagot	5.B	fanatique	16.A	fatal	30
fagoté	13.A	fane, *f* ...26	16.A	fatalement	9.B
faible	2.B	fanfare	17.A	fatalité	3.A
faiblesse	2.C	fanfaronnade	16.B	fatidique	14.B
faïence	29.B	franfreluche, *f*	20.A	fatigant	9.B
faille	11.B	fange	21.A	fatigue	15.B
failli	12.B	fangeux	30	fatras	1.C
faillibilité	3.A	fanion	10	fatuité	3.A
faillite	13.A	fanon	10	fatum	16.A
faim, *f* ...8	8.B	fantaisie	26.A	faubourg	23.C
faine, *f*	2.B	fantasia, *f.*	1.A	faubourien	30
ou faîne	2.B	fantasme, *m*	9.A	faucheur	30
fainéant	9.B	fantasque	14.B	faucille	11.B
fainéantise	29.C	fantassin	18.B	faucon	14.A
faire-part, *m*	32	fantastique	14.B	fauconnerie	16.B
faire-valoir, *m*	32	fantoche, *m.*	9.A	faufilage	22.A
fair(-)play, *m*	32	fantôme	28.A	faune, *m*	16.A
faisable	19.A	faon	9.C	faune, *f*	16.A
faisan	9.A	faquin	14.B	faussaire	18.B
faisanderie	26.A	far ...17	23.A	fausset ...5	2.B
faisceau	18.C	farad	13.A	fausseté	3.A
faiseur	23.A	faraday	2.C	faute	5.B
faisselle, *f*	18.B	faramineux	30	fauteuil	11.B
fait ...2	30	farandole	22.A	fauteur	30
faîte, *m* ...2	2.B	faraud	5.B	fautif	30
faitout	27	farce	18.A	fauve	5.B
faix ...2	27	farci	30	fauvette	2.C
fakir	14.C	fard ...17	23.C	faux, *f*	27
falaise	2.B	fardeau	5.B	faux	30
falbala, *m.*	1.A	farfadet	2.B	faux-bourdon(s),
fallacieux	25.B	farfelu	30	*m*	32
falot	5.B	faribole, *f*	22.A	faux-filet(s), *m*	32

faux-fuyant(s), *m* 32
faux-
   monnayeur(s),
m 32
faux-semblants, *m* 32
faux sens, *m*........ 32
favela, *f* 22.A
faveur 23.A
favori 4.A
favorite............. 13.A
fayot 11.A
féal 29.C
fébrile 22.A
fébrilité............. 3.A
fécal 30
fèces, *f* 31
fécond 10.C
fécondité 3.A
fécule, *f*............. 22.A
féculent............. 9.B
fed(d)ayin 11.A
fédéral............... 30
fédération 25.A
fédéré 3.A
fée.................... 3.B
féerie 26.A
feignant............ 11.C
   ou faignant 2.B
feinte 8.B
feldspath, *m* 13.C
félibre, *m* 17.A
félicitations 31
félicité 3.A
félin 30
fellah, *m* 22.B
félonie............... 26.A
felouque............. 14.B
fêlure 26.B
femelle 2.C
féminin.............. 30
féminité............. 3.A
femme............... 1.C
femmelette.......... 1.C

fémoral.............. 30
fémur 23.A
fenaison 19.A
fendant 9.B
fenêtre 2.A
fenil 22.A
fennec, *m* 14.A
fenouil, *m* 11.B
fente 9.A
féodal 30
féodalité 3.A
fer 23.A
fer(s) à cheval, *m*. 32
fer(s)-blanc(s), *m* 32
ferblanterie 26.A
férié 30
ferme 2.C
ferment 23 9.B
fermeture........... 26.B
fermi 4.A
fermier 30
fermoir 23.A
féroce 18.A
férocité............. 3.A
ferraille 11.B
ferrailleur 23.A
ferrement.......23 9.B
ferreux 31
ferronnerie 23.B
ferronnier........... 16.B
ferroviaire 26.B
ferrugineux 30
ferrure 26.B
fertile 22.A
fertilité 3.A
féru................... 30
férule 22.A
fervent' 9.B
ferveur 23.A
fesse 18.B
fessée............... 3.B
festin 8.A
festival 31

festivité 28.C
festoiement 26.A
feston 10.A
fêtard 23.C
fête 2 28.C
fétiche............... 20.A
fétide 13.A
fétu................... 3.A
feu 6 6.A
feuillage 11.B
feuille............... 11.B
feuillée, *f*........2* 3.B
feuillet, *m*........2* 2.B
feuilleton 10.A
feuillu 30
feutre 6.A
feutrine 16.A
fève 2.A
février 3.B
fez, *m*................ 31
fi ! 17 4.A
fiabilité.............. 3.A
fiacre 26.C
fiançailles 31
fiasco................ 5.A
fiasque, *f* 14.B
fibre................. 4.A
fibreux 30
fibrillation 11.B
fibrome, *m* 5.A
fibule, *f* 22.A
ficelé................. 22.A
ficelle 2.C
fiche 20.A
fichier 3.B
fichu 20.A
fictif 30
fiction 25.A
fidéisme 29.C
fidèle 30
fidélité............... 3.A
fiduciaire 25.C
fief.................... 2.C

fieffé 17.B
fiel 2.C
fielleux 30
fiente, f 9.A
fier 30
fièrement 9.B
fierté 3.A
fiesta 1.A
fièvre 2.A
fiévreux 30
fifre, m 17.A
fignoleur............. 30
figuier 3.B
figuratif 30
figure 26.B
figurine 16.A
fil 22 22.A
fil-à-fil 32
filaire, f.............. 26.B
filament............. 19.A
filandreux 30
filasse, f............. 18.B
filature 26.B
fil(s) de fer 32
file, f...........…22 22.A
filet 2.B
filetage 13.A
filial 30
filiation.............. 25.A
filière 2.A
filigrane, m......... 16.A
filin 8.A
fille 11.B
filleul 11.B
film 16.A
filmothèque 13.C
filon.................. 22.A
filou.................. 22.A
fils 31
filtre...............17 17.A
fin, f................. 8.A
fin...............…8 30
finale, m 22.A

finale, f.............. 22.A
finalité.............. 3.A
finance.............. 9.A
finaud 30
fine...............…31 16.A
fine(s)-de-claire .. 32
finesse 18.C
finish 20.B
finition 25.A
finlandais........... 30
finnois............... 16.B
fiole 22.A
fioriture 26.B
firmament........... 9.B
firme 16.A
fisc 14.A
fiscalité 3.A
fissile 18.B
fission 25.A
fissure 26.B
fixatif 30
fixe 18.C
fjord.................. 11.B
flageolet 21.B
flagorneur........... 30
flagrant 9.B
flair.................. 23.A
flamand ....…9 30
flamant ....…9 9.B
flambant 9.B
flambeau 5.B
flambée 3.B
flamboiement 26.A
flamboyant 11.A
flamenco 5.A
flamingant 9.A
flamme 16.B
flammé 16.B
flammèche.......... 16.B
flan ....…9 9.A
flanc................…9 9.C
flandrin 8.A
flanelle ....…' 2.C

flânerie.............. 1.B
flapi 30
flaque ....…14 14.B
flash ....…20 20.B
flash-back, m 32
flasque 14.B
flatterie............. 13.B
flatulence 9.A
fléau 5.B
fléchage 21.A
flèche................ 2.A
fléchette 2.C
fléchissement 18.B
flegmatique........ 14.B
flegme, m 16.A
flemmard 16.B
flemme, f 16.B
flétrissure........... 18.B
fleur.................. 23.A
fleuret 2.B
fleurette............. 2.C
fleuriste 13.A
fleuron 10.A
fleuve................ 7.A
flexibilité 3.A
flexion............... 25.A
flibustier 3.B
flic.................... 14.A
flingue, m 15.B
flipper 12.B
flirt 13.A
flocage 14.A
flocon 14.A
floconneux 16.B
flopée 3.B
floraison 19.A
floralies 31
flore.................. 26.B
florentin 30
florilège, m......... 2.A
florin................. 8.A
florissant 18.B
flot 5.A

flottaison 13.B
flotte 13.B
flottille 11.B
flou 30
fluctuation 25.A
fluet 30
fluide 13.A
fluidité 3.A
fluor 23.A
fluorescence 18.C
flush 20 20.B
flûte 13.A
flûtiste 13.A
fluvial 30
flux 31
fluxion 25.A
foc 14 14.A
focal 30
foehn [øn], m 6.C
fœtal 3.C
fœtus 3.C
foi, f 24 24.A
foie, m 24 24.B
foin 24.D
foire 26.B
foire(s)-
  exposition(s), f. 32
foireux 30
fois, f 24 24.B
foisonnement 16.B
fol 30
folâtre 1.B
folichon 30
folie 26.A
folio 5.A
folklore, m 26.B
folksong 14.C
folle(s)-avoine(s),
  f 32
follement 22.B
follet 30
follicule, m 22.B
fonceur 30

foncier 30
fonctionnaire 16.B
fonctionnel 16.B
fond 10 10.C
fondamental 30
fondateur 30
fondation 25.A
fonderie 26.A
fondrière 2.A
fonds 10 31
fongicide 18.A
fontaine 2.B
fontanelle, f 2.C
fonte 13.A
fonts 10 31
football 22.B
footing 15.C
for 5* 23.A
forage 21.A
forain 8.B
forban 9.A
forçat 1.B
force 18.A
forcément 9.B
forcené 30
forceps 18.A
forcing 15.C
forclusion 19.A
forestier 30
foret, m 2 2.B
forêt, f 2 2.B
forfait 2.B
forfaiture 26.B
forfanterie 26.A
forge 21.A
forgeron 10.A
formalité 3.A
format 1.B
formateur 30
formel 30
formica 1.A
formique 14.B
formol 22.A

formulaire, m 26.B
formule 22.A
fornication 25.A
fors 5* 27
forsythia, m 4.B
fort 5* 30
forte, m, inv 13.A
forteresse 2.C
fortin 8.C
fortissimo 18.B
fortuit 30
fortune 16.A
forum 16.A
fosse 5 18.B
fossé 5 3.A
fossette 2.C
fossile 22.A
fossoyeur 11.A
fou 30
foucade 14.A
foudre 26.B
foudroiement 26.A
fouet 2.B
fouettard 13.B
fougasse, f 18.B
fougère 2.A
fougue 15.B
fougueux 30
fouille 11.B
fouilleur 11.B
fouillis 4.B
fouinard 23.C
fouine 16.A
fouineur 30
foulard 23.C
foule 26 22.A
foulée 3.B
foulon 22.A
foulque, f 14.B
foulure 26.B
four 23.A
fourberie 26.A
fourbi 4.A

fourbu 30
fourche 20.A
fourchette 2.C
fourchu 30
fourgonnette 16.B
fouriérisme 2.A
fourmi 4.A
fourmilier 22.A
fournaise 2.B
fourneau 5.B
fournée 3.B
fourni 4 30
fournil 4 22.A
fournisseur 18.B
fourniture 26.B
fourrage 23.B
fourré 23.B
fourreau 5.B
fourre-tout, *m* 32
fourrière 23.B
fourrure 23.B
foutoir 23.A
fox 31
fox-terrier(s), *m*... 32
fox-trot(s), *m* 32
foyer 11.A
frac 14.A
fracas 1.C
fraction 25.A
fractionnaire 16.B
fractionnel 16.B
fracture 26.B
fragile 21.A
fragilité 21.A
fragmentaire 26.B
frai, *m* 2 2.B
fraîchement 2.B
fraîcheur 23.A
frais 2 30
  f fraîche
fraise 19.A
framboisier 9.B
franc 9.C

f franche 30
f franque 30
français 30
franc(s)-
  bourgeois, *m* 32
franchise 19.A
franc(s)-comtois,
  m 32
franciscain 30
francisque, *f* 14.B
franc-jeu, *m* 32
franc(s)-
  maçon(s), *m* 32
franc-maçonnerie,
  f 32
franco 5.A
francophile 17.C
francophone 17.C
franco-
  provençal(aux),
  m 32
franc(s)-parler(s),
  m 32
franc(s)-tireur(s),
  m 32
frange 21.A
frangin 30
frangipane, *f* 16.A
franglais 27
franquette 14.B
frappe, *f* 12.B
frasque, *f* 14.B
fraternel 30
fraternité 3.A
fratricide 18.A
fraude 5.B
frauduleux 30
frayeur 11.A
fredaine 2.B
frégate 13.A
frein 8.B
frelaté 3.A
frêle 2.A

frelon 22.A
freluquet 2.B
frémissement 18.B
frêne 2.A
frénésie 26.A
frénétique 14.B
fréquemment 1.C
fréquence 9.A
fréquent 9.B
frère 2.A
fresque 14.B
fret 2 13.A
frétillant 11.B
fretin 8.A
freudien 30
freux 31
friabilité 3.A
friand 9.C
friandise 19.A
fric 14.A
fricandeau 5.B
fricassée 3.B
fric-frac, *inv* 32
friche 20.A
friction 25.A
frigidité 3.A
frigorifique 14.B
frileux 30
frimas 1.C
frime 16.A
frimousse 18.B
fringale 22.A
fringant 9.B
fringues 31
fripier 12.A
fripon 10.A
friponnerie 16.B
fripouille 11.B
frise 19.A
frison 30
frisquet 2.B
frissonnement 18.B
frite 27 13.A

friture 26.B
frivole 22.A
froc 14.A
froid 30
froideur 23.A
froidure 26.B
froissure 26.B
frôlement 9.B
fromage 21.A
fromager 30
froment 9.B
fronce 18.A
frondaison 19.A
fronde 10.A
front 10.C
frontal 30
frontalier 30
frontière 2.A
frontispice, *m* 18.A
fronton 10.A
frottis 13.B
froufrou 17.A
froussard 30
fructueux 30
frugal 30
fruit 4.B
fruitier 30
frusques, *f* 31
frustration 25.A
fuchsia, *m* 20.B
fucus 31
fuel 22.A
fugace 18.A
fugitif 30
fugue 15.A
führer 23 23.A
fulgurant 30
full 26 22.B
fulminant 30
fumée 3.B
fumerolle, *f* 22.B
fumet 2.B
fumeur 30

fumeux 30
fumigation 25.A
fumigène 2.A
fumoir 23.A
funambule 22.A
funèbre 2.A
funérailles 31
funéraire 26.B
funeste 30
funiculaire 26.B
fur et à mesure
  (au) 32
furet 2.B
fureteur 13.A
fureur 23 23.A
furibard 23.C
furibond 10.C
furie 26.A
furieux 30
furoncle 10.A
furonculeux 30
furtif 30
fusain 8.B
fuseau 5.B
fusée 3.B
fuselage 22.A
fusible 19.A
fusil 27
fusilier 3.B
fusillade 11.B
fusil(s)-mitrailleur
  (s), *m* 32
fusion 11.A
fusionnement 16.B
fût 27
futaie, *f* 2.B
futaille 11.B
futé 3.A
futile 22.A
futilité 3.A
futur 23.A
futurisme 16.A
fuyard 11.A

g

gabardine 16.A
gabarit 4.B
gabegie, *f* 26.A
gabelle 2.C
gabelou 22.A
gâchette 2.C
gâchis 4.B
gadget 13.A
gadoue 26.A
gaélique 30
gaffe 17.B
gag 15.A
gaga 1.A
gage 21.A
gageure, *f* [y] 21.B
gagne-pain, *m* 32
gagne-petit, *m* 32
gagneur 30
gai 2* 30
gaiement 26.A
gaieté 26.A
gaillard 11.B
gain 8.B
gaine 2.B
gala 1.A
galactique 14.B
galamment 16.B
galant 9.B
galanterie 26.A
galantine 16.A
galapiat 1.C
galaxie 18.C
galbe, *m* 15.A
gale 22 22.A
galéjade 21.A
galène, *f* 2.A

galère................. 2.A
galerie................. 26.A
galérien.............. 30
galet.................. 2.B
galetas.............. 1.C
galette.............. 2.C
galeux................ 30
galiléen.............. 8.A
galimatias........... 1.C
galion................ 22.A
galipette............. 2.C
gallican.............. 30
gallinacé, m........ 22.B
gallois................ 30
gallon..........27 22.B
gallo-romain(s) ... 32
galon...........27 22.A
galop................. 5.B
galopade............ 12.A
galopin............... 12.A
galvanisation....... 25.A
galvaudage......... 5.B
gambade............ 9.B
gamelle.............. 2.C
gamète, m........... 2.A
gamin................ 30
gaminerie........... 26.A
gamma, m........... 16.B
gamme............... 16.B
ganache, f.......... 16.A
gandin.............. 8.A
gandoura, f......... 1.A
gang, m.........26 15.A
ganglion............. 10.A
gangrène............ 2.A
gangster............. 2.C
gangue, f.......26 15.B
ganse................ 15.A
gant.................. 9.B
garage................ 21.A
garance, f........... 18.A
garant................ 9.A
garantie............. 26.A

garce................. 18.A
garçon.............. 18.A
garçonnet........... 16.B
garçonnière......... 16.B
garde................. 15.A
garde-à-vous, m.. 32
garde à vue......... 32
garde-barrière(s) . 32
garde-boue, m..... 32
garde-chasse(s), m 32
garde(s)-
   chiourme(s), m. 32
garde(s)-côte(s),
   m (agent)........ 32
garde-côte(s), m
   (navire)........... 32
garde(s) du corps,
   m.................. 32
garde-fou(s), m... 32
garde(s)-
   malade(s)........ 32
garde-manger, m. 32
garde-meuble(s),
   m.................. 32
gardénia............. 1.A
garde-robe(s), f... 32
gardian.............. 9.A
gardien.............. 30
gardiennage........ 16.B
gardon.............. 10.A
gare.................. 26.B
garenne............. 2.C
gargarisme.......... 15.A
gargote............. 15.A
gargouille.......... 11.B
garnement......... 9.B
garnison............ 19.A
garnissage.......... 18.B
garniture............. 26.B
garrigue............. 23.B
garrot................ 23.B
gars.................. 27
gascon.............. 14.A

gasoil................. 22.A
gaspacho........... 5.A
gaspilleur........... 30
gastéropode........ 12.A
gastrite.............. 13.A
gastronomie........ 26.A
gâteau.............. 5.B
gâterie.............. 26.A
gâteux.............. 30
gauche.............. 5.B
gaucher............. 3.B
gauchiste........... 15.A
gaucho.............. 5.B
gaudriole, f......... 22.A
gaufre, f............. 17.A
gaule..........5 22.A
gaullisme........... 22.B
gaulois.............. 30
gauss, m.......5* 18.B
gave, m.............. 15.A
gavial................ 22.A
gavotte.............. 13.B
gavroche............ 20.A
gaz, m.........26 31
gaze, f.........26 19.A
gazelle.............. 2.C
gazette.............. 2.C
gazeux............... 30
gazoduc............. 14.A
gazogène........... 2.A
gazole............... 19.A
gazon............... 19.A
gazouillis........... 11.B
geai..............2 21.B
géant................ 29.C
gecko............... 14.C
geisha, f [gɛj] 20.B
gel................... 2.C
gélatine.............. 16.A
gelée................. 3.B
gélinotte, f.......... 13.B
gélule................ 22.A
gelure................ 26.B

gémissement 18.B
gemme, f 16.B
gémonies 31
gênant 9.B
gencive 18.A
gendarme 9.A
gendre 9.A
gène, m 2 2.A
gêne, f 2 2.A
généalogie 29.C
général 30
généralité 3.A
générateur 30
génération 25.A
généreux 30
générosité.......... 3.A
genèse 2.A
genêt 2 2.B
génétique 30
genette 2.C
genévrier 3.B
génial 30
génie, m 26.A
genièvre 2.A
génisse 18.B
génital 30
géniteur 23.A
génocide 18.A
génois 30
génoise 19.A
génotype 4.B
genou 31
genouillère 1.B
genre 9.A
gens, pl 9 31
   m gens heureux
   f bonnes gens
gent, sg 9 27
gentiane 18.C
gentil 30
gentilhomme 29.A
   pl. gentils-
   hommes

gentilhommière.... 16.B
gentillesse.......... 11.B
gentiment 9.B
gentleman 16.A
   pl. gentlemen ... 31
gentry, f 4.B
génuflexion........ 25.A
géodésie............ 29.C
géographie 17.C
geôle 21.B
geôlier 21.B
géométrie 26.A
géophysique 17.C
géorgien 8.A
géothermique 13.C
gérance 18.A
géranium 16.A
gerbe 2.C
gerboise 19.A
gerçure 18.A
gériatrie 26.A
germain 30
germanique........ 14.B
germe 21.A
germicide 18.A
germination 25.A
gérondif 17.A
gérontocratie...... 18.C
gérontologie 26.A
gésier 19.A
gestaltisme [ge] .. 15.A
gestation 25.A
geste, m 21.A
geste, f 21.A
gestion 21.A
gestionnaire 16.B
gestuel 30
geyser, m........... 2.C
ghanéen 30
ghetto 13.B
gibbon 12.B
gibbosité 12.B
gibecière 25.D

gibelotte, f 13.B
giberne 2.C
gibet 2.B
gibier 3.B
giboulée 22.A
giboyeux 11.A
gibus 31
giclée 3.B
gifle 17.A
gigantesque 14.B
gigogne 11.C
gigolo 5.A
gigot 5.B
gigue 15.B
gilet 2.B
gin, m 4 21.C
gin-fizz, m 32
gingembre, m 9.B
gingivite 13.A
girafe 17.A
giratoire........... 26.B
girl.................. 15.A
girofle, m 17.A
giroflée............. 17.A
girolle, f............ 22.B
giron, m 10.A
girondin 30
girouette........... 2.C
gisant.............. 9.B
gisement 9.B
gitan 30
gîte, m 13.A
gîte, f 4.B
givre 21.A
glabre 26.C
glace............18 18.A
glaciaire..........2 25.D
glacial 30
   pl. als ou aux ... 31
glaciation 25.A
glacière........2 25.D
glacis 4.B
glaçon............. 18.A

G/G

gladiateur 23.A
glaïeul, m. 29.B
glaireux 30
glaise 2.B
glaiseux............. 30
glaive 2.B
gland 9.C
glande............... 9.A
glaneur.............. 30
glapissement 18.B
glas 27
glaucome 5.B
glauque............. 14.B
glèbe 2.A
glissade............. 18.B
glissando............ 5.A
glissière............. 18.B
global 30
globe 26.A
globe-trotter(s), m 32
globule, m 22.A
globuleux 30
gloire 26.B
gloria, m............. 1.A
gloriette.............. 2.C
glorieux.............. 30
gloriole.............. 22.A
glose, f............... 19.A
glossaire, m......... 18.B
glossolalie 22.A
glotte 13.B
glouglou............. 15.A
gloussement........ 18.B
glouton 30
gloutonnerie 16.B
glu.................... 15.A
gluant 9.B
glucide............... 18.A
glucose 14.A
gluten 16.A
glycérine, f......... 4.B
glycine, f 4.B
glycogène........... 2.A

gnangnan 9.A
gnocchi 20.C
gnognote............ 13.A
gnome, m 16.A
gnon 10.A
gnose, f.............. 19.A
gnostique 14.B
gnou.................. 15.A
go 15.A
goal 5   5.C
goal-average(s), m 32
gobelet.............. 2.B
gobe-mouches, m 32
godet 2.B
godiche.............. 20.A
godille, f............. 11.B
godillot.............. 11.B
goéland.............. 29.C
goélette.............. 29.C
goémon.............. 30
goguenard 30
goguette............. 15.B
goinfrerie............ 17.A
goitre 13.A
golden, f............. 16.A
golf, m 26   17.A
golfe, m..........26   17.A
gomme............... 16.B
gommeux 16.B
gonade, f............ 16.A
gond 10.C
gondole.............. 22.A
gonfleur 17.A
gong.................. 15.A
gonocoque, m 14.B
gonzesse 19.A
gordien 8.A
goret.................. 2.A
gorge 21.A
gorgée 21.A
gorgone, f........... 16.A
gorgonzola 19.A
gorille 11.B

gosier................. 19.A
gospel................ 22.A
gosse 5* 18.B
gothique............. 13.C
gouache 29.C
gouailleur 30
goudron 10.A
goudronnage 16.B
gouffre 17.B
goujat 1.C
goujaterie 26.A
goujon 21.A
goulache, m ou f . 22.A
goulag 15.A
goulasch, m ou f.. 20.B
goulée............2* 3.B
goulet 2* 2.B
goulot 5.A
goulu 30
goulûment 9.B
goupil 12.A
goupille.............. 11.B
goupillon............ 11.B
gourbi 4.A
gourd................. 23.C
gourde 15.A
gourdin 8.A
gourmand 30
gourme 16.A
gourmet........2* 2.B
gourmette........... 2.C
gourou 23.A
gousse 18.B
gousset 18.B
goût................... 27
goûter 3.B
goutte 13.B
goutte-à-goutte,
   m 32
gouttelette 13.B
goutteux............. 13.B
gouttière............. 13.B
gouvernail 11.B

gouvernant 30
gouverne, f 2.C
gouvernement 9.C
gouverneur 23.A
goyave, f 11.A
grabat 1.C
grabataire 26.B
grabuge.............. 21.A
grâce 18 28.A
gracieux 25.B
gracilité 3.A
gradation............ 25.A
grade 13.A
gradient.............. 9.B
gradin 8.A
graduation 25.A
graduel.............. 30
graffiti 31
graillon................ 11.B
grain 8.B
graine 2.B
grainetier 30
graisse 18.B
gramin(ac)ée 16.A
grammaire........... 16.B
grammatical 30
gramme.........26 16.B
grand 9.C
grand-
    angulaire(s), m. 32
grand-chose (pas) 32
grand-croix 32
grand(s)-duc(s),
    m 32
grand(s)-
    duché(s), m..... 32
grand(s)
    ensemble(s), m 32
grandeur............. 23.A
grandiloquence ... 14.B
grandiose 19.A
grand-maman(s),
    f..................... 32

grand-messe(s), f 32
grand-rue, f......... 32
grands-parents,
    m pl................ 32
grand-voile(s), f.. 32
grange 21.A
granit(e), m 13.A
graniteux 30
granulé.............. 22.A
graphisme........... 17.C
graphite.............. 17.C
graphologie 17.C
grappe 12.B
grappillage.......... 11.B
grappin 12.B
gras 30
gras-double(s) 32
grassouillet 11.B
gratification 25.A
gratin 8.A
gratis 13.A
gratitude............. 13.A
grattage............. 13.B
gratte-ciel, m....... 32
gratte-papier, m... 32
grattoir 13.B
gratuit 30
gratuité 3.A
grau, m.............5 5.B
gravats 31
grave 31 30
graveleux............ 30
gravelle, f........... 2.C
graves, m.......31 31
gravide.............. 30
gravier............... 3.B
gravillon 11.B
gravitation 25.A
gravité............... 3.A
gravure.............. 26.B
gré 2* 3.A
grec 30
    f grecque

gréco-latin(es) 32
gréco-romain(es). 32
gredin 8.A
gréement 26.A
greffe 17.B
greffier 17.B
greffon 17.B
grégaire............. 26.B
grège 21.A
grégorien........... 30
grêle 22.A
grêlon 22.A
grelot 5.A
grelottant........... 13.B
grenade............. 16.A
grenadine 16.A
grenaille 11.B
grenat 1.C
grenier 3.B
grenouillage........ 11.B
grenouille 11.B
grenu 30
grès 2* 27
gréseux 30
grésil................. 22.A
grésillement 11.B
grève 2.A
gréviste 28.B
gribouillis 11.B
grief.................. 2.C
grièvement.......... 9.B
griffe................. 17.B
griffon 17.B
griffonnage 16.B
grigou 15.A
grigri................. 4.A
gri(s)-gri(s), m.... 32
grillade.............. 11.B
grillage.............. 11.B
grille 11.B
grille-pain, m....... 32
grillon 11.B
grimace 18.A

grimage	16.A	
grimaud	5.B	
grimoire, m	26.B	
grimpette	2.C	
grincheux	30	
gringalet	2.B	
griot	5.B	
griotte	13.B	
grippe	12.B	
grippe-sou, m	32	
gris	30	
grisaille	11.B	
grisâtre	1.B	
griserie	26.A	
grisou	19.A	
grive	15.A	
grivèlerie	26.A	
grivois	24.B	
grivoiserie	26.A	
grizzli	19.C	
grizzly	4.B	
groenlandais	30	
grog	15.A	
groggy	15.C	
grognard	30	
grogne	11.C	
grognon	11.C	
groin	24.D	
grommellement	16.B	
grondement	9.B	
grondin	8.A	
groom [u]	16.A	
gros	...5	30
groseillier	11.B	
gros-porteur(s), m	32	
grosse	18.B	
grossesse	18.B	
grosseur	23.A	
grossier	30	
grossièreté	18.B	
grossissement	18.B	
grosso modo	32	
grotesque	14.B	
grotte	13.B	
grouillant	11.B	
groupe	...26	12.A
groupuscule	22.A	
gruau	5.B	
grue	26.A	
grume, f	16.A	
grumeau	5.B	
grutier	3.B	
gruyère	11.A	
guadeloupéen	8.A	
guano	5.B	
gué	...2*	15.B
guéable	29.C	
guenille	11.B	
guenon	16.A	
guépard	23.C	
guêpe	2.A	
guère(s)	...2	2.A
guéret	2.B	
guéridon	10.A	
guérilla	1.A	
guérillero	11.B	
guérison	19.A	
guérite	13.A	
guerre	...2	2.C
guet	...2*	2.B
guêtre, f	2.A	
guetteur	2.C	
gueule	...31	7.A
gueuleton	15.B	
gueux	30	
gui	4.A	
guichet	2.B	
guide	15.B	
guidon	15.B	
guigne	15.B	
guignol	22.A	
guignolet	2.B	
g(u)ilde, f	15.B	
guilledou	11.B	
guillemet	11.B	
guilleret	30	
guillotine	11.B	
guimauve, f	15.B	
guimbarde	8.B	
guinée	3.B	
guingois	24.B	
guinguette	2.C	
guirlande	9.A	
guise	19.A	
guitare	26.B	
gustatif	30	
guttural	13.B	
gymkhana, m	14.C	
gymnase, m	4.B	
gymnastique	4.B	
gynécée, m	4.B	
gynécologue	4.B	
gypaète, m	29.C	
gypse, m	4.B	
gyroscope	4.B	

h

le signe ' marque l'h dit aspiré. 'h résiste à l'élision et à la liaison, p. ex. 'hangar, mais non habit ou hameçon !

'ha !	...29	1.A
habeas corpus, m.	32	
habile	22.A	
habileté	3.A	
habilitation	25.A	
habillage, m	11.B	
habit	27	
habitacle, m	13.A	
habitant	9.B	
habitat	1.C	

habitude	13.A	
habituel	30	
'hableur	1.B	
'hachette	2.C	
'hachis	4.B	
'hachure	26.B	
hacienda, f	1.A	
'haddock	13.B	
'hagard	23.C	
hagiographie	17.C	
'haie	22.A	
'haïku	29.B	
'haillon	11.B	
'haine ...29	2.B	
'haineux	6.B	
'haire, f ...23	26.B	
'haïssable	29.B	
'haïtien	29.B	
'halage ...27	22.A	
'hâle ...1*	1.B	
haleine ...29 2	2.B	
'halètement ...29	2.B	
'hall	22.B	
hallali	22.B	
'halle ...1	22.B	
'hallebarde	22.B	
hallucinatoire	26.B	
'halo ...29	22.A	
halogène ...29	22.A	
'halte	22.A	
haltère, m	2.A	
haltérophilie	17.C	
'hamac ...29	14.A	
'hamburger	7.C	
'hameau	5.B	
hameçon	18.A	
'hammam	16.B	
'hampe	9.B	
'hamster	2.C	
'han ! ...9	9.A	
'hanap	12.A	
'hanche ...29	9.A	
'handball	22.B	
'handicap	12.A	
'hangar	23.A	
'hanneton	16.B	
'hanse, f ...29	18.A	
'hantise	9.A	
haoussa	29.C	
hapax	31	
'happening, m	12.B	
'haquenée ...29	14.B	
'hara-kiri(s), m	32	
'harangue	15.B	
'haras ...29	1.C	
'harcèlement	9.B	
'harde, f ...31	31	
'hardes ...31	31	
'hardi	30	
'hardiesse	2.C	
'hardiment	9.B	
'hard-top(s), m	32	
'hardware, m	26.B	
'harem	16.A	
'hareng	9.C	
'hargne	11.C	
'hargneux	30	
'haricot	5.B	
'harissa, m	18.B	
'harki	14.C	
harmonica	1.A	
harmonie	26.A	
harmonieux	30	
harmonium	16.A	
'harnachement	9.B	
'harnais	2.B	
'harnois	24.B	
'haro	5.A	
'harpe	12.A	
'harpie	26.A	
'harponneur	16.B	
('h)aruspice, m	18.A	
'hasard	23.C	
'hasardeux	30	
'haschi(s)ch	20.B	
'hase, f	19.A	
hassidique	18.B	
hassidisme	18.B	
'hâte	1.B	
'hâtif	30	
'hauban	9.A	
'haubert ...29	27	
'hausse ...29	18.B	
'haut ...5	30	
'hautain	30	
'hautbois	24.B	
'hautboïste	29.B	
'haut(s)-commis-saire(s), m	32	
'haut(s)-de-chausse, m	32	
'haut(s)-de-forme, m	32	
'haute(s)-contre, f	32	
'hauteur ...29	23.A	
'haut(s)-fond(s), m	32	
haut-le-cœur, m	32	
'haut-parleur(s), m (HP)	32	
'havane	16.A	
'havre	26.B	
'havresac	14.A	
hawaiien	8.A	
'hayon	11.A	
'hé !	3.A	
'heaume ...5*	5.B	
hebdomadaire	26.B	
hébergement	9.B	
hébétement	3.A	
hébraïque	29.B	
hébreu, m	6.A	
hécatombe, f	14.A	
hectare	26.B	
hédonisme	16.A	
hégélien	8.A	
hégémonie	26.A	
hégire, f	26.B	
'hein !	8.B	

'hélas ! 22.A
hélianthe, *m* 13.C
hélice, *f* 18.A
hélicoptère, *m* 2.A
héliocentrique 22.A
hélio-offset, *f sg* .. 32
héliothérapie, *f* 32
héliotrope, *m* 12.A
hélium 5.C
hellène 22.B
helvète 2.A
helvétique 28
hématie, *f* 18.C
hématique 14.B
hématologie 13.A
hématome 13.A
hémicycle, *m* 4.B
hémiplégie, *f* 21.A
hémisphère, *m* 17.C
hémistiche, *m* 16.A
hémoglobine, *f* 16.A
hémogramme 16.B
hémophile 17.C
hémorragie 23.B
hémorroïde, *f*. 29.B
'henné 16.B
'hennissement 16.B
hépatique 12.A
hépatite 13.A
heptaèdre, *m* 29.C
héraldique, *f* 14.B
'héraut 5 5.B
herbe 2.C
herbeux 30
herbicide, *m* 18.A
herboriste 30
herbu 30
herculéen 8.A
hercynien 4.B
'hère, *m* 23 2.A
héréditaire 26.B
hérédité 3.A
hérésie 19.A

'hérisson 18.B
héritage 13.A
hermaphrodite 17.C
herméneutique 16.A
hermès, *m* 31
hermétique 14.B
hermine, *f* 16.A
(h)erminette........ 2.C
'herniaire 26.B
'hernie, *f* 26.A
héroïne 29.B
héroïque 29.B
'héron 10.A
'héros 5 5.B
herpès, *m* 18.A
(h)erpétologie 26.A
'herse 29 18.A
hertz 31
hésitation 25.A
hétaïre, *f* 29.B
hétairie 26.A
hétéroclite 3.A
hétérodoxe 18.C
hétérogène 2.A
hétérogénéité 28
hétérosexuel....... 30
hétérozygote 4.B
'hêtraie 26.A
'hêtre 29 2.A
'heu ! 5 6.A
heur, *m* 23 7.A
heure, *f* 23 26.B
heureux 30
(h)euristique 14.B
'heurt 23 27
'heurtoir 23.A
hévéa 1.A
hexaèdre............ 29.C
hexagone 16.A
hexamètre.......... 19.B
'hi ! 4 16.A
(')hiatus, *m*........ 31
hibernation 25.A

hibiscus 31
'hibou 31
'hic 14.A
'hideux 30
hier 2.C
'hiérarchie.......... 26.A
hiératique 11.A
hiéroglyphe, *m* 17.C
hilarant.............. 9.B
hilare 26.B
hilarité 3.A
hindi 4.A
hindou 30
hindouisme 29.C
'hippie 12.B
hippocampe, *m*.... 12.B
hippodrome, *m* 12.B
hippophagique 17.C
hippopotame....... 12.B
hirondelle 2.C
hirsute 13.A
hispanique 16.A
histogramme 16.B
histoire 26.B
histologie 26.A
historien 30
historiette 2.C
histrion 10.A
hitlérien 30
'hit-parade, *m* 32
'hittite 13.B
hiver 2.C
hivernal 30
'ho ! 5 5.A
'hobby, *m* 29 12.B
'hobereau 5.B
'hochet.............. 2.B
'hockey 29 14.C
'holà ! 1.B
'holding, *m* 15.C
'hold-up, *m*......... 32
'hollandais 30
holocauste, *m*...... 14.A

hologramme........ 16.B
'homard.............. 23.C
'home, m ......⬛5*⬛ 16.A
homélie 16.A
homéopathe........ 13.C
homéopathie....... 13.C
homérique 14.B
homicide, m........ 18.A
hominien 30
hommage, m....... 16.B
hommasse 18.B
homme........⬛5*⬛ 16.B
homme(s)-
  grenouille(s), m 32
homme(s)-
  orchestre(s), m. 32
homme(s)-
  sandwich(es),
  m 32
homogène 16.A
homogénéité....... 29.C
homographe 17.C
homologation...... 25.A
homologue 15.B
homonymie......... 4.B
homophone 17.C
homosexualité..... 3
homosexuel 30.A
homothétique...... 13.C
homozygote........ 4.B
'hongrois 30
honnête.............. 16.B
honnêteté 16.B
honneur 16.B
honni 16.B
honorable 28.C
honoraire............ 28.C
honoraires 31
honorariat........... 28.C
honorifique 14.B
honoris causa...... 32
'honte 10.A
'honteux.............. 30

'hop !..............⬛29⬛ 12.A
hôpital 28
hoplite, m........... 13.A
'hoquet ....⬛29⬛ 14.B
horaire 26.B
'horde 5.A
'horion 10.A
horizon.............. 19.A
horizontal 30
horizontalement... 9.B
horloge 21.A
horloger 30
horlogerie 30
'hormis.............. 4.B
hormonal........... 30
hormone, f.......... 16.A
horodateur 23.A
horoscope, m 14.A
horreur 23.B
horrible 23.B
'hors.............⬛23⬛ 23.C
'hord-bord, m...... 32
'hors-concours, m 32
'hors-d'œuvre, m . 32
'hors-jeu, m 32
'hors-la-loi.......... 32
'hors-texte, m...... 32
hortensia, m........ 1.A
horticole............. 22.A
horticulteur 30
hosanna, m......... 16.B
hospice, m......⬛29⬛ 18.A
hospitalier 28
hospitalisation..... 25.A
hospitalité........... 28
hostie................ 26.A
hostile............... 22.A
hostilité 3.A
'hot dog(s), m..... 32
hôte..............⬛5*⬛ 5.B
hôtel.............⬛29⬛ 22.A
hôtel(s)-Dieu, m.. 32
hôtellerie 22.B

hôtesse 2.C
'hotte ....⬛5*⬛ 13.B
'hottentot 30
'hou !................. 29.A
'houblon............. 10
'houblonnier 16.B
'houe, f..........⬛29⬛ 26.A
'houille...........⬛29⬛ 11.B
'houiller.............. 30
'houillère, f ....⬛29⬛ 11.B
'houlette............. 2.C
'houleux 30
'houppe, f........... 12.B
'houppelande, f ... 12.B
'hourdis, m ...⬛29⬛ 4.B
'hourra 22.B
'housse, f............ 18.B
'houx ....⬛29⬛ 27
hovercraft 7.C
'hublot 5.B
'hue ! 26.A
'huée 3.B
'huerta, f............. 1.A
'huguenot........... 30
huile 22.A
huileux 30
huis, m ....⬛4⬛ 27
'huis clos, m........ 32
huisserie 18.B
huissier 18.B
'huit ....⬛4⬛ 27
'huitaine 13.A
'huitième 2.A
huître 4.B
'hulotte 13.B
('h)ululement 22.A
'hum ! 16.A
humain.............. 30
humainement 9.B
humanitaire........ 26.B
humanité 3.A
humanoïde 29.B
humblement........ 9.B

humérus 31
humeur, f 23.A
humide 30
humidité 3.A
humilité 3.A
humoriste 16.A
humour 23.A
humus 31
'hune 29 16.A
'huppe 12.B
'huppé 12.B
'hure, f 26.B
'hurlement 9.B
hurluberlu 22.A
'huron 10.A
'hurrah 23.B
'hurricane 23.B
'hussard 18.B
'hutte 29 13.B
hybride 4.B
hydrate, m 4.B
hydraulique 14.B
hydravion 4.B
hydre, f 4.B
hydrocarbure, m .. 26.B
hydrocéphale 17.C
hydrocution 25.A
hydro-
électrique(s) 32
hydrogène 2.A
hydrographique ... 4.B
hydrologie 26.A
hydrolyse, f 4.B
hydromel 22.A
hydrothérapie 13.C
(')hyène 2 11.A
hygiène 11.A
hygiénique 28
hygrométrie 4.B
hymen, m 4.B
hyménée, m 3.B
hymne, m et f 16.C
hyperbole, f........ 22.A

hyperglycémie 4.B
hypermétrope 4.B
hypertension 25.A
hypertrophie 17.C
hypnose, f.......... 19.A
hypnotique 14.B
hypocondriaque .. 14.B
hypocrisie 14.A
hypocrite 14.A
hypogée, m........ 3.B
hypoglycémie, f... 4.B
hypophyse, f....... 4.B
hypotension 25.A
hypoténuse, f 19.A
hypothalamus...... 13.C
hypothécaire 26.B
hypothèque, f...... 13.C
hypothèse.......... 13.C
hypothético-
déductif(s) 32
hypothétique....... 13.C
hystérie 4.B
hystérique.......... 14.B

i

iambe, m 9.B
ibérique 14.B
ibidem 16.A
ibis, m............... 30
iceberg 18.A
ichtyologie.......... 14.C
ichtyosaure 14.C
ici...................... 4.A
ici-bas............... 32
icône, f.............. 5.B
iconoclaste 5.A
iconographie....... 17.C
ictère, m 2.A

idéal 30
pl. idéals/idéaux 31
idéalisation 25.A
idéalisme 29.C
idée 3.B
idem 16.A
identification 25.A
identique 14.B
identiquement 9.B
identité.............. 3.B
idéogramme 16.B
idéologie 29.C
ides, f.........4 31
idiomatique......... 16.A
idiome, m 16.A
idiosyncrasie 8.C
idiot.................. 30
idiotie 18.C
idoine 16.A
idolâtre.............. 1.B
idole 22.A
idylle, f.............. 22.B
idyllique 22.B
if 29 17.A
igloo, m............. 4.A
igname, f 16.A
ignare 26.B
ignifuge............. 11.C
ignoble.............. 11.C
ignominie 26.A
ignominieux 30
ignorance 9.A
iguane, m 16.A
il 22.A
île...............29 4.B
iliaque 14.B
illégalité 22.B
illégitime 22.B
illettré 22.B
illicite 22.B
illicitement 9.B
illico 5.A
illisible 22.B

illogique 22.B
illumination 25.A
illusion 19.A
illusionniste 16.B
illusoire 26.B
illustration 25.A
îlot.................... 5.B
ilote, *m*............... 13.A
image.................. 16.A
imagerie 26.A
imaginaire........... 26.B
imagination......... 25.A
imago, *m ou f*...... 5.A
imam, *m* 16.A
imbattable 13.B
imbécile 30
imbécillité........... 22.B
imberbe.............. 8.B
imbrication 25.A
imbroglio, *m* 5.A
imbu 8.B
imitateur............. 30
imitatif 30
imitation............. 25.A
immaculé............ 22.B
immanence 22.B
immangeable....... 21.B
immanquablement 8.B
immatriculation.... 25.A
immature 16.B
immédiat 16.B
immédiatement.... 16.B
immémorial 16.B
immense............. 9.A
immensément...... 16.B
immérité 16.B
immersion........... 25.A
immeuble 16.B
immigration 25.A
imminence.......... 9.A
immixtion 25.A
immobilier 30
immobilité 3.A

immodéré 3.A
immolation 25.A
immondices, *f*...... 31
immoralité 3.A
immortalité 3.A
immortel............. 30
immuable 16.B
immunité 16.B
immunologie....... 16.B
impact................ 8.B
impair 30
imparable 8.B
imparfait............. 30
impartial 30
impasse, *f*........... 18.B
impassibilité........ 18.B
impatiemment 1.C
impatience 9.A
impatient 9.B
impavide 8.B
impeccablement .. 14.B
impécunieux 30
impédance.......... 9.A
impedimenta, *m pl.* 31
impénétrabilité..... 3.A
impénitent 9.B
impératif 30
impératrice.......... 18.A
imperceptible 18.A
imperfection........ 25.A
impérial 22 30
impériale 22 22.A
impérieux 30
impérissable 18.B
imperméable 30
impersonnel 16.B
impertinence 9.A
imperturbable 30
impétigo............. 5.A
impétrant............ 9.B
impétueux 30
impie 26.A
impiété............... 3.A

impitoyable 11.A
implacable 14.A
implant.............. 9.B
implication.......... 25.A
implicite 18.A
imploration 25.A
implosion, *f*........ 19.A
impolitesse.......... 2.C
impondérabilité ... 3.A
impopularité........ 8.B
importance 9.A
importateur 30
importun 30
imposable........... 19.A
imposture 26.B
impôt 5.B
impotence 9.A
impraticable 14.A
imprécation......... 25.A
imprégnation....... 25.A
imprenable.......... 16.A
imprésario, *m* 5.A
impressionnisme.. 16.B
imprévoyance...... 11.A
imprimatur, *m inv.* 8.B
imprimerie 26.A
impromptu 30
improvisation 25.A
improviste........... 8.B
imprudemment 1.C
impudence.......... 9.A
impuissance........ 18.B
impulsif 30
impunité 3.A
imputable 13.A
imputation 25.A
imputrescible....... 18.C
inaccessible 18.C
inaction.............. 25.A
inadmissible........ 18.B
inadvertance 9.A
inaliénable 16.A
inamovible.......... 16.A

inanité, f	16.A	
inanition	25.A	
inaperçu	18.A	
inappétence	12.B	
inapplicable	12.B	
inapte	30	
inattaquable	13.B	
inattendu	13.B	
inaugural	30	
inca	1.A	
incandescence	18.C	
incantation	25.A	
incapacité	3.A	
incarcération	25.A	
incarnat	1.C	
incarnation	25.A	
incartade	14.A	
incendiaire	25.B	
incendie, m	26.A	
incertitude	13.A	
incessamment	18.B	
inceste, m	18.A	
incestueux	30	
incidemment	1.C	
incidence, f	9.A	
incident	9.B	
incinération	25.A	
incisif	30	
incitation	25.A	
inclinaison	19.A	
inclination	25.A	
inclusif	30	
incoercible	29.C	
incognito	5.A	
incohérent	29.B	
incollable	22.B	
incolore	26.B	
incommensurable	16.B	
incompréhension	25.A	
incompressible	18.B	
inconditionnel	16.B	
incongru	30	
inconsidéré	3.A	

incontrôlable	5.B	
inconvenant	9.B	
inconvénient	9.B	
incorporation	25.A	
incorrect	23.B	
incorrigible	23.B	
incorruptible	23.B	
incrédule	22.A	
incrimination	25.A	
incroyable	11.A	
incrustation	25.A	
incubation	25.A	
inculpation	25.A	
incunable, m	16.A	
incurabilité	3.A	
incurable	30	
incurie, f	26.A	
incursion, f	25.A	
indécent	9.B	
indécis	30	
indéfectibilité	3.A	
indélébile	30	
indélébilité	3.A	
indemne	16.C	
indemnisation	25.A	
indemnité	16.C	
indéniable	16.A	
indépendamment	16.B	
indépendant	9.B	
index, m	31	
indexation	25.A	
indicateur	23.A	
indication	25.A	
indice, m	18.A	
indiciaire	25.D	
indicible	18.A	
indifféremment	1.C	
indifférent	9.B	
indigence, f	9.A	
indigène	2.A	
indigent	9.B	
indignation	25.A	
indigne	11.A	

indigo, m	5.A	
indissoluble	18.B	
individu	8.A	
individualité	3.A	
individuel	8.A	
indivis	8.A	
indo-afghan(es)	32	
indochinois	32	
indo-européen(nes)	32	
indolence, f	9.A	
indolore	5.A	
indu	8.A	
indubitable	8.A	
inducteur	23.A	
inductif	8.A	
induction	25.A	
indulgence	9.A	
indûment	9.B	
industrie	4.B	
industriel	22.A	
industrieux	6.B	
inédit	4.B	
ineffable	3.C	
inefficace	3.C	
inégal	15.A	
inéluctable	26.C	
inénarrable	26.C	
inepte	13.A	
ineptie	18.C	
inerte	13.A	
inertie	18.C	
inexact	13.A	
inexorable	19.B	
inextinguible	15.B	
inextricable	2.C	
infaillibilité	11.B	
infamant	9.B	
infâme	1.B	
infamie	28.A	
infanterie	4.A	
infantile	9.A	
infarctus, m	18.A	

infatigable 15.A

infect 13.A

infectieux 25.B

infection 25.A

inféodation 25.A

inférence, f......... 9.A

inférieur............. 23.A

infériorité........... 3.A

infernal.............. 8.A

infestation 25.A

infidèle.............. 2.A

infidélité 3.A

infime 8.A

infini 8.A

infinité 3.A

infinitésimal 19.A

infinitif 17.A

infinitude........... 8.A

infirmation 25.A

infirme 8.A

infirmerie 4.B

infirmier............. 3.B

infirmité............. 3.A

inflammable 16.B

inflammation 25.A

inflation............. 25.A

inflationniste 25.A

inflexion 25.A

inflorescence, f.... 18.C

influence 9.A

influx, m............ 27

in-folio.............. 32

informaticien 8.A

information 25.A

informatique 14.B

infortuné 8.A

infra................. 8.A

infraction 25.A

infrarouge........... 8.A

infrason............. 8.A

infra-son(s), m.... 32

infrastructure....... 26.B

infructueux 6.B

infus 27

infusion............. 19.A

ingambe 9.B

ingénierie 26.A

ingénieur 23.A

ingénieux 6.B

ingéniosité......... 3.A

ingénu 21.A

ingénuité........... 3.A

ingénument 9.B

ingérence 9.A

ingrat 1.C

ingratitude 8.A

ingrédient 9.B

inguinal............. 15.B

ingurgitation 15.A

inhabité............. 29.A

inhabituel 29.A

inhalateur 29.A

inhalation 29.A

inhérence 29.A

inhérent............. 29.A

inhibiteur........... 29.A

inhospitalier 29.A

inhumain 29.A

inhumation 29.A

inimité.............. 3.A

ininflammable...... 16.B

ininterrompu 2.C

inique 14.B

iniquité............. 14.B

initial 18.C

initiation............ 18.C

initiative 18.C

injecteur 23.A

injection 25.A

injonction 25.A

injurieux 6.B

inlassable........... 18.B

inné 16.B

innéité.............. 29.C

innocemment 1.C

innocence........... 9.A

innocuité 3.A

innombrable........ 16.B

innom(m)é 16.B

innommable........ 16.B

innovation 16.B

inoccupé 14.B

inoculation 14.A

inodore 26.B

inoffensif 17.A

inondation 25.A

inopiné.............. 5.A

inopinément........ 9.B

inopportun........... 8.A

inorganisé........... 19.A

inoubliable.......... 11.A

inouï................. 29.C

inoxydable.......... 18.C

in-pace 32

in partibus 32

in petto 32

input, m 8.A

in-quarto 32

inquiet 14.B

inquisiteur 14.B

inquisition 25.A

insalubre 26.A

insane 18.A

insanité 3.A

insatiable........... 18.C

inscription 25.A

insécable 14.A

insecte 2.C

insecticide 18.A

insectivore 26.B

insémination 25.A

insensé.............. 9.A

insertion 25.A

insidieux............ 6.B

insigne, m........... 11.A

insignifiance 11.A

insinuation 25.A

insipide 18.A

insistance 9.A

in situ	32	insulaire	26.B	interdit	4.B
insolation	25.A	insularité	3.A	intéressement	2.C
insolemment	1.C	insuline, f	18.A	intérêt	2.B
insolence	9.A	insulte	18.A	interface, f	18.B
insolent	9.B	insulteur	23.A	interférence	9.A
insolite	13.A	insurgé	21.A	intérieur	23.A
insoluble	26.C	insurrectionnel	18.C	intérim	16.A
insolvable	26.C	intact	13.A	intérimaire	26.B
insomniaque	14.B	intangible	21.A	intériorité	3.A
insomnie	4.B	intarissable	18.B	interjection	25.A
insonore	26.B	intégral	3.A	interligne	11.A
insouciance	9.A	intégration	25.A	interlinéaire	26.B
inspecteur	23.A	intègre	26.C	interlope	5.A
inspection	25.A	intégrité	3.A	interloqué	14.B
inspectorat	1.C	intellect	2.C	interlude, m	8.A
inspirateur	23.A	intellectualisme	2.C	intermède, m	28
inspiration	25.A	intellectuel	2.C	intermédiaire	28
installation	25.A	intelligemment	1.C	intermezzo	19.C
instamment	1.C	intelligence	2.C	intermittence	9.A
instance, f	9.A	intelligentsia	2.C	internat	1.C
instant	9.B	intelligibilité	2.C	international	18.C
instantanément	9.B	intempérie, f	9.B	interne	16.A
instar	23.A	intempestif	9.B	internement	9.B
instaurateur	23.A	intendance	9.A	interpellation	2.C
instigateur	15.A	intendant	9.B	interphone, m	17.C
instillation	22.B	intense	9.A	interpolation	25.A
instinct	13.A	intensément	9.B	interprétariat	1.C
instinctif	8.A	intensification	25.A	interprétation	25.A
instinctuel	8.A	intensité	3.A	interprète	2.A
institut	27	intention	25.A	interrogateur	23.A
instituteur	23.A	intentionnellement	2.C	interrogatif	2.C
institutionnalisme	18.C	inter	23.A	interrogatoire	26.B
institutionnel	18.C	interallié	8.A	interruption	25.A
instructif	14.A	interarmées, inv	31	intersection	25.A
instruction	25.A	interarmes, inv	31	intersession, f ...18	25.A
instruit	27	intercalaire	26.B	interstellaire	2.C
instrument	9.B	intercepteur	23.A	interstice, m	18.B
instrumental	9.A	interception	25.A	interstitiel	25.C
insu, m	18.A	intercesseur	18.B	intersyndical(es)	32
insubmersible	18.A	intercession ...18	25.A	interurbain	8.B
insubordination	25.A	interclubs, inv	7.C	intervalle, m	22.B
insubordonné	18.A	intercommunal	16.B	interventionnisme	18.C
insuffisant	9.B	interdiction	25.A	interversion	25.A

intestat	1.C	inventif	9.A	irrédentisme	23.B
intestin	8.A	invention	25.A	irréel	23.B
intestinal	22.A	inverse	18.A	irréligion	21.A
intime	16.A	inversement	9.B	irrémédiable	26.C
intimement	9.B	inversion	25.A	irréprochable	26.C
intimidation	25.A	invertébré	8.A	irrespect	13.A
intimité	3.A	inverti	8.A	irresponsable	18.A
intolérant	9.B	investigateur	5.A	irrévérence	9.A
intonation	25.A	investigation	15.A	irréversible	18.A
intoxication	25.A	investissement	18.B	irrévocable	14.A
intracellulaire	32	investiture	26.B	irrigation	15.A
intraduisible	26.C	invétéré	3.A	irritable	26.C
intra-muros	32	invincibilité	8.A	irruption	25.A
intramusculaire	32	inviolabilité	3.A	isba, *f*	1.A
intransigeance	21.B	invisible	26.C	islam	16.A
intransitif	9.A	invite, *f*	13.A	islamisation	25.A
intra-utérin(es)	32	invivable	26.C	isobare, *f*	26.B
intraveineux	6.B	in vitro	32	isocèle	18.A
intrépidité	3.A	in vivo	32	isolationniste	18.C
intrication	25.A	invocation	25.A	isolement	9.B
intrigant	9.B	involontairement	9.B	isolément	9.B
intrigue	15.B	involution	25.A	isoloir	23.A
intrinsèque	14.B	iode, *m*	11.A	isomère	2.A
introducteur	23.A	ion	11.A	isomorphe	17.B
introductif	17.A	ionien	11.A	isotherme, *f*	13.C
introduction	25.A	ionique	11.A	isotope, *m*	19.A
introït, *m*	29.C	iota	11.A	isotrope	19.A
introjection	25.A	ipéca, *m*	14.A	israélien	8.A
intromission	25.A	ipséité	29.C	israélite	29.C
intronisation, *f*	25.A	ipso facto	32	issue	26.A
introspectif	20	irakien	14.C	isthme, *m*	13.C
introverti	5.A	iranien	9.A	italique, *m*	14.B
intrus	27	irascible	18.C	item	2.C
intuitif	17.A	ire, *f*	23.A	itératif	17.A
intuition	25.A	iris, *m*	18.A	itinéraire	26.B
intuitionnisme	18.C	irisation	19.A	itinérant	9.B
inusité	19.A	ironie	4.B	itou	4.A
invaincu	8.B	iroquois	14.B	ivoire, *m*	26.B
invariance	9.A	irradiation	25.A	ivoirien	9.A
invasion	19.A	irrationnel	18.C	ivraie, *f*	27
invective, *f*	2.C	irréalité	3.A	ivresse	2.C
inventaire, *m*	26.B	irrécupérable	23.B	ivrogne	11.A
inventeur	23.A	irrécusable	23.B	ivrognerie	4.B

j

jabot 5.B
jacasseur 18.B
jachère, *f* 2.A
jacinthe, *f* 13.C
jack, *m* 14.C
jacobin 8.A
jacquard 14.C
ja(c)quemart 14.C
jacquerie 14.C
jactance............. 9.A
jade, *m* 13.C
jadis.................. 18.A
jaguar 15.B
jaillissement 11.B
jais .... 2 .. 2.B
jalon 10.A
jalonnement 9.B
jalousie 4.B
jaloux................ 27
jamaïquain 29.C
jamais 2.B
jambage 9.B
jambière 9.B
jambon.............. 9.B
jambonneau 5.B
jam-session(s), *f*.. 32
janissaire 26.B
jansénisme.......... 18.A
jante, *f* 9.A
janvier............... 3.B
japonais 27
jappement 9.B
jaquette............. 14.C
jardin 8.A
jardinet.............. 2.B
jargon 15.A

jarre 23 23.B
jarret 2.B
jarretelle 2.C
jarretière 2.A
jars, *m*............ 23 27
jasmin 8.A
jatte 13.B
jauge, *f*.............. 5.B
jaunâtre 1.B
jaune 5.B
jaunisse............. 18.B
javel, *f*.......... 22 22.A
javelot 5.B
jazz 19.C
jazz-band(s), *m* ... 32
je 6 6.A
jean(s).............4 4.C
jean-foutre, *m* 32
jeep, *f* 4.C
je-ne-sais-quoi, *m* 32
jérémiade, *f*......... 21.A
jerk 2.C
jerrican(e), *m* 2.C
jersey, *m*............. 2.C
jésuite 19.A
jet 2 2.B
jetée 3 3.B
jeton 10.A
jeu 6 6.A
jeun 8.C
jeune 6 2.B
jeûne 6 28
jeunot 5.B
j'm'en-foutisme, *m* 32
joaillier 11.B
jobard 27
jockey 2.C
jocrisse, *m* 18.B
jodler 3.B
jogging 21.C
joie 24.B
joint 24.E
joker 23.A

joli..................... 21.A
joliesse............... 2.C
joliment.............. 9.B
jonc 10.C
jonchée 3.B
jonction.............. 25.A
jongleur.............. 23.A
jonque, *f*............. 14.B
jonquille 14.B
joual 22.A
joue............. 26 26.A
jouet 2.B
joufflu 17.B
joug.............. 26 27
jouissance........... 9.A
joujou 21.A
joule, *m*.............. 21.A
jour.................... 21.A
journal 22.A
journalier 3.B
journée.............. 3.B
journellement 9.B
joute, *f* 21.A
jouvence 9.A
jouvenceau 5.B
jouvencelle 2.C
jovial 21.A
jovialité 3.A
joyau 11.A
joyeux 11.A
jubé 3.A
jubilaire 26.B
jubilé, *m* 3.A
judaïsme............. 29.C
judas.................. 27
judéo-
allemand(es) 32
judéo-
espagnol(es) 32
judiciaire 25.D
judicieux 6.B
judo 5.A
judoka............... 14.C

juge(s)-
  commissaire(s),
  m 32
jugeote.............. 21.B
jugulaire, *f* 15.A
juif...................... 29.C
juillet 11.B
jujube, *m* 21.A
juke-box(es), *m*... 32
julien 8.A
jumbo-jet(s) 32
jumeau 5.B
jumelage 21.A
jumelle.........22 2.C
jument 9.B
jumping.............. 21.C
jungle 15.A
junior................. 11.A
junte, *f* 8.A
jupe 21.A
jupe(s)-
  culotte(s), *f* 32
jurassien 18.B
juridictionnel 18.C
juridique............. 14.B
jurisprudence 9.A
jurisprudentiel 25.C
juriste................. 21.A
juron.................. 10.A
jury.................... 4.B
jus 27
jusant................ 19.A
jusqu'alors 32
jusqu'au-
  boutisme, *m*..... 32
jusque(s) 14.B
justaucorps 27
juste 21.A
juste milieu, *m*..... 32
justesse 2.C
justice 18.B
justicier 3.B
justificatif 14.A

justification 25.A
jute, *m* 21.A
juteux 6.B
juvénat.............. 1.C
juvénile 22.A
juxtaposition 18.C

kabbale, *f*............ 14.C
kabyle 4.B
kakemono........... 14.C
kaki 14.C
kaléidoscope 29.C
kamikaze, *m* 14.C
kangourou 14.C
kantien 18.C
kaolin................. 8.A
kapok................ 14.C
karaté................ 14.C
karatéka............. 14.C
karstique 13.B
kart.................... 14.C
karting 14.C
kascher 20.B
  aussi casher *ou*
  cacher
kayak 14.C
kelvin, *m*............ 14.C
kenyan 11.A
képi 14.C
kératine, *f* 14.C
kermesse 18 14.C
kérosène, *m* 2.A
ketchup.............. 7.C
khâgneux 6.B
khalife, *m*........... 14.C
k(h)an..........9 14.C

khédive 14.C
khmer 14.C
khôl, *m*.........5* 14.C
kibboutz, *m*......... 14.C
kick-(starter)(s), *m* 32
kidnappeur 23.A
kidnapping 14.C
kif...................... 14.C
kif-kif 32
kilo 14.C
kilométrage......... 14.C
kilotonne, *f* 14.C
kilowatt, *m*.......... 13.B
kilowatt(s)-
  heure(s), *m*...... 32
kilt, *m* 14.C
kimono.............. 14.C
kinésithérapeute .. 6.A
kinésithérapie 13.C
kiosque 14.C
kippour 14.C
kir...................... 14.C
kirsch................ 20.B
kit, *m* 14.C
kitchenette.......... 26.A
kitsch 20.B
kiwi 4.A
klaxon............... 18.C
kleptomanie 14.C
knicker 14.C
knicker (bocker)s,
  m 32
knock-down 32
knock-out (K.O.) . 32
knout 14.C
koala, *m* 14.C
koinè, *f*............... 24.A
kolkhoz(e), *m*...... 14.C
kopeck, *m*........... 14.C
korrigan.............. 14.C
kouglof, *m* 32
koulak................ 14.C
krach, *m*.......14 14.C

kraft 14.C
krak 14.C
kronprinz 14.C
krypton 4.B
kummel 14.C
kurde 14.C
kyrie 14.C
kyrielle 2.C
kyste, *m* 14.C

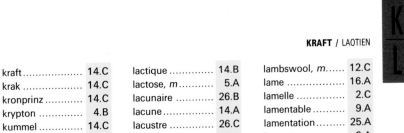

la 1 1.A
là 1 1.B
là-bas 32
label 22 2.A
labeur, *m* 23.A
labial 11.A
laborantin 8.A
laboratoire 26.B
laborieux 6.B
labour, *m* 23.A
labrador 5.A
labyrinthe, *m* 13.C
lac 14 14.A
lacération 25.A
lacet 2.B
lâche 1.B
lâcheté 3.A
lacis 4.B
laconique 14.B
là contre 32
lacrymal 4.B
lacrymogène 4.B
lacs, *m* 1 27
lactaire, *m* 2.B
lactation 25.A
lacté 14.A

lactique 14.B
lactose, *m* 5.A
lacunaire 26.B
lacune 14.A
lacustre 26.C
lad 13.A
là-dedans 32
là-dessous 32
là-dessus 32
ladre 26.C
lady 4.B
pl. ies *ou* ys
lagon 15.A
lagune 15.A
là-haut 32
lai, *m* 2* 2.B
lai 2* 2.B
laïc 29.C
laïcité 29.C
laid 2* 2.B
laideron 26.A
laie, *f* 2* 26.A
lainage 2.B
laine, *f* 2.B
laïque 29.C
laisse, *f* 2.B
laissé(s)-pour-
    compte 32
laisser-aller 32
laissez-passer, *m*.. 32
lait 2* 2.B
laiterie 4.B
laiteux 6.B
laitier 3.B
laiton 2.B
laitue 26.A
laïus 29.C
lama 1.A
lambda, *m* 9.B
lambeau 9.B
lambin 9.B
lambrequin 14.B
lambris, *m* 9.B

lambswool, *m* 12.C
lame 16.A
lamelle 2.C
lamentable 9.A
lamentation 25.A
lamento 9.A
laminoir 23.A
lampadaire, *m* 26.B
lampe 9.B
lampée 3.B
lampion 10.A
lamproie, *f* 24.B
lance 9.A
lancée 3.B
lance-flammes, *m* 32
lance-fusées, *m* ... 32
lance-grenades, *m* 32
lance-missiles, *m* . 32
lance-pierres, *m*... 32
lance-roquettes *m* 32
lance-torpilles *m*.. 32
lancinant 18.A
landau 5.B
lande 9.A
langage 21.A
lange *m* 21.A
langagier 15.A
langoureux 6.B
langouste 15.A
langoustine 15.A
langue 15.B
langue cible, *f* ... 32
langue(s)-
    de-bœuf 32
langue(s)-de-chat. 32
languedocien 15.B
langue mère, *f* ... 32
langue source, *f*.. 32
langueur 15.B
lanière 2.A
lanoline, *f* 5.A
lanterneau 5.B
laotien 25.E

lapalissade	18.B	latino-		légat	1.C
lapement	9.B	américain(s)	32	légataire	26.B
lapereau	5.B	latitude	13.C	légation	25.A
lapidaire	26.B	latitudinaire	26.B	légendaire	9.A
lapin	8.A	latrines, f	31	légende	9.A
lapis, m	27	latte	13.B	léger	30
lapon	10.A	lattis	4.A	légèreté	26.A
laps	18.A	laudanum	16.A	légionnaire	26.B
lapsus	18.A	laudatif	5.A	législateur	23.A
laquais	2.B	laudes, f	5.B	législatif	21.A
laque, f ...14	14.B	lauréat	1.C	légitimité	3.A
laqué	14.B	laurier	3.B	legs, m	27
larbin	8.A	lauze, f	5.B	légume	15.A
larcin	18.A	lavabo	5.A	leitmotiv	2.B
lard ...23	27	lavallière	22.B	lemme, m	10.B
lare, m ...23	23.A	lavande	9.A	lemming, m	16.B
large	21.A	lavandière	9.A	lémures, m	23.A
largesse	2.C	lavasse, f	18.B	lendemain	8.B
largeur	21.A	lavatory	4.B	lent	9.B
largo	15.A	pl. lavatories	26.A	lenteur	23.A
larme	23.A	lave-glace(s), m	32	lentille	11.B
larmoyant	11.A	lavette	2.C	léonin	8.A
larron	23.B	lave-vaisselle, m	32	léopard	27.A
larve	3.A	lavis	27.A	lèpre	26.C
laryngite	8.C	lavoir	23.A	lépreux	6.B
larynx	8.C	laxatif	18.C	léproserie	4.B
las ...1	27	laxisme	18.C	lequel, laquelle	14.B
las ! ...18	27	layette	11.A	lérot	5.B
lasagne, f	19.A	lazaret	2.B	les ...2*	3.C
lascar	14.A	lazzi, m	19.C	lès ...2*	27
lascif	18.C	lé	3.A	lesbienne	16.B
laser [ɛr]	19	leader ...4	4.C	lésion	19.A
lassitude	18.B	leadership	4.C	lésionnel	19.A
lasso	18.B	leasing, m	4.C	lesquels	30
lastex, m	2.C	lèche	2.A	f lesquelles	
latence	9.A	lèche-bottes, m	32	lessive	18.B
latent	9.B	lèche-vitrine(s),		lest ...26	13.A
latéral	3.A	m	32	leste ...26	13.A
latérite, f	3.A	leçon	18.A	léthargie	13.C
latex	2.C	lecteur	23.A	lettre	2.C
latifundium	16.A	lecture	2.C	leu, m	6.A
pl. latifundia		légal	15.A	pl. lei	2.B
latin	8.A	légalité	3.A	leucémie	6.A

leucocyte, *m*	4.B
leur 23	7.A
leurre, *m* 23	7.A
levain	8.B
levant	9.B
levantin	8.A
levée	3.B
lève-et-baisse, *m* .	32
levier	3.B
lévitation	25.A
lévite	3.A
levraut	5.B
lèvre	26.C
levrette	2.C
lévrier	3.B
levure	23.A
lexique	18.C
lez 2*	3.C
lézard	19.A
lézarde	19.A
li 4	4.A
liaison	2.B
liane	11.A
liard	11.A
liasse	11.A
libation	25.A
libelle, *m*	2.C
libellule	2.C
libéral	3.A
libérateur	23.A
libératoire	26.B
liberté	3.A
libertin	8.A
libidineux	6.B
libido, *f*	5.A
libraire	26.B
librairie	2.B
libre	26.C
libre arbitre, *m*	32
libre choix, *m*	32
libre-échange, *m*	
sg	32
libre pensée, *f*	32

libre penseur	32
libre(s)-	
service(s), *m*	32
libyen	11.A
lice, *f* 4	18.B
licence	9.A
licenciement	26.A
licencieux	6.B
lichen, *m*	14.C
licite	18.A
licol	5.A
licorne	5.A
licou	14.A
lido	5.A
lie 4	26.A
lied, *m*	4.C
pl. lieder 4	4.C
lie-de-vin	32
liège	21.A
liégeois	21.B
lien	8.A
lierre	2.C
liesse	2.C
lieu, *m* 6	6.A
lieu(x)	
commun(s), *m* .	32
lieue, *f* 6	26.A
lieutenant	6.A
lieutenant(s)-	
colonel(s), *m* ...	32
lièvre	26.C
lift	13.A
lifting	15.A
ligament	9.B
ligature	15.A
lignée	3.B
ligneux	6.B
lignite, *m*	11.A
ligueur	15.B
lilas	1.C
limace	18.A
limaçon	18.A
limaille	11.B

limande	9.A
limbes, *m* 31	8.B
lime	16.A
limier	3.B
liminaire, *m*	26.B
limitatif	17.A
limite	13.A
limitrophe	17.C
limogeage	21.B
limonade	5.A
limoneux	6.B
limpide	8.B
limpidité	8.B
lin	8.A
linceul	7.A
linéaire	26.B
linge	21.A
lingerie	4.B
lingot	5.B
linguistique	15.B
liniment	9.B
links, *m*	14.C
linoléum	16.A
linotype, *f*	4.B
linteau	5.B
lionceau	5.B
lippe	12.B
liquéfaction	25.A
liqueur	4.B
liquide	14.B
liquidité	14.B
liquoreux	6.B
lire 4	23.A
lis	18.A
liseron	19.A
lisibilité	3.A
lisière	19.A
lisse 4	18.B
liste	18.A
listing, *m*	18.A
lit 4	4.B
litanie	4.B
lit(s)-cage(s), *m* ..	32

literie 4.B
lithographie 13.C
litière 2.A
litige, *m* 21.A
litote, *f* 5.A
littéraire 26.B
littéral 3.A
littérature 3.A
littoral 13.B
liturgie 4.B
livarot 5.B
lividité 3.A
living 4.A
living-room(s), *m.* 32
livraison 2.B
livre 26.C
livre d'or, *m.* 32
livrée 3.B
livresque 14.B
livret 2.B
lloyd, *m* 22.B
lob 26 13.A
lobby, *m* 4.B
lobe, *m.*.........26 13.A
local 14.A
localité 3.A
locataire 26.B
loch 5* 14.C
lock-out, *m* 32
locomotion 25.A
locuteur............. 23.A
locution 25.A
loden, *m* 2.C
lœss, *m*.............. 18.B
lof 17.A
logarithmique 13.C
loge 21.A
loggia, *f.*............. 21.C
logiciel 25.C
logicien 8.A
logique.............. 14.B
logis 4.B
logistique 14.B

logorrhée, *f* 3.B
loi...................... 24.A
loi(s)-cadre(s), *f..* 32
loin.................... 24.D
lointain.............. 8.B
loi(s)-
   programme(s), *f* 32
loir..................... 23.A
loisir 19.A
lombaire 10.B
lombard.............. 10.B
lombric, *m* 10.B
londonien 8.A
long................... 27
longanimité......... 15.A
long-courrier(s),
   m 32
longeron............. 21.A
longévité 3.A
long feu (faire) 13
longitudinal 32.A
longtemps 27
longueur............. 15.B
longue(s)-vue(s),
   f..................... 32
look 14.C
looping 5.C
lopin 8.A
loque 5* 14.B
loquet 2.B
lord..................... 27
lorgnette............. 2.C
loriot................. 5.B
lorrain 8.B
lors 5* 27
lorsque 14.B
losange 21.A
lot.............5 5.B
loterie 4.B
lotion 25.A
lotissement 18.B
loto.................... 5.A

lotte................... 13.B
lotus, *m* 18.A
louange............. 9.A
loufoque............ 14.B
loukoum, *m*........ 14.C
loup................... 27
loup blanc, *m*...... 32
loup de mer, *m*.... 32
loupe 12.A
loup(s)-garou(s),
   m 32
loupiot 5.B
loupiote............. 13.A
lourd.............23 27
lourdaud............ 5.B
loustic 14.A
loutre, *f* 26.C
loyal 11.A
loyauté 11.A
loyer 11.A
lubie 4.B
lubrifiant............ 9.B
lubrique............. 14.B
lucarne.............. 14.A
lucidité.............. 3.A
lucratif 17.A
lucre, *m* 26.C
ludique.............. 14.B
luette 2.C
lueur 23.A
luge 21.A
lugubre 15.A
lui..................... 22.A
lumbago, *m*........ 8.B
lumière.............. 2.A
lumigon 11.A
luminaire, *m*........ 26.B
luminescence 18.C
lumineux 6.B
lumpenprolétariat. 1.C
lunaire............... 26.B
lunatique 14.B
lunch 8.A

L
M

lune	16.A
lunetier	3.B
lunette 31	2.C
lunettes 31	31
lunule, f.	22.A
lupanar, m	23.A
lupin	8.A
lurette	2.C
luron	10.A
lustral	18.A
lustre	26.C
luth, m 13	13.C
luthérien	13.C
lutin	8.A
lutrin	8.A
lutte..............13	13.B
lutteur	13.B
luxation	25.A
luxe 26	18.C
luxuriance	9.A
luzerne, f	19.A
lycée	4.B
lymphatique	8.C
lymphe, f	8.C
lymphocyte	8.C
lynchage	8.C
lynx	8.C
lyre, f.............4	4.B
lyrique	4.B
lys, m 4	4.B

m

ma	1.A
maboul	22.A
macabre	14.A
macadam	16.A
macaque	14.B
macareux	6.B
macaron	10.A
macaroni	4.A
macchabée, m	14.C
macédoine	18.C
macération	25.A
mach	14.C
mâche, f	20.A
mâchefer, m	26.A
machette	2.C
machiavélique	14.C
mâchicoulis	27
machinal	20.A
machine	20.A
machine(s)- outil(s), f	32
machinerie	4.B
machine(s)- transfert(s), f	32
macho	5.A
mâchoire	26.B
maçon	18.A
maçonnerie	4.B
macramé, m	3.A
macreuse	6.A
macrobiotique	14.B
macrocosme, m	5.A
macrophotogra- phie	17.C
madame	16.A
mademoiselle	2.C
madère	2.A
madone	5.A
madras	27
madré	3.A
madrigal	15.A
madrilène	2.A
maelström	29.C
maestria, f	29.C
maf(f)ia	11.A
magasin	8.A
magasinier	3.B
magazine, m	19.A
mage, m	21.A
maghrébin	15.A
magicien	8.A
magistère, m	2.A
magistral	3.C
magistrat	3.C
magma, m	15.A
magnanimité	11.A
magnat	1.C
magnésie, f	4.B
magnésium	16.A
magnétique	14.B
magnétophone	17.C
magnétoscope	18.A
magnificat	1.C
magnificence	9.A
magnolia, m	11.A
magnum, m	16.A
magot	5.B
magouille	11.B
magyar	4.B
maharadjah	29.B
mahométan	29.B
mai 2	2.B
maïeutique	29.B
maigre	2.B
maille............11	11.B
maillet	11.B
maillot	11.B
main..............8	8.B
main-d'œuvre, f sg	32
main-forte (prêter)	32
mainlevée	8.B
mainmise	8.B
mainmorte	8.B
maint..............8	8.B
maintenance	9.A
maintenant	9.B
maintien	8.A
maire...............2	2.B
mais 2	2.B

maïs.................... 29.C
maison 19.A
maisonnée 3.B
maisonnette 2.C
maître 2 2.B
maître(s)-
  autel(s), *m*....... 32
maître(s)
  chanteur(s), *m* . 32
maître(s)
  couple(s), *m* 32
maître(s) d'hôtel,
  m 32
maître mot, *m* 32
maîtresse 2.C
maîtresse femme, *f* 32
maîtrise 2.B
majesté.............. 3.A
majestueux 6.B
majeur................ 23.A
major 21.A
majoration 25.A
majordome, *m* 5.A
majorette 2.C
majoritaire 26.B
mal, *pl*. maux.....1 31
malabar 23.A
malade 1.A
maladif................ 17.A
maladresse.......... 2.C
maladroit 24.B
malais 2.B
malaise, *m* 19.A
malandrin 8.A
malappris............ 27
malaria, *f* 11.A
malcommode 16.B
maldonne, *f*......... 16.B
mâle..............1 1.B
malédiction 25.A
maléfice, *m* 18.B
maléfique 14.B
malencontreux..... 6.B

mal-en-point....... 32
malentendu......... 9.A
malfaisant 9.B
malfaiteur 23.A
malfamé 3.A
malfrat 1.C
malgache 15.A
malgré............... 3.A
malhabile........... 29.A
malheur.............. 29.A
malheureux 29.A
malhonnête......... 29.A
malicieux 6.B
malin 30
  f maligne 11.C
malingre 8.A
malintentionné 18.C
malle 1 22.B
malléabilité 3.A
malléole, *f*.......... 29.C
mallette 2.C
malotru 5.A
malouin.............. 24.B
malsain 8.B
malséant............ 9.B
malthusianisme.... 13.C
malveillant 11.B
malversation........ 25.A
maman 9.A
mamelle.............. 2.C
mamelon 26.A
mammaire........... 2.B
mammifère, *m* 16.B
mammouth 13.C
mamours 27
mam'zelle 32
manade, *f* 1.A
manager 7.C
manant 9.B
manche, *m* 30
manche, *f* 30
manchette.......... 2.C
manchon 10.A

manchot 5.B
mandarin 8.A
mandarinat 1.C
mandarine 9.A
mandat............... 1.C
mandataire.......... 26.B
mandat(s)-
  carte(s), *m*....... 32
mandat(s)-
  lettre(s), *m* 32
mandibule, *f*........ 9.A
mandoline, *f*........ 9.A
mandragore, *f*...... 5.A
mandrin.............. 8.A
manécanterie....... 4.B
manège 21.A
mânes, *m*........31 31
manette............. 2.C
manganèse, *m*..... 15.A
mangeaille 21.B
mangeoire 21.B
mangeur............. 23.A
mangouste.......... 9.A
manguier 15.B
maniabilité.......... 11.A
maniaco-
  dépressif(s) 32
maniaque 24.B
manichéisme 14.C
manie................. 4.B
maniement.......... 26.A
manière 11.A
maniéré 3.A
manifestant 9.B
manifestation 25.A
manifold, *m*......... 13.C
manigance 9.A
manille 11.B
manioc.............. 11.A
manipulation 25.A
manitou.............. 4.A
manivelle............ 2.C
manne...........31 16.B

mannequin, *m* 14.B
manœuvre........... 7.B
manœuvrier......... 7.B
manoir 23.A
manomètre, *m* 26.C
manque.............. 14.B
mansarde............ 18.A
mansuétude 18.A
mante, *f* 9 9.A
manteau 5.B
mantille 11.B
manucure 14.A
manuel............... 22.A
manufacture........ 14.A
manuscrit 4.B
manutention 25.A
maoïste 29.C
maori 29.C
mappemonde, *f* ... 10.A
maquereau.......... 14.B
maquette 14.B
maquettiste......... 14.B
maquignon 11.C
maquillage.......... 11.B
maquis..........14 4.B
maquisard........... 14.B
marabout 27
maraîcher........... 3.B
marais 2* 2.B
marasme, *m* 16.A
marathon 13.C
marâtre.............. 1.B
maraud.............. 5.B
marbre 26.C
marbrier............. 3.B
marc 23 27
marcassin 18.B
marchand........9 9.C
marche.............. 20.A
marché.............. 3.B
marchepied 26.A
mare 23 23.A
marécageux 6.B

maréchal............. 22.A
maréchal(aux)-
  ferrant(s), *m* 32
maréchaussée...... 3.B
marée............2* 3.B
marelle 2.C
marémoteur......... 23.A
mareyeur 11.A
margarine 15.A
margelle 2.C
marginal 22.A
margoulin 8.A
marguerite 15.B
marguillier 11.B
mari.............23 4.A
marigot 5.B
marijuana 21.C
marin 8.A
marina, *f*............. 1.A
maringouin 24.B
marinière 2.B
marin(s)-
  pêcheur(s), *m* .. 32
marionnette 2.C
maritalement 9.B
maritime 16.A
marjolaine........... 2.B
mark 14 14.C
marketing 14.C
marmaille............ 11.B
marmelade 1.A
marmite 13.A
marmoréen.......... 8.A
marmot 5.B
marmotte 13.B
marneux 6.B
marocain..........8 8.B
maronite............. 13.A
maroquinerie....... 14.B
marotte 13.B
marque..........14 14.B
marqueterie......... 14.B
marquis 4.B

marraine............2 2.B
marre 23 23.B
marri 23 23.B
marron 23.B
marron d'Inde, *m*. 32
marronnier 3.B
mars 18.A
marseillais........... 2.B
marsouin............. 24.E
marsupial............ 18.A
marteau.............. 5.B
marteau(x)-
  pilon(s), *m* 32
martèlement 9.B
martial............... 18.C
martien.............. 18.C
martinet............. 2.B
martingale, *f*........ 15.A
martin(s)-
  pêcheur(s), *m* .. 32
martyr 23 4.B
martyre, *m* 23 26.B
marxisme-
  léninisme, *m* 32
marxiste.............. 18.C
maxiste(s)-
  léniniste(s) 32
mas 1 27
mascarade 14.A
mascotte............. 5.A
masculin............. 8.A
masochisme 19.A
masque 14.B
massacre 18.B
masse 26 18.B
massette 2.C
massicot............. 18.B
massif 8.B
mass media
  (*ou* médias), *m*. 32
massue.............. 26.A
mastic 14.A
mastication 25.A

mastodonte	10.A	mauve	5.B	médico-			
mastroquet	14.B	mauviette	2.C	pédagogique(s)	32		
masturbation	25.A	maxillaire, *m*	18.C	médico-			
m'as-tu-vu, *m*	32	maxillo-		social(aux)	32		
masure	19.A	facial(aux)	32	médiéval	18.A		
mat, *inv*	1.C	maxima, *pl.*		médina	11.A		
mat	...13 1.C	ou *f sg*	18.C	médiocrité	3.A		
mât	...1 1.B	maximum, *m*	16.A	médique	14.B		
matador	23.A	maya	...11 11.A	médisance	9.A		
matamore, *m*	23.A	mayonnaise	11.A	méditerranéen	9.A		
match	20.A	mazagran	19.A	médium	16.A		
pl. match(e)s		mazette !	19.A	médius	11.A		
matelas	1.C	mazout	19.A	médullaire	2.B		
matelot	5.B	mazurka, *f*	19.A	méduse	19.A		
matelote	26.A	méandre, *m*	29.C	meeting	4.C		
matérialité	3.A	méat	1.C	méfiance	9.A		
matériau	5.B	mec	2.C	mégahertz (MHz)	32		
matériel	22.A	mécanique	14.B	mégalithe, *m*	13.C		
maternellement	22.B	mécano	...27 14.A	mégalomanie	4.B		
maternité	3.A	mécénat	1.C	mégalopolis, *f*	18.A		
math(s)	...13 13.C	mécène	2.A	mégaphone	17.C		
mathématique	13.C	méchamment	1.C	mégarde	15.A		
matheux	13.C	méchanceté	3.A	mégère	15.A		
matière	2.A	mèche	2.A	mégot	15.A		
matin	...1* 1.A	méchoui	29.C	méhari, *m*	29.A		
mâtin	...1* 1.B	mécompte	10.B	*pl.* méharis *ou* méhara			
matinée	3.B	mécréant	9.B	meilleur	7.A		
matou	1.A	médaille	11.B	mélancolie	4.B		
matraque	14.B	médecin	18.A	mélange	15.A		
matriarcal	11.A	médecin(s)-		mélasse	18.A		
matriarcat	11.A	conseil(s), *m*	32	melba, *inv*	1.A		
matrice, *f*	18.B	média, *m*	11.A	mêlée	3.B		
matriciel	25.C	médian	8.A	mélèze, *m*	19.A		
matricule	22.A	médiateur	7.A	méli(s)-mélo(s),			
matrimonial	5.A	médiathèque	13.C	*m*	32		
matrone	15.A	médiatique	14.B	mélodieux	6.B		
matronyme	4.B	médiator	5.A	mélodrame	2.A		
maturité	3.A	médical	14.A	mélomane	2.A		
maudit	4.B	médicament	9.B	melon	10.A		
maure	...5* 5.B	médication	25.A	mélopée, *f*	3.B		
mausolée, *m*	3.B	médicinal	18.A	membrane	9.B		
maussade	18.B	médico-		membre	9.B		
mauvais	2.B	légal(aux)	32	même	2.A		

même (moi-même
mais ici même,
tout de même) . 32
mémento 8.A
mémoire, *m* 24.A
mémoire, *f* 24.A
mémorandum 5.C
mémorial 11.A
menace 18.A
ménager 3.B
mendélien 8.A
mendicité 3.A
menées 3.B
ménestrel, *m* 22.A
ménétrier 3.B
menhir, *m* 29.A
méningite 15.A
ménisque, *m* 14.B
ménopause 5.B
ménorragie 23.B
menotte 13.B
mensonge 18.A
mensonger 3.B
menstruation 25.A
mensuel 22.A
mensuration 18.A
mentalité 3.A
menteur 7.A
menthe 9 13.C
mention 9 25.A
menton 9.A
mentor 5.A
menu 6.A
menuet 2.B
menu filé, *m sg*.... 32
menu-gros, *m sg* . 32
menuisier 3.B
méphistophélique 17.C
mépris 4.B
mer 2 3.B
mercantile 22.A
mercenaire 2.B
mercerie 4.B

merci 18.A
mercure 14.A
mercuriale, *f* 14.A
mère 2 2.A
mère célibataire, *f* 32
mère(s)-grand, *f* .. 32
merguez, *f* 19.A
méridien 9.A
méridional 22.A
meringue 15.B
merisier 3.B
méritoire 24.A
merlan 9.A
merle 2.C
merlin 8.A
merlu(s) 2.C
mérovingien 9.A
merveille 11.B
merveilleux 6.B
mes, *pl* 6.B
mésalliance 22.B
mésange 19.A
mesdames 3.C
mesdemoiselles ... 2.C
mésentente 9.A
mésolithique 13.C
mesquin 14.B
mesquinerie 14.B
mess 26 2.C
messager 3.B
messe 26 2.C
messianisme 19.A
messie, *m* 4.B
messieurs 23.A
mesure 19.A
métabolique 14.B
métacarpe, *m* 14.B
métairie 2.B
métal 22.A
métallique 22.B
métalloïde, *m* 29.B
métallurgie 15.A
métamorphose..... 17.C

métaphore, *f* 17.C
métaphysique 11.A
métastase, *f* 19.A
métatarse, *m* 18.A
métayage, *m* 11.A
météore, *m* 29.C
météorite, *m ou f* . 29.C
météo(rologie) 15.A
métèque 14.B
méthane, *m* 3.C
méthode 13.C
méthylène 13.C
méticuleux 6.B
métier 3.B
métis 18.A
    f métisse 18.B
métonymie 11.A
mètre 2 2.A
métré 3.A
métrique 14.B
métronome, *m* 5.A
métropole 5.A
métro(politain) 8.B
mets 2 2.B
metteur 13.B
meuble 7.A
meule 7.A
meunier 7.A
meursault 27
meurtrier 3.B
meurt-de-faim 32
meurt-de-soif 32
meurtrissure 18.B
meute 7.A
mexicain 8.B
mezzanine, *f* 19.C
mezza voce 19.C
mezzo forte 19.C
mezzo-soprano
    (s *ou* i) 19.C
mi 4 4.A
mi-août, *f sg* 32
miasme, *m* 19.A

miaulement 5.B
mica 14.A
mi-carême, *f sg* ... 32
miche................. 26.A
micheline............ 26.A
mi-chemin (à) 32
mi-clos.............. 32
micmac 14.A
mi-corps (à) 32
mi-côte (à) 32
microbien 8.A
microclimat......... 27
microcosme, *m* 5.A
micro-
   informatique 14.B
micro-orga-
   nisme(s), *m* 32
micro(phone)...... 17.C
microscope 14.A
microsillon.......... 18.A
miction.............. 26.A
midinette 13.B
mie 4 4.B
miel 2.C
mielleux 6.B
mien 8.A
miette 13.B
mieux................ 6.B
mieux-être, *m sg*.. 32
mièvrerie............. 2.A
mignon 11.A
migraine 2.B
migrateur........... 6.A
mi-jambe (à)....... 32
mijaurée, *f*.......... 5.B
mijoteuse........... 5.A
mil, *m* 22 22.A
mildiou.............. 11.A
milice................ 18.A
milieu................ 7.A
militaire 2.B
mille 22 22.B
millefeuille, *m*...... 22.B

millénaire............ 22.B
mille-pattes, *m* 32
millésime 22.B
millet 22.B
milliard 27
millibar.............. 22.B
millième 22.B
millier................ 22.B
millionième 22.B
millionnaire......... 22.B
mime, *m* 26.A
mimique 14.B
mimolette 2.C
mimosa, *m*.......... 19.A
minable 26.A
minaret.............. 2.B
minceur............. 18.A
mine 26.A
minerai.............. 2.B
minéral.............. 22.A
minet 2.B
mineur 6.A
miniature 11.A
minier 11.A
minimal 22.A
ministère 2.A
ministériel 22.A
minitel............... 22.A
minium.............. 16.A
minois 27
minorité............. 3.A
minoterie 4.B
minuit, *m*........... 27
minus............... 18.A
minuscule........... 14.A
minute 26.A
minutie............. 25.B
minutieux 25.B
mirabelle 2.C
miracle 26
miraculeux 6.B
mirador 29.A
mirage............... 21.B

mire, *f*.............4 26
mirliton 10.A
mirobolant 4 9.B
miroir 24.A
miro(n)ton.......... 10.A
misaine, *f*........... 19.A
misanthrope 13.C
mise................. 19.A
misérable 26.C
misère 2.A
miserere, *inv*........ 3.A
miséreux............. 6.B
miséricordieux 6.B
misogyne............ 11.A
miss.................. 18.B
missel 22.A
missile............... 26.A
mission 25.A
missionnaire........ 2.B
missive 18.B
mistral................ 22.A
mitaine, *f*............ 2.B
mitard 27
mite 4 26.A
mi-temps, *f*........ 32
miteux................ 6.B
mitigé 21.B
mitochondrie(s), *f* 4.B
mitose, *f*............. 19.A
mitoyen.............. 11.A
mitraille 11.B
mitraillette 2.C
mitre, *f* 26.A
mitron 10.A
mi-voix (à) 32
mixe(u)r............. 6.A
mixtion.............. 25.A
mixture.............. 26.A
mnémotechnique . 14.C
mobile................ 26.A
mobilier.............. 3.B
mobilisation 25.A
mobilité.............. 3.A

mob(ylette).......... 11.A
mocassin 18.B
moche................ 20.A
modal 22.A
modalité 3.A
mode 26.A
modelage 21.B
modèle............... 26.A
modéliste............ 3.A
modérateur 6.A
modération 25.A
modérément........ 9.B
moderne............. 16.A
modernité 3.A
modestie 4.B
modification........ 25.A
modique............. 14.B
modiste 26.A
module, m 26.A
modus vivendi..... 8.A
moelle................ 24.A
moelle épinière, f . 32
moelleux 6.B
moellon.............. 24.A
mœurs, f pl 7.B
mohair 29.A
moi...............24 24.A
moignon............. 11.A
moindre............. 24.A
moine 24.A
moineau 5.B
moins................ 27
moins-perçu(s), m 32
moire, f 26.A
mois 24 27
moisissure 18.AB
moisson 18.B
moissonneur 16.B
moissonneuse(s)-
  batteuse(s), f ... 32
moiteur 7.A
moitié 3.A
moka 3.A

mol 5 22.A
molaire 2.B
mole, f.............5 26.A
môle, m 5 28
môle, f.............5 28
molécule, f.......... 26.A
moleskine 14.C
molette............... 13.B
mollah................ 27
mollasson 22.B
mollesse 2.C
mollet 2.B
molleton 22.B
mollusque, m 14.B
molosse.............. 18.B
môme 28
moment............... 9.B
momentanément.. 9.A
momie................ 4.B
mon..............10 10.A
monacal 14.A
monade, f........... 26
monarchique....... 14.B
monarque 14.B
monastère, m 2.A
monastique......... 14.B
monceau 18.B
mondain............. 8.B
mondanité 3.A
monde 26
mondial.............. 11.A
monégasque 15.A
monétaire 2.B
mongol 22.A
mongolien 8.A
moniale, f 26
moniteur............. 7.A
monitorat............ 27
monnaie 26.A
monnayage......... 11.A
monobloc, inv 14.A
monocle, m......... 26.C
monoculture 26.B

monogramme, m.. 16.B
monolithe, m....... 13.C
monologue 15.B
monôme 28
mononucléaire..... 26.B
monopole, m........ 26.B
monosyllabe........ 11.A
monotone........... 26.B
monotonie 26.A
monseigneur 7.A
monsieur 27
  pl. messieurs 2.C
monstrueux......... 6.B
mont...............10 27
montagnard 27
montagneux........ 6.B
mont(s)-de-piété,
  m 32
monte-charge, m . 32
montée............... 3.B
monte-en-l'air, m.. 32
montgolfière, f..... 27
monticule, m 26.B
montmartrois....... 27
montre 26.C
montre(s)-
  bracelet(s), f.... 32
montreur 7.A
monument 9.B
moquerie 26.A
moquette............ 13.B
moqueur............. 7.A
moraine, f........... 2.B
moral 22.A
moralité 3.A
moratoire, m........ 26.B
morbide.............. 26.B
morbleu !............ 6.A
morceau 5.B
morcellement 2.C
mordicus 18.A
mordoré 3.A
more 5* 26.B

morgue 15.B
moribond 27
morille, *f* 11.B
mormon 10.A
morne 26.B
morose 26.B
morphème, *m* 17.C
morphine 17.C
morphologie 17.C
morpion 11.A
mors 5* 27
morse 26.B
morsure 18.A
mort 5* 27
mortadelle 2.C
mortaise 2.B
mortalité 3.A
mort-aux-rats, *f* ... 32
mortel 22.A
morte(s)-
    saison(s), *f* 32
mortier 3.B
mort-né(s) 32
mortuaire 2.B
mort(s)-vivant(s) . 32
morue 26.A
morutier 3.B
morveux 6.B
mosaïque............ 29 C
mosan 9.A
mosquée 14.C
mot 5 27
mot à mot........... 32
motard 27
motel 22.A
motet 2.B
moteur 7.A
motion 25.A
motocross........... 18.B
motoculteur 7.A
motocyclette 13.B
motocycliste........ 11.A
mots croisés, *m pl.* 32

motte 13.B
motus ! 18.A
mou..............26 16.A
mouchard 27
mouche............. 26.C
moucheron 26.A
mouchoir 23.A
mouclade, *f* 26.B
moudjahid 29.A
    pl. moudjahidin 29.A
moue 26 26.A
moufle, *f* 26.C
mouflon 10.A
mouillage 11.B
mouise 19.A
moujik.............. 14.C
moule, *m* 22.A
moule, *f* 22.A
moulin 8.A
moulinet............ 2.B
moulinette 13.B
moulure............. 26.B
mouron 10.A
mousquet 14.B
mousquetaire 14.B
moussaillon 11.B
mousse, *m* 18.B
mousse, *f* 30
mousseline......... 18.B
mousseux 6.B
mousson, *f* 10.A
moustache.......... 20.A
moustiquaire, *f* 2.B
moût..............26 27
moutardier 3.B
moutonnier 16.B
mouture 26.B
mouvement........ 9.B
moyen.............. 8.A
Moyen(-)Âge...... 32
moyenâgeux 11.A
moyen(s)-
    courrier(s), *m*... 32

moyennant 16.B
moyeu............... 6.A
mucosité 14.A
mucus.............. 18.A
mue..............26 26.A
muet 2.B
muezzin............. 19.C
mufle 26.C
mufti 4.A
mugissement....... 21.B
muguet 15.B
mulâtre............. 1.B
mulet 2.B
muleta............. 2.B
mulot 27
multicellulaire...... 2.C
multicolore 26.B
multinationale 25.A
multiplex 18.C
multiplicateur 7.A
multitude........... 26.B
municipalité 18.A
munificence, *f* 18.A
munition............ 25.A
muqueuse........... 14.B
mur 26 23.A
mûr 26 28
muraille 11.B
mûre..............26 26.B
mûrement 26.A
murène, *f* 2.A
muret 2.B
mûrier 3.B
mûrissement........ 18.B
murmure............ 26.B
musaraigne, *f* 2.B
musc............... 18.C
muscadet........... 18.C
muscat 27
muscle 18.C
musculaire 2.B
musculeux 6.B
muse................. 19.A

museau	5.B
musée	3.B
muselière	2.A
musette	13.B
musical	22.A
musicien	25.E
musicothérapie, f.	13.C
musique	14.B
musqué	14.B
mustang	27
musulman	9.A
mutation	25.A
mutilation	25.A
mutin	8.A
mutinerie	4.B
mutisme	26.B
mutualité	29.C
mutuel	29.C
mutuellement	2.C
mycélien	8.A
mycélium	16.A
mycénien	4.B
mycologie	4.B
mycose, f	5.A
myélite, f	11.A
mygale, f	4.B
myocarde	11.A
myopie	11.A
myosotis, m	11.A
myriade, f	4.B
myrrhe, f 4	29.A
myrte, m	4.B
mystère	4.B
mystérieux	4.B
mysticisme	4.B
mystificateur	4.B
mythe....4	13.C
mythique	13.C
mythologie	13.C
mythomanie	13.C
mytiliculteur	4.B
myxomatose, f	4.B

n

nabab, m	1.A
nabot	27
nabuchodonosor .	14.C
nacelle	18.A
nage	21.B
nageoire	15.A
naguère	15.B
naïade	11.A
naïf	29.C
nain	8.B
naissance	18.B
naïveté	29.C
naja	21.A
nancéien	8.A
nanisme	18.A
napalm	1.A
naphtaline, f	17.C
naphte, m	17.C
napoléonien	8.A
napolitain	8.B
nappe	12.B
narcisse, m	18.A
narco-analyse(s), f	32
narcolepsie	18.A
narcose, f	5.A
narcotique	14.B
narghilé	15.A
narguilé	15.B
narine	4.A
narquois	14.B
narrateur	23.B
narration	23.B
narthex, m	13.C
narval	22.A

nasal	22.A
naseau	5.B
nasillard	11.B
nasse	18.B
natal	22.A
natalité	3.A
natation	25.A
natif	17.A
nation	25.A
nationalité	25.A
national-socialisme, m	32
natte	13.B
naturel	22.A
naufrage	5.B
nauséabond	27
nausée	3.B
nautique	5.B
naval	22.A
pl. navals	31
navarin	8.A
navet	2.B
navette	13.B
navigabilité	15.A
navigant	9.B
navire	26.B
navire(s)-école(s), m	32
navire(s)-usine(s), m	32
nazi	19.A
ne 6	6.A
néanmoins	9.A
néant	9.B
nébuleux	6.B
nécessaire	18.B
nécessité	18.B
nécessiteux	18.B
nec plus ultra	32
nécrologie	4.B
nécromancie	4.B
nécropole, f	26.B
nécrose, f	19.A

nectar, *m* 23.A
néerlandais 2.B
nef, *f* 17.A
néfaste 26.B
nèfle, *f* 26.C
néflier 11.A
négatif 17.A
négligeable 21.B
négligent 21.B
négoce 18.A
négociant 11.A
nègre 2.A
   f négresse
négroïde 29.C
neige 2.B
neigeux 6.B
nenni 16.B
nénuphar 17.C
néolithique 13.C
néologisme 18.C
néon 10.A
néo-natal(es) 32
néophyte 17.C
néo-positivisme,
   m sg 32
néoprène, *m* 2.A
néo-réalisme, *m* ... 32
néphrétique 17.C
néphrite, *f* 17.C
népotisme, *m* 18.C
nerf 27
nerveux 6.B
nervi 4.A
nervosité 3.A
nervure 26.B
n'est-ce pas 32
net 13.A
netteté 13.B
nettoiement 26.A
nettoyage 11.A
nettoyeur 11.A
neuf 17.A
neurasthénie 13.C

neurochirurgie, *f* .. 32
neurolinguistique,
   f 32
neurologie 21.B
neurologue 15.B
neurone, *m* 6.A
neuroplégique 14.B
neuropsychiatrie .. 14.C
neurovégétatif(s) . 32
neutralisation 25.A
neutralité 6.A
neutre 26.C
neutron 6.A
neuvaine, *f* 6.A
névé, *m* 3.A
neveu 6.A
névralgie 4.B
névrite 3.A
névrose 5.A
névrotique 14.B
newton, *m* 11.C
nez 3 3.C
ni 4 4.A
niais 27
niche 20.A
nichée 3.B
nickel 14.C
niçois 18.A
nicotine 5.A
nid 4 27
nid(s)-d'abeilles
   (forme) 32
nid(s)-de-poule,
   m 32
nidification 25.A
nièce 11.A
nielle, *m* 11.A
nielle, *f* 2.C
nietzschéen 8.A
nigaud 5.B
nigérian 9.A
nigérien 8.A
night-club(s), *m* .. 32

nihilisme 29.A
nimbe, *m* 16.A
n'importe laquelle 32
n'importe qui, quoi 32
nippes, *f* 12.B
nippon 10.A
   f nippon(n)e 16.B
nique 14.B
nirvana, *m* 1.A
nitrate, *m* 13.A
nitroglycérine 4.B
niveau 5.B
nivelage 21.B
nivellement 22.B
nô 5.B
nobiliaire 2.B
noble 26.C
noblesse 2.C
noce 18.A
noceur 18.A
nocif 17.A
noctambule........ 5.A
nocturne............ 5.A
nodal 22.A
nodule, *m* 22.A
noël 29.B
nœud 6 7.B
noirâtre 1.B
noiraud 5.B
noirceur............ 24.A
noise, *f* 19.A
noisetier 3.B
noisette 2.C
noix 27
nom 10.B
nomade............ 13.A
no man's land,
   m sg 32
nombreux 6.B
nombril 22.A
nomenclature 9.A
nominal............ 22.A
nomination 25.A

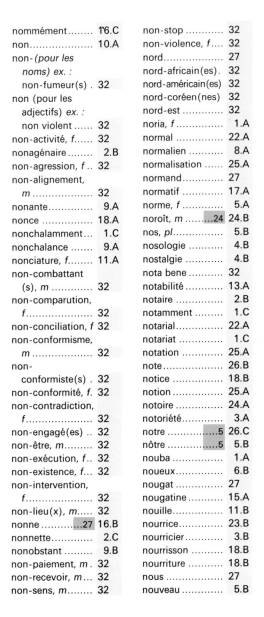

nommément	1'6.C
non	10.A
non- *(pour les noms) ex. :*	
non-fumeur(s)	32
non (pour les adjectifs) *ex. :*	
non violent	32
non-activité, *f.*	32
nonagénaire	2.B
non-agression, *f.*	32
non-alignement, *m*	32
nonante	9.A
nonce	18.A
nonchalamment	1.C
nonchalance	9.A
nonciature, *f.*	11.A
non-combattant (s), *m*	32
non-comparution, *f.*	32
non-conciliation, *f*	32
non-conformisme, *m*	32
non-conformiste(s)	32
non-conformité, *f.*	32
non-contradiction, *f.*	32
non-engagé(es)	32
non-être, *m*	32
non-exécution, *f.*	32
non-existence, *f.*	32
non-intervention, *f.*	32
non-lieu(x), *m.*	32
nonne	27 16.B
nonnette	2.C
nonobstant	9.B
non-paiement, *m.*	32
non-recevoir, *m*	32
non-sens, *m*	32

non-stop	32
non-violence, *f.*	32
nord	27
nord-africain(es)	32
nord-américain(es)	32
nord-coréen(nes)	32
nord-est	32
noria, *f*	1.A
normal	22.A
normalien	8.A
normalisation	25.A
normand	27
normatif	17.A
norme, *f*	5.A
noroît, *m*	24 24.B
nos, *pl*	5.B
nosologie	4.B
nostalgie	4.B
nota bene	32
notabilité	13.A
notaire	2.B
notamment	1.C
notarial	22.A
notariat	1.C
notation	25.A
note	26.B
notice	18.B
notion	25.A
notoire	24.A
notoriété	3.A
notre	5 26.C
nôtre	5 5.B
nouba	1.A
noueux	6.B
nougat	27
nougatine	15.A
nouille	11.B
nourrice	23.B
nourricier	3.B
nourrisson	18.B
nourriture	18.B
nous	27
nouveau	5.B

nouveau-né(s), *m*	32
nouveau-née(s), *f*	32
nouveauté	3.A
nouvel	22.A
nouvellement	2.C
nouvelliste	2.C
nova, *f pl.* novæ	1.A
novateur	23.A
novembre	9.B
novice	18.B
noviciat	27
noyade	11.A
noyau	5.B
noyer	3.B
nu	26 16.A
nuageux	6.B
nuance	18.B
nubile	22.A
nucléaire	2.B
nucléique	29.C
nudité	3.A
nue	26 26.A
nuée	3.B
nue(s)-propriété(s)	32
nuisance	19.A
nuitamment	1.C
nuitée	3.B
nul	22.A
nullard	27
nullement	22.B
nullité	22.B
numéraire	2.B
numéral	22.A
numérateur	23.A
numéro	5 5.A
numerus clausus	32
numismatique	14.B
nuptial	25.C
nuque	14.B
nurse	7.C
nursery	7.C
nu-tête	32
nutrition	25.A

nyctalope 4.B
nyctalopie........... 4.B
nylon 4.B
nymphe.............. 8.C
nymphéa, *m* 32
nymphomane 8.C

O

ô................... 5 5.B
oasis, *f* 18.A
obédience, *f*........ 9.A
obéissance.......... 9.A
obélisque, *m* 14.B
obèse 19.A
obésité 19.A
objection 2.C
objectivité........... 2.C
objet 2.B
objurgation 12.C
oblation.............. 25.A
obligation 25.A
obligatoire 26.B
obligeamment 21.B
obligeant 21.B
oblique 14.B
oblitération 25.A
oblong 27
obole, *f* 22.A
obscène 18.C
obscénité........... 18.C
obscur.............. 12.C
obscurantisme 9.A
obscurément 9.B
obsécration 25.A
obsèques, *f*......... 14.B
obséquieux 6.B
observateur......... 23.A

observatoire 26.B
obsession 12.C
obsessionnel 25.A
obsidienne, *f* 12.C
obsolète 12.C
obstacle 12.C
obstétrique 12.C
obstinément........ 12.C
obstruction 12.C
obtention............ 12.C
obturateur........... 12.C
obtus 27
obus 27
oc...................... 5.A
ocarina, *m*........... 1.A
occasion............. 14.B
occasionnel........ 14.B
occident 18.C
occiput.............. 18.C
occitan 18.C
occlusion............ 14.B
occulte.............. 14.B
occupation 14.B
occurrence.......... 14.B
océan................. 29.C
océanique........... 14.B
ocelot 18.A
ocre 26.B
octaèdre 2.A
octane, *m* 16.A
octante.............. 9.A
octave, *f* 5.A
octogonal 5.A
octroi 24.A
octuor 5.A
oculaire, *m*.......... 2.B
oculiste 14.A
odalisque, *f*......... 14.B
ode, *f*................ 5.A
odelette 13.B
odéon 10.A
odeur 23.A
odieux.............. 6.B

odorat 27
odoriférant 9.B
odyssée, *f* 4.B
œcuménique 7.A
œdème, *m*........... 7.A
œdipien.............. 3.C
œil..................... 11.B
   pl. yeux 11.A
œil(s)-de-bœuf,
   m 32
œil(s)-de-perdrix,
   m 32
œillère 11.B
œillet 11.B
œnologie 3.C
œsophage, *m* 3.C
œstrogène 3.C
œuf [oef]........... 7.B
   pl. œufs [ø]....6 6.B
œuvre, *m* 30
œuvre, *f*.............. 30
œuvre d'art, *f*....... 32
off, *inv* 17.B
offense 17.B
offertoire, *m* 17.B
office, *m*............. 17.B
officiel.............. 25.C
officier 3.B
officieux 6.B
officine, *f*........... 18.A
offrande 17.B
offset 17.B
oflag, *m*............... 15.A
ogival............... 22.A
ogive, *f*.............. 21.A
ogre................. 5.A
ogresse 2.C
oh................. 5 27
ohé ! 29.B
ohm 5* 29.B
ohmmètre 29.B
oie.................... 26.A
oignon 11.A

oïl...................... 29.C

oiseau 5.B

oiseau(x)-lyre(s),
m 32

oiseau(x)-
mouche(s), m .. 32

oiseleur 26.A

oiseux 6.B

oisif 17.A

oisillon 11.B

okapi 14.C

oléagineux.......... 6.B

oléiculteur 29.C

oléoduc 14.A

olfactif 17.A

olibrius 18.A

olifant 9.B

oligarchie 4.B

oligo-élément(s),
m 32

olivâtre 1.B

olive 5.A

olivette 2.C

olographe 17.C

olympiade, f 8.C

olympien 8.C

ombilical 10.B

ombrageux 10.B

ombre 29 10.B

ombrelle 2.C

ombrien.............. 8.A

oméga................ 15.A

omelette 2.C

omission............. 25.A

omnibus 18.A

omnidirec-
tionnel(les) 32

omniscient.......... 18.C

omnium.............. 16.A

omnivore 26.B

omoplate, f 5.A

on 10.A

onagre, m 26.B

onanisme............ 5.A

once, f 18.B

oncle 26.C

on(c)ques........... 14.C

onction 25.A

onctueux 6.B

onde 10.A

ondée 3.B

ondin 8.A

on-dit, m 32

ondoiement 25.A

ondulatoire 26.B

onéreux 6.B

ongle 26.C

onglet 2* 28

onguent 15.B

onirique.............. 14.B

oniromancie........ 4.B

onomatopée, f..... 3.B

ontique 10.A

ontogenèse......... 13.A

ontologique 13.A

onyx, m 4.B

onze 19.A

opacité.............. 18.A

opale, f............... 22.A

opalescent 18.C

opalin 8.A

opaque 14.B

open, inv 16.A

opéra 12.A

opéra(s)-
ballet(s), m...... 32

opéra bouffe, m... 32

opérateur............ 23.A

opération............ 25.A

opérationnel........ 16.B

opératoire 23.A

opérette.............. 3.C

ophidien 17.C

ophtalmie 17.C

ophtalmologiste... 17.C

opiacé................ 17.C

opiniâtre............. 1.B

opinion 11.A

opiomane 11.A

opium 16.A

opossum 16.A

oppidum............. 16.A

opportun 8.C

opportunément.... 12.B

opposition 12.B

oppression 12.B

opprobre, m........ 12.B

optatif 17.A

opticien 25.E

optimisme........... 16.A

optimum............. 16.A

option 25.A

optionnel............ 15.B

optique 14.B

optométrie 4.B

opulence 9.A

opulent 9.B

opus, m.............. 18.A

opuscule, m 14.A

or 23 23.A

oracle, m 26.C

orage, m............. 21.B

orageux 6.B

oraison, f............ 2.B

oral 22.A

oralement 9.B

orange 21.B

orangeade 21.B

orang(s)-
outang(s), m.... 32

oratoire, m 23.A

oratorio, m 11.A

orbite, f 5.A

orchestre 14.C

orchidée, f 14.C

ordalie, f............. 4.B

ordinaire............. 2.B

ordinal 22.A

ordinateur........... 23.A

ordination 25.A
ordonnance 16.B
ordonnateur 16.B
ordonnée, f 3.B
ordre 26.B
ordure 26.B
ordurier 3.B
orée, f 3.B
oreille 11.B
oreiller 11.B
oreillette 11.B
oreillon 11.B
orémus, inv 18.A
ores 23 31
orfèvre 2.A
orfraie, f 26.A
organdi 4.A
organe 15.A
organigramme 16.B
organique 14.B
organisateur 23.A
organiste 15.A
orgasme, m 15.A
orge, f 21.B
orgeat 21.B
orgelet 2.B
orgiaque............ 14.B
orgie 4.B
orgue, m............ 15.B
orgueil 7.B
orgueilleux.......... 6.B
orgues, f pl 15.B
orient 9.B
oriental.............. 22.A
orifice, m 18.B
oriflamme, f........ 16.B
origan 9.A
originaire 2.B
original.............. 22.A
origine 5.A
originel.............. 2.A
oripeau.............. 5.B
ormaie, f 26.A

orme 5.A
ormeau.............. 5.B
ornement........... 9.B
ornière 11.A
ornithologie 13.C
ornithologue 13.C
ornithorynque, m . 8.C
oronge, f 10.A
orphelin............. 17.C
orphelinat 27
orphéon 17.C
orphique............ 17.C
orque, f 14.B
orteil, m............. 2.B
orthodoxe........... 13.C
orthodoxie 13.C
orthogonal.......... 13.C
orthographe, f 13.C
orthonormé......... 13.C
orthopédie 13.C
orthophonie 13.C
ortie, f 4.B
ortolan 9.A
orvet 2.B
os, sg [s] 29 31.B
    pl. [o] 5 31.B
oscar................ 23.A
oscillation 18.C
oscillomètre 18.C
oscilloscope 18.C
oseille, f............. 11.B
osier 3.B
osmose 19.A
ossature 18.B
osselet 18.B
ossements.......... 18.B
osseux 6.B
ossuaire, m 26.B
ostéite............... 29.C
ostensible 18.A
ostensoir 23.A
ostentatoire......... 26.B
ostracisme 18.A

ostréiculteur 29.C
ostrogot(h) 27
otage 21.B
otarie, f 4.B
otite, f 5.A
oto-rhino-
    laryngologie, f.. 32
ottoman 9.A
ou 29 28
où 29 28
ouailles 11.B
ouais ! 2.B
ouate, f 24 24.C
oubli 4 4.A
oubliette, f 11.A
oublieux 11.A
oued, m............. 13.B
ouest, m 13.A
ouest-
    allemand(es).... 32
ouf ! 17.A
oui, inv 4 4.A
ouï-dire, m.......... 32
ouïe, f..............4 26.A
ouille ! 29 11.B
ouistiti............... 18.A
ouragan............. 15.A
ourlet 2.B
ours 18.A
ourse 18.A
oursin 8.A
ourson 10.A
oust(e) ! 18.A
out 13.A
outil 22.A
outillage 11.B
output............... 13.A
outrage 21.B
outrageant 21.B
outrance............. 18.B
outrancier 3.B
outre.................. 26.C
outrecuidance 18.B

outremer, *m, inv* .. 23.A
outre-mer (DOM) 32
outre-tombe........ 32
outsider, *m*.......... 23.A
ouverture............ 26.B
ouvrage.............. 21.B
ouvre-boîte(s), *m*. 32
ouvre-
  bouteille(s), *m* . 32
ouvrier 3.B
ovaire, *m* 26.B
ovale................. 22.A
ovation............... 25.A
overdose 19.A
ovin 8.A
ovipare.............. 26.B
ovni, *m*.............. 4.A
ovoïde............... 29.C
ovovivipare 26.B
ovulaire 26.B
ovulation 25.A
ovule, *m* 22.A
oxhydrique 29.B
oxydant............. 4.B
oxydation 4.B
oxyde, *m* 4.B
oxygène 4.B
oxygéné 4.B
oxyton 4.B
ozone, *m* 19.A

pacage 14.A
pacemaker 14.C
pacha................. 20.A
pachyderme 14.C

pacification 25.A
pacifique 14.B
pack 14.C
pacotille 11.B
pacte 14.A
pactole, *m*.......... 22.A
paddock 14.C
paella, *f* 22.B
paf ! 17.A
pagaie, *f* 25.A
pagaille 11.B
paganisme 15.A
page, *m*.............. 2.B
page, *f* 2.B
pagination 25.A
pagne 11.A
pagode............... 15.A
paie 26.A
paiement 26.A
païen 8.A
paillard 27
paillardise 11.B
paillasson 18.B
paille................. 11.B
paillette 2.C
paillote.............. 11.B
pain 8 8.B
pain d'épice, *m*.... 32
pair.............23 23.A
paire 23 26.B
pairie 26.A
paisible 19.A
paix 27
pal, *m* 22 22.A
palabre, *f ou m*.... 26.C
palace, *m*........... 18.A
palais 2* 2.B
palan 9.A
palanquin 14.B
palatal 22.A
palatin............... 8.A
pale, *f* 22 22.A
pâle 22 28

palefrenier 26.A
palefroi.............. 26.A
paléolithique 13.C
paléontologie 4.B
palestinien 8.A
palestre, *f*........... 26.C
palet, *m*........ ...2* 2.B
paletot 26.A
palette............... 2.C
palétuvier 3.B
pâleur 7.A
pâlichon 10.A
palier 3.B
palinodie 26.A
palissade 18.B
palissandre, *m* 9.A
palliatif.............. 22.B
palmaire........ .....2 2.B
palmarès............ 18.A
palme............... 16.A
palmeraie........... 25.A
palmier.............. 3.B
palmipède........... 13.B
palois................ 27
palombe 10.B
pâlot 27
palourde, *f* 13.B
palpitant............ 9.B
palpitation 25.A
palsambleu !........ 2.B
paltoquet........... 14.B
paludéen 8.A
paludisme........... 18.A
pâmoison 19.A
pampa, *f*........... 9.B
pamphlet 17.C
pamphlétaire 17.C
pamplemousse, *m* 9.B
pampre, *m* 9.B
pan 9 9.A
panacée, *f*.......... 3.B
panache, *m* 20.A
panade, *f*........... 13.B

p

panafricain 8.B
panama 1.A
panaméricain 8.A
panaris, *m* 4.B
pancarte 9.A
pancrace, *m* 18.B
pancréas, *m* 27
pancréatite, *f* 29
panda 1.A
pandémonium 16.A
pandit 4.B
pandore, *m* 26.B
panégyrique, *m* 4.B
panel 22.A
panetière 2.A
panier 3.B
panique 14.B
panne 1 16.B
panneau 5.B
panneton 27 16.B
panonceau 5.B
panoplie, *f* 4.B
panorama, *m* 1.A
panoramique 14.B
panse 18.A
pansement 9.B
pansu 9.A
pantalonnade 15.B
pantelant 9.B
panthéisme 13.C
panthéon 13.C
panthère 13.C
pantin 8.A
pantographe, *m* ... 17.C
pantois, *m* 24.B
pantomime, *f* 9.A
pantouflard 27
pantoufle, *f* 25.C
paon 9 9.C
papal 22.A
papauté 5.B
papaye, *f* [aj] 11.A
pape 12.A

papelard 27
paperasse 18.B
paperasserie 4.B
papeterie 4.B
papier 3.B
papier(s)-calque,
  m 32
papier(s)-filtre(s),
  m 32
papier(s)-
  monnaie(s), *m*.. 32
papille, *f* 11.B
papillon 11.B
papillote 11.B
papou 12.A
paprika, *m* 14.C
papyrus 4.B
pâque, *f* 14.B
paquebot 14.B
pâquerette 14.B
paquet 14.B
paquetage 14.B
par 23 23.A
parabellum 5.C
parabole 22.A
paracentèse, *f* 9.A
parachute 20.A
parade 13.B
paradigme 15.A
paradis 27
paradoxal 22.A
paradoxe, *m* 18.C
parafe, *m* 17.A
paraffine 17.B
parafiscal 14.A
parages 21.B
paragraphe 17.C
parallaxe, *f* 22.B
parallèle 22.B
parallèlement 22.B
parallélépipède, *m* 32
paralogisme 21.A
paralysie 4.B

paralytique 4.B
paramètre 26.C
parangon 9.A
paranoïa, *f* 29.C
parapet 2.B
paraphe, *m* 17.C
paraphrase 17.C
paraplégie 4.B
parapluie 4.B
parasite 19.A
parasitose 19.A
parasol 18.A
paratonnerre 2.C
paravent 9.B
parbleu ! 6.A
parc 14.A
parcellaire 2.C
parcelle 2.C
parce que 32
parchemin 8.A
parcimonieux 6.B
par-ci, par-là 32
parc(o)mètre 14.A
parcours 2.A
par-delà 32
par-derrière 32
pardessus, *m* 2.A
par-devant 32
par-devers 32
pardi ! 4.A
pardon 10.A
pardonnable........ 26.C
pare-balles, *m* 32
pare-brise, *m* 32
pare-cendres, *m*... 32
pare-chocs, *m* 32
pare-feu, *m* 32
pareil 2.B
parement 9.B
parent 32
parental 9.A
parenté, *f* 3.A
parentéral 9.A

parenthèse	13.C	parterre, *m*	2.C	passionnant	9.B

parenthèse 13.C
paréo 5.A
pare-soleil, *m* 32
paresse 2.C
paresseusement ... 2.C
parfait 2.B
parfaitement 9.B
parfois 24.B
parfum 8.B
parfumerie 4.B
pari 4.A
paria 11.A
parieur 11.A
parisianisme 19.A
parisyllabique 32
paritaire 26.B
parité 3.A
parjure 21.A
parking 14.C
parlement 9.B
parlementaire 26.B
parloir 23.A
parlote 13.A
parmentier 3.B
parmesan 19.A
parmi 4.A
parnassien 8.A
parodie 4.B
paroi 24.A
paroisse 18.B
paroissien 25.E
parole 22.A
parolier 3.B
paronyme 4.B
paroxysme, *m* 4.B
parpaing 27
parquet 2.B
parrain 8.B
parrainage 21.B
parricide 18.A
part, *f* 23 27
partance 18.A
partenaire 26.B

parterre, *m* 2.C
parthénogenèse ... 13.C
parti 4 4.A
partial 25.C
participe 18.A
particule, *f* 22.A
particulier 3.B
partie 4 4.B
partiel 25.C
partisan 9.A
partitif 17.A
partition 25.A
partout 27
parturiente 11.A
parure 26.B
parution 25.A
parvis, *m* 4.B
pas 27
pas-de-porte, *m* ... 32
paso doble 32
passable 18.B
passade 18.B
passage 18.B
passager 3.B
passant 9.B
passe 18.B
passe-bande 32
passe-droit(s), *m* . 32
passé 18.B
passéisme 29.C
passe-
  montagne(s), *m* 32
passe-passe 32
passe-plat(s), *m* .. 32
passeport 27
passereau 5.B
passerelle 2.C
passe-temps, *m* ... 32
passible 26.C
passif 17.A
passing-shot(s),
  m 32
passion 18.B

passionnant 9.B
passionnel 16.B
passoire 26.B
pastel 22.A
pastèque, *f* 14.B
pasteur 23.A
pastiche, *m* 20.A
pastille 11.B
pastis 18.A
pastoral 22.A
pastoureau 5.B
pat, *inv* 1 13.A
patache, *f* 20.A
patachon 10.A
pataquès 14.B
patata..., *inv* 1.A
patate 13.A
patati..., *inv* 4.A
patatras ! 18.A
pataud 5.B
patchouli, *m* 20.A
patchwork, *m* 14.C
pâte 1 1.B
pâté 3 1.B
pâtée 3 3.B
patelin 26.A
patenôtre, *f* 32
patent 9.B
patente 13.A
pater 23 3.B
patère, *f* 23 2.A
paternalisme........ 23.A
paternel 22.A
paternité 3.A
pater noster 32
pâteux 6.B
pathétique 13.C
pathogène 13.C
pathologie 13.C
pathos 18.A
patibulaire 2.B
patiemment 1.C
patience 25.E

pénible............... 26.C
péniche............. 26.C
pénicilline........... 22.B
péninsule........... 8.A
pénis................. 18.A
pénitence.......... 9.A
pénitent............. 9.B
pénitentiaire....... 25.D
penne, f........2 16.B
pennsylvanien..... 8.A
penny............... 4.B
  pl. pennies/
  pence............. 28
pénombre, f........ 10.B
penon............27 10.A
pense-bête(s), m. 32
pensée............. 3.B
pension............. 25.A
pensionnaire....... 2.B
pensionnat.......... 27
pensum............. 16.A
pentaèdre.......... 26.C
pentagone.......... 15.A
pentathlon.......... 13.C
pentatonique....... 14.B
pente............9 9.A
pentecôtisme...... 5.B
pentu................ 9.A
pénultième......... 2.A
pénurie.............. 4.B
péon................ 10.A
pépé, m............. 3.A
pépée, f............. 3.B
pépie, f............. 4.B
pépiement.......... 26.A
pépin................ 8.A
pépinière........... 26.B
pépite, f............. 13.A
péplum, m.......... 16.A
péquenot........... 14.B
percale, f........... 14.A
perce............18 18.A
percée.............. 3.B

perce-neige, f..... 32
percepteur......... 18.A
perceptible......... 26.C
perception......... 25.A
percevable......... 26.C
perche.............. 20.A
perchiste........... 13.A
perchman.......... 20.A
perchoir............ 23.A
perclus............. 27
percolateur........ 23.A
percussion......... 25.A
perdant............. 9.B
perdreau........... 5.B
perdrix.............. 27
père............23 2.A
péremption........ 25.A
péremptoire....... 9.B
pérennité........... 16.B
perfection.......... 25.A
perfide.............. 13.A
perfidement....... 9.B
perforateur......... 23.A
perforation......... 25.A
performance....... 18.B
perfusion........... 19.A
pergola, f........... 15.A
péricarde, m....... 3.A
périgée, m......... 3.B
périgourdin........ 8.A
péril................. 22.A
périlleux............ 11.B
périmètre........... 26.C
périnée, m......... 3.B
périodicité......... 18.A
périodique......... 14.B
péripatéticienne... 25.E
péripétie, f......... 18.C
périphérie, f........ 17.C
périphrase.......... 17.C
périscope, m....... 14.A
périssoire, f........ 26.B
péristyle, m........ 4.B

péritoine, m........ 24.A
péritonite........... 13.A
perle.............2 22.A
permanence....... 9.A
perméable.......... 26.C
permis............. 27
permis de
  conduire, m..... 32
permutation....... 25.A
pernicieux.......... 25.B
péroné............. 3.A
péronnelle......... 2.C
péroraison......... 2.B
perpétuel.......... 22.A
perpétuité......... 3.A
perplexité.......... 18.C
perron.............. 2.C
perroquet........... 2.C
perruche........... 2.C
perruque........... 14.B
pers............23 27
persan............. 9.A
perse............18 18.A
persécution........ 25.A
persévérance...... 18.B
persienne.......... 16.B
persiflage........... 21.A
persil............... 22.A
persillé............. 11.B
persistance........ 18.B
persona non grata 32
personnage........ 21.A
personnalité....... 3.A
personne.......... 16.B
perspective........ 2.C
perspicace......... 18.A
persuasif........... 19.A
pertinent........... 9.B
pertinemment..... 1.C
perturbateur....... 23.A
pervenche.......... 9.A
pervers............. 27
perversion......... 25.A

perversité............ 3.A
pesamment......... 1.C
pesanteur........... 23.A
pèse-acide(s), m.. 32
pèse-bébé(s), m.. 32
pesée............... 3.B
pèse-lettre(s), m.. 32
pèse-personne(s),
m................... 32
pessaire, m.......... 26.B
pessimisme......... 8.B
peste.................. 26.B
pesticide, m........ 18.A
pestilence........... 9.A
pestilentiel.......... 25.C
pet.................... 2.B
pétale, m............. 22.A
pétanque............ 14.B
pétarade............. 13.A
pétard................ 2.A
pétaudière.......... 5.B
pet(s)-de-loup, m 32
pète-sec, m......... 32
pétillement.......... 11.B
pétiole, m........... 18.C
petit.................. 27
petit(s)-beurre, m 32
petit(s)-bois, m... 32
petit(s)-
bourgeois, m.... 32
petite(s) fille(s), f 32
petitesse............. 2.C
pétition.............. 25.A
petit-nègre, m..... 32
petits-enfants,
m pl................ 32
petits pois, m pl... 32
petit(s)-suisse(s),
m................... 32
petit vieux, m...... 32
pétrel, m............. 22.A
pétrin................. 8.A
pétrochimie......... 4.B

pétrodollar.......... 23.A
pétrole............... 22.A
pétulance........... 9.A
pétunia, m.......... 11.A
peu..................6 6.A
peuh !..............6 27
peul................... 6.A
peuple............... 6.A
peuplier............. 6.A
peur.................. 23.A
peureux............. 6.B
peut-être............ 32
pfennig, m.......... 16.B
phacochère, m..... 17.C
phaéton.............. 17.C
phagocytose, f..... 17.C
phalange........... 17.C
phalanstère, m..... 17.C
phalène, f.......... 17.C
phalère, f........... 17.C
phallique........... 17.C
phallocrate.......... 17.C
phalloïde............ 29.C
phallus.............. 17.C
phanérogame...... 17.C
phantasme.......... 17.C
pharamineux....... 6.B
pharaon............. 17.C
phare............17 17.C
pharisien........... 17.C
pharmaceutique... 17.C
pharmacie.......... 17.C
pharmacien......... 8.A
pharmacopée, f.... 17.C
pharyngite......... 4.B
pharynx, m.......... 4.B
phase............... 17.C
phénicien.......... 17.C
phénix...........3 17.C
phénol.............. 17.C
phénoménal....... 17.C
phénomène......... 2.A
phénoménologie.. 4.B

phénotype.......... 4.B
phi, m............17 17.C
philanthrope....... 13.C
philatélie........... 4.B
philharmonie, f.... 32
philippine........... 12.B
philippique......... 14.B
philistin............. 17.C
philodendron...... 8.A
philologie.......... 17.C
philosophe.......... 17.C
philtre.........17 17.C
phlébite.............. 17.C
phlegmon........... 17.C
phobie, f............ 17.C
phocéen............. 8.A
phonème, m........ 2.A
phonétique......... 14.B
phonographe...... 17.C
phonothèque...... 13.C
phoque.........14 14.B
phosphate, m...... 17.C
phosphore.......... 26.B
phosphorescent... 18.C
photo................. 5.A
photocomposition,
f................... 32
photocopie......... 4.B
photogénique...... 14.B
photographie...... 4.B
photogravure, f.... 32
photomaton........ 10.A
photon.............. 10.A
photosynthèse..... 8.C
phototrope.......... 17.C
phrase............... 19.A
phraséologie....... 4.B
phratrie............. 17.C
phréatique......... 17.C
phrénologie........ 17.C
phrygien............. 4.B
phtisique........... 17.C
phylactère, m...... 26.B

phylloxéra	18.C
phylogenèse	17.C
physicien	25.E
physiologie	4.B
physionomie	4.B
physique	14.B
physiquement	9.B
phytoplancton	9.A
phytothérapie	4.B
pi	4 4.A
piaillement	11.B
pian	11.A
piano	5.A
piastre, f	26.C
pic	14 14.A
picador	23.A
picaillon	11.B
picard	27
picaresque	14.B
piccolo	14.B
pichenette	2.C
pichet	2.B
pickles, m pl	14.C
pickpocket	14.C
picotement	9.B
picotin	8.A
picrate, m	13.A
pictural	22.A
pic(s)-vert(s), m.	32
pidgin	21.A
pie	4 4.B
pièce	18.A
pied	3.C
pied-à-terre	32
pied(s)-bot(s), m.	32
pied(s)-de-biche, m	32
pied(s)-de-poule, m	32
piédestal	22.A
pied(s)-noir(s)	32
piège	21.A
piémontais	2.B

pierraille	2.C
pierre	2.C
pierre(s) ponce(s), f	32
pierreries	4.B
pierrot	27
pietà	1.B
piétaille	11.B
piété	3.A
piéton	10.A
piètre	26.C
pieu	6 6.A
pieux	6 6.B
pieuvre	26.C
pif	17.A
pigeon	21.B
pigeonnier	21.B
pigment	15.A
pignon	11.A
pignouf	11.A
pilaf	17.A
pilastre, m	26.C
pilchard	27
pile	26.B
pileux	6.B
pilier	3.B
pillage	11.B
pillard	11.B
pilon	10.A
pilonnage	16.B
pilori	4.A
pilosité	3.A
pilote	13.A
pilotis	4.B
pilou	22.A
pilule	26.B
pimbêche, f	8.B
piment	9.B
pimpant	8.B
pin	8 8.A
pinacle, m	26.C
pince	18.A
pinceau	5.B

pincée	3.B
pince(s)- monseigneur(s), f	32
pince-nez, m	32
pince-sans-rire	32
pincette	2.C
pinçon	18 18.A
pineau	5 5.B
pinède	2.A
pingouin	24.E
ping-pong	32
pingre	8.A
pinot	5 5.B
pinson	18 18.A
pintade	13.A
pintadeau	5.B
pinte, f	8.A
pin-up, f	32
pioche	20.A
piolet	2.B
pion	10.A
pionnier	16.B
pipe	12.A
pipeau	5 5.B
pipeline, m	26.A
piperade	13.A
pipette	2.C
piquage	14 14.B
pique	14 14.B
pique-assiette(s)	32
pique-feu, m	32
pique-nique(s), m	32
piquet	2.B
piquette	2.C
piqûre	14.B
piranha	29.B
pirate	13.A
piraterie	4.B
pire	26.B
pirogue	15.B
pirouette	2.C
pis	4 27

pis-aller 32
piscicole 18.C
pisciculture 18.C
piscine 18.C
pisé 19.A
pisse-froid, *m* 32
pissenlit............. 18.B
pisseux.............. 6.B
pistachier........... 3.B
piste 18.A
pisteur.............. 23.A
pistil, *m* 18.A
pistole, *f* 22.A
pistolet.............. 2.B
pistolet
  mitrailleur, *m* 32
pistou 18.A
pitance.............. 18.B
pitchpin............. 20.A
piteux 6.B
pithécanthrope 13.C
pithiviers 27
pitié 3.A
piton 4 10.A
pitoyable 11.A
pitre.................. 26.C
pitrerie 4.B
pittoresque 14.B
pivert 27
pivoine, *f* 24.A
pivot 5.B
pizza 19.C
pizzicato 19.C
placage 14 21.A
placard.............. 27
place................ 18.B
placebo, *m* 5.A
placenta, *m* 18.A
placet............... 2.B
placidité 18.A
plafond 10.C
plafonnage 16.B
plafonnier 16.B

plage 21.A
plagiaire 26.B
plagiat............... 21.A
plaid...........2 13.A
plaidoirie 4.B
plaidoyer 11.A
plaie 2 26.A
plaignant 9.A
plain(s)-chant(s),
  m 32
plaine 2 2.B
plain-pied (de) 32
plainte 8 8.B
plaisamment....... 1.B
plaisance 2.B
plaisancier 3.B
plaisantin........... 19.A
plaisir............... 2.B
plan, *m*............. 9.A
plan 9 9.A
planche 9.A
planchette 2.C
plancton............ 14.A
planétaire 26.B
planète, *f*........... 2.A
planification........ 25.A
plan(s)-film(s), *m* 32
planisphère, *m*..... 17.C
planning........... 15.A
planque, *f*.......... 14.B
plant 9 9.B
plantain............. 8.B
plante 9.A
plantoir 23.A
planton 10.A
plantureux 6.B
plaquage 14 14.B
plaque.............. 14.B
plaqué.............. 14.B
plaquette 2.C
plasma, *m* 18.A
plastic, *m*.......14 14.A
plastique 14 14.B

plastron.............. 10.A
plat................... 1.C
platane.............. 1.A
plateau.............. 5.B
plate(s)-
  bande(s), *f* 32
platée................ 3.B
plate(s)-forme(s),
  f.................... 32
platement 9.B
platine, *m* 16.A
platine, *f* 16.A
platitude............. 13.A
platonique 14.B
plâtras.............. 27
plâtre 26.C
plâtreux............. 6.B
plausible............ 5.B
play-back, *m*....... 32
play-boy(s), *m* 32
plèbe, *f*............. 2.A
plébéien 11.A
plébiscite, *m*........ 18.C
plectre, *m* 26.C
pléiade, *f* 11.A
plein.............8 8.B
plein-emploi, *m*... 32
plénier.............. 3.B
plénitude 3.A
pléonasme, *m*...... 19.A
pléthore, *f*.......... 13.C
pleur 23.A
pleure-misère 32
pleurésie 6.A
pleureur............. 6.A
pleutrerie 6.A
plèvre, *f*............. 2.A
plexiglas 18.C
plexus, *m*........... 18.C
pli 4 4.A
plie, *f*...........4 26.A
plinthe, *f*.........8 13.C
pliocène 2.A

plissement	18.B
pliure	29.C
plomb	27
plombier	10.B
plombières, f	10.B
plongée	3.B
plongeon	21.B
plouf !	17.A
pluches, f pl ...22	31
pluie	26.A
plumard	27
plume	16.A
plumeau	5.B
plumet	2.B
plupart	27
pluralité	3.A
pluriel	11.A
plus	18.A
plusieurs	27
plus-que-parfait, m sg	32
plus-value(s), f	32
plutonium, m	16.A
plutôt ...33	5.B
pluvieux	6.B
pluviosité	19.A
pneu	6.A
pneumatique	14.B
pneumonie	6.A
pneumothorax, m	6.A
pochard	27
poche	20.A
poche(s)- revolver(s)	32
pochette	2.C
pochette(s) surprise(s), f	32
pochoir	23.A
podium	16.A
podologue	15.B
poêle, m ...24	2.A
poêle, f ...24	29.B
poêlon	2.A

poème	28
poésie	28
poète	28
poétesse	28
pogrom(e), m	16.A
poids ...24	24.B
poids lourd, m	32
poids mort, m	32
poids plume, m	32
poignant	24.A
poignard	27
poigne, f	24.B
poignée, f ...2*	3.B
poignet, m ...2*	2.B
poil ...24	22.A
poil-de-carotte, m	32
poilu	24.A
poinçon	18.A
poinçonneur	18.A
poing ...24	24.E
point ...24	24.E
point de vue, m	32
pointeau	5.B
pointe(s) sèche(s), f	32
pointilleux	11.B
point mort, m	32
pointu	24.A
pointure	26.B
poire	26.B
poireau	5.B
pois ...24	24.B
pois chiche, m	32
poison	19.A
poissard	18.B
poisse, f	18.B
poisseux	18.B
poisson	18.B
poissonnerie	16.B
poissonneux	6.B
poisson(s)- scie(s), m	32
poitevin	6.A

poitrail	11.B
poitrinaire	2.B
poitrine	16.A
poivre	26.C
poivron	10.A
poix, f ...24	27
poker	14.C
polaire	26.B
polarité	3.A
polaroïd	29.B
polder, m	22.A
pôle	5.B
polémique, f	14.B
pôle Nord, m	32
pôle Sud, m	32
polenta, f	8.A
poli	4.A
police	18.B
polichinelle, m	2.C
policier	18.A
poliment	9.B
poliomyélite, f	12.A
polissage	18.B
polisson	18.B
polissonnerie	16.B
politesse	2.C
politicard	27
politicien	18.A
polit(ic)ologie	14.A
politique	14.B
polka, f	14.C
pollen, m	8.A
pollueur	23.A
pollution	25.A
poltronnerie	16.B
polyamide, m	32
polychrome	14.C
polyclinique	4.B
polycopié	4.B
polyculture	4.B
polyèdre	11.A
polyester, m	11.A
polyéthylène	32

polygamie............ 4.B
polyglotte 4.B
polygone, *m*........ 4.B
polymère 4.B
polymorphe 17.C
polynésien 19.A
polynôme, *m*....... 5.B
polype, *m* 4.B
polyphonie 17.C
polypore............. 26.B
polysémie 14.B
polystyrène 4.B
polytechnique 14.C
polythéisme 29.C
polyvalent........... 4.B
polyvinyle, *m*....... 4.B
pommade 16.B
pomme........**...5*** 16.B
pommeau 5.B
pommelé 16.B
pommette 16.B
pompe 10.B
pompéien 10.B
pompeux 6.B
pompier............. 10.B
pompon 10.B
ponant 9.B
ponce, *f*............ 18.B
poncho 20.A
poncif 18.A
ponction............. 25.A
ponctualité 14.A
ponctuel............ 14.A
pondaison 2.B
poney 2.C
pont................. 10.C
ponte 10.A
pontife 10.A
pontificat........... 14.A
pont(s)-levis, *m*... 32
pontonnier.......... 16.B
pool, *m* ....**...26** 22.A
pop................... 12.A

pop-corn, *m*........ 32
pope 12.A
popeline, *f* 26.A
popote 5.A
populace 18.B
popularité 3.A
population 25.A
populeux 6.B
porc...............**...23** 27
porcelaine........... 2.B
porc(s)-épic(s), *m* 32
porcin 8.A
pore, *m* ....**...23** 26.B
poreux 6.B
pornographie 17.C
porphyre, *m* 17.C
porridge, *m* 23.B
port ....**...23** 27
portail 11.B
portatif 17.A
porte................. 23.A
porte-à-faux........ 32
porte-à-porte 32
porte-avions, *m* ... 32
porte-bagages, *m*. 32
porte-bonheur, *m*. 32
porte-carte(s), *m* . 32
porte-clef(s), *m*... 32
porte-couteau(x),
  m 32
porte-drapeau(x),
  m 32
portée (hors de...) 32
portée 3.B
porte-enseigne(s),
  m 32
portefaix 27
porte(s)-
  fenêtre(s), *f* 32
portefeuille, *m* 11.B
porte-jarretelles, *m*. 32
porte-malheur, *m*. 32
porte-monnaie, *m* 32

porte-parole, *m*.... 32
porte-revues, *m* ... 32
porte-savon(s), *m* 32
porte-serviette(s),
  m 32
porte-voix, *m* 32
portion 25.A
portique 14.B
portrait 2.B
portrait(s)-robot(s) 32
portuaire............. 26.B
portugais 15.A
pose...............**...5** 5.A
posément 19.A
positif 19.A
position............. 25.A
positivité 3.A
posologie 19.A
possessif............ 18.B
possession 25.A
poste 18.A
postérieur 23.A
postériorité 3.A
postérité 3.A
postface, *f*........... 18.A
posthume 13.C
postiche, *m*......... 20.A
postillon 11.B
post-partum 32
post-scriptum
(PS) 32
postulat, *m*......... 1.C
posture, *f*........... 26.B
pot...............**...5** 5.B
potable............. 26.C
potache, *m*......... 20.A
potage 21.A
potager 3.B
potasse, *f*........... 18.B
pot-au-feu, *m*...... 32
pot(s)-de-vin, *m*.. 32
poteau 5.A
potée 3.B

potelé 26.A
potence, f 18.B
potentat 27
potentialité 18.C
potentiel 25.C
potentiomètre 18.C
poterie 4.B
poterne, f 16.A
potiche, f 20.A
potier 3.B
potin 8.A
potinier 3.B
potion 25.A
potiron 10.A
pot(s)-pourri(s), m 32
pou 27 12.A
pouah ! 24 27
poubelle 2.C
pouce 18 18.B
poudre 26.C
poudreux 6.B
poudrier 3.B
poudrière 26.B
poudroiement 26.B
pouf 17.A
pouilleux 11.B
poujadisme 21.A
poulailler 11.B
poulain 8.A
poulbot 5.B
poule 26 22.A
poulet 2.B
poulette 2.C
pouliche 20.A
poulie 4.B
poulpe, m 22.A
pouls 27 27
poumon 10.A
poupard 23 27
poupe, f 12.A
poupée 3.B
poupin 8.A
pouponnière 16.B

pour.................. 23.A
pourboire, m 26.B
pourceau 5.B
pourcentage 21.A
pourparlers 31
pourpoint 24.B
pourpre 26.B
pourquoi 33 14.B
pourrissement 18.B
pourriture 23.B
poursuite 18.A
pourtant 9.B
pourtour 23.A
pourvoi 24.A
pourvu 23.A
pourvu que 32
poussa(h) 18.B
pousse 18 18.B
pousse-café, m.... 32
poussée............. 3.B
poussette.......18 2.C
poussier 18 3.B
poussière 2.A
poussiéreux......... 6.B
poussif 18.B
poussin 8.A
poutre 26.C
poutrelle 2.C
pouvoir 23.A
præsidium 16.A
pragmatique........ 14.B
prag(u)ois 15.A
praire, f 26.B
prairie 2.B
praline, f............ 16.A
praliné............... 3.A
praticable 26.C
praticien 18.A
pratique............. 14.B
praxis, f 18.C
pré..............2* 3.A
préalable 26.C
préambule, m 9.B

préau 5.B
préavis 27
prébende, f 9.A
précaire 14.A
précarité 3.A
précaution 25.A
précautionneux.... 6.B
précédemment..... 1.C
précédent 9.B
précepte 18.A
précepteur, m 23.A
prêche, m 2.A
précieux 6.B
précipice, m 18.A
précipitamment.... 1.B
précis................ 27
précisément 19.A
précision 19.A
précoce 18.B
préconçu 18.A
précontraint 8.B
précurseur 18.A
prédateur............ 23.A
prédécesseur 18.B
prédestination 25.A
prédicable.......... 26.C
prédicat.............. 27
prédiction 25.A
prédilection......... 14.A
prédominance 18.B
prééminence 18.B
préemption, f....... 29.C
préface.............. 18.B
préfectoral 14.A
préfecture 14.A
préférence.......... 18.B
préférentiel 25.C
préfet 2.B
préfète 2.A
préfixe...........26 18.C
prégnance, f........ 11.B
préhensible 29.B
préhistoire 29.B

préjudice, *m* 18.B
préjudiciable 18.A
préjugé 21.A
prélat 1.C
prélèvement 9.B
préliminaire 26.B
prélude, *m* 3.A
prématuré 3.A
prémices, *f* 31 31
premier 3.B
premièrement 2.A
premier(s)-né(s).. 32
prémisse, *f* 31 18.B
prémonition 25.A
prémonitoire 26.B
prenant 9.B
prénatal 22.A
preneur 23.A
prénom 10.B
préoccupation 18.C
préparation 25.A
préparatoire 26.B
prépondérance 18.B
préposé 19.A
préposition 25.A
prépuce, *m* 18.B
prérogative 15.A
près 2* 27
présage 21.B
pré(s)-salé(s), *m* . 32
presbyte 4.B
presbytère 4.B
presbytérien 8.A
presbytie 18.C
prescience 18.C
prescription 25.A
préséance 18.A
présélection 18.A
présence 19.A
présent 19.A
présentateur 23.A
présentement 9.A
présentoir 23.A

préservateur 23.A
préservatif 19.A
présidence 18.B
président 9.B
présidentiel 25.C
présidium 16.A
présomptif 10.B
présomption 10.B
présomptueux 10.B
presque 14.B
presqu'île, *f* 14.B
presse 26
presse-bouton 32
presse-citron, *m*... 32
presse-fruits, *m*.... 32
presse-papiers, *m*. 32
presse-purée, *m*... 32
pressentiment 2.C
pressing 18.B
pression 25.A
pressoir 23.A
pressurisé 18.B
prestance, *f* 18.B
prestation 25.A
preste 13.A
prestement 9.B
prestidigitateur 21.A
pretidigitation 25.A
prestige 21.A
prestigieux 6.B
presto 5.A
présure, *f* 19.A
prêt 2* 2.A
pretantaine 9.A
prêt(s)-à-porter, *m* 32
prétendant 9.A
prétendument 9.B
pretentaine 9.A
prétentieux 25.B
prétention 25.A
prétérit 13.A
prétérition 25.A
prêteur 23.A

prétexte 18.C
prétoire, *m* 26.B
prêtre 26.C
prêtre(s)-
ouvrier(s), *m*.... 32
prêtresse 2.C
prêtrise 19.A
preuve 6.A
preux 6.B
prévarication 25.A
prévenant 9.B
préventif 17.A
prévention 25.A
préventorium 16.A
prévenu 3.A
prévisionnel 16.B
prévôt 5.B
prévôté 5.B
prévoyance 11.A
prie-Dieu, *m* 32
prière 26.B
prieur 11.A
prieuré 3.A
primaire 26.B
primat 27
primate, *m* 13.A
primauté 3.A
prime 16.A
primesautier 26.A
primeur, *f* 23.A
primevère 26.A
primipare 26.B
primitif 17.A
primo 5.A
primogéniture 21.A
primordial 22.A
prince 18.B
prince-de-galles,
m 32
princeps, *inv* 18.A
princesse 2.C
principal 18.A
principalement..... 9.B

principauté	5.B
printanier	9.B
printemps	27
priorat	27
prioritaire	26.B
priorité	3.A
prise	19.A
priseur	23.A
prisme	19.A
prisonnier	19.A
privatif	17.A
privation	25.A
privatisation	25.A
privauté	5.B
privé	3.B
privilège	21.A
prix	27
probabilité	3.A
probable	26.C
probant	9.B
probation	25.A
probatoire	26.B
probité	3.A
problématique	14.B
problème	2.A
procédé	3.A
procédure	26.B
procédurier	3.B
procès	27
processeur	18.B
procession	25.A
processionnaire	16.B
processus	18.B
procès-verbal (aux), m	32
prochain	8.B
prochainement	9.B
proche-oriental(aux), m	32
proclamation	25.A
procréateur	23.A
procurateur	23.A
procuration	25.A
procureur	23.A
prodigalité	15.A
prodige	21.A
prodigieux	6.B
prodigue	15.B
prodrome, m	5.A
productif	14.A
production	25.A
productivité	14.A
produit	27
proéminence	29.C
profanation	25.A
profane	16.A
professeur	18.B
profession	25.A
professionnel	18.B
professorat	1.C
profil	22.A
profit	27
profiterole, f	26.A
profiteur	23.A
profond	10.C
profondément	3.A
profondeur	23.A
profusion	19.A
progéniture, f	21.A
progestatif	21.A
progestérone, f	21.A
programmateur	16.B
programmation	25.A
programme	16.B
progrès	27
progressif	18.B
progression	25.A
prohibitif	29.B
prohibition, f	29.B
proie	26.A
projectile	22.A
projection	25.A
projectionniste	16.B
projet	2.B
prolapsus, m	32
prolégomènes, m	31
prolétaire	26.B
prolétariat	11.A
prolétarien	8.A
prolifération	25.A
prolifique	14.B
prolixité	18.C
prologue	15.B
prolongation	15.A
promenade	13.A
promeneur	23.A
promenoir	23.A
promesse	2.C
prométhéen	13.C
prometteur	2.C
promiscuité	14.A
promontoire, m	26.B
promoteur	23.A
promotion	25.A
promotionnel	18.C
prompt	27
promulgation	25.A
prône	5.B
pronom	10.B
pronominal	22.A
prononçable	18.A
prononciation	25.A
pronostic	14.A
pronostiqueur	14.B
pronunciamiento	8.A
propagande	15.A
propagateur	23.A
propagation	25.A
propane, m	16.A
propédeutique, f	14.B
propension, f	25.A
propergol	15.A
prophète	17.C
prophétesse	17.C
prophétie	18.C
prophylactique	4.B
prophylaxie	4.B
propice	18.B
propitiatoire	18.C

proportion 25.A
proportionnalité ... 18.C
proportionnel 18.C
propos 5.B
proposition 25.A
propositionnel 18.C
propre 26.B
propre(s)-à-rien, m 32
propreté 3.A
propriétaire 11.A
propriété 3.A
propulseur 18.A
propulsion 25.A
propylée, m 4.B
prorata 1.A
prorogatif 15.A
prosaïque 29.C
proscenium 18.C
proscrit 14.A
prose 19.A
prosélytisme 4.B
prosodie 5.A
prospecteur 23.A
prospectif 17.A
prospection 25.A
prospective 14.A
prospectus 18.A
prospère 26.B
prospérité 3.A
prostate, f 13.A
prosternation 25.A
prostitution 25.A
prostration 25.A
protagoniste 15.A
prote, m 13.A
protecteur 23.A
protection 25.A
protection(s)-
    mémoire(s), f ... 32
protectionnisme ... 18.C
protectorat 1.C
protège-cahier(s),
    m 32

protège-dents, m . 32
protège-tibia(s),
    m 32
protéine, f 29.C
protestant 9.B
protestataire 26.B
protestation 25.A
protêt 2.B
prothèse, f 13.C
protide 13.A
protocolaire 26.B
protocole, m 14.A
proton 10.A
protoplasme, m.... 19.A
prototype, m 4.B
protozoaire, m 19.A
protubérance 18.B
prou 26 12.A
proue 26 26.A
prouesse 2.C
provenance 18.B
provençal 18.A
provende, f 9.A
proverbial 22.A
providence 18.B
providentiel 25.C
province 8.A
provincial 8.A
provincialisme 18.A
proviseur 19.A
provisionnel 19.A
provisoire 26.B
provisoirement 24.A
provisorat 1.C
provocant 14.A
provocateur 23.A
provocation 25.A
proxénète 18.C
proxénétisme...... 18.C
proximité 18.C
prude 13.A
prudemment 1.C
prudence 18.B

prudent 9.B
pruderie............. 4.B
prud'homal(le) 29.C
prud'homie 4.B
prud'homme 16.B
prune 16.A
pruneau............. 5.B
prunelle............. 2.C
prunier 3.B
prurigineux 6.B
prurit, m 4.B
prytanée, m........ 4.B
psalmodie........... 4.B
psaume 5.B
psautier 5.B
pseudonyme 6.A
psi 18.A
ps(it)t ! 18.B
psittacisme.......... 18.A
psittacose 18.A
psoriasis, m........ 18.A
psychanalyse....... 4.B
psychanalytique... 4.B
psyché, f............ 4.B
psychédélique 14.C
psychiatre 14.C
psychiatrie 14.C
psychisme.......... 20.A
psychodrame....... 14.C
psychologie 14.C
psychologue 15.B
psychomoteur 14.C
psychopathe 14.C
psychose, f 14.C
psychosomatique . 18.A
psychothérapeute 13.C
psychothérapie 14.C
psychotique 14.C
ptérodactyle........ 4.B
ptôse 19.A
puanteur............ 9.A
pub................... 7.C
pubère 26.B

pubertaire 26.B
puberté 3.A
pubescent........... 18.C
pubien 9.A
pubis 4.B
public 14.A
publicain 8.B
publication 25.A
publicitaire.......... 26.B
publicité 18.A
publiquement...... 14.B
puce 18.B
puceau 5.B
pucelage 21.A
pucelle 2.C
puceron............. 18.A
pudding 13.B
pudeur 23.A
pudibond........... 10.C
pudibonderie....... 4.B
pudicité 3.A
puéricultrice 18.B
puériculture 26.B
puéril 22.A
puerpéral 2.C
pugilat 1.C
pugnace 15.A
puîné 3.A
puis............4 27
puisque 14.B
puissamment....... 1.C
puissance 18.B
puissant 9.B
puits............4 27
pull................... 22.B
pullman 22.B
pull-over(s), *m* 32
pullulement......... 22.B
pulmonaire 26.B
pulpeux 6.B
pulque, *m* 14.B
pulsation 25.A
pulsion 25.A

pulsionnel........... 18.A
pulvérisateur 19.A
pulvérisation 25.A
puma, *m* 1.A
punaise 2.B
punch, *m* 20.A
punique............. 14.B
punissable 26.C
punitif 17.A
punition 25.A
pupille [pypil] 22.B
pupille [pypij] 11.B
pupitre 26.C
pur 23.A
purée 3.B
purement 26.A
pureté 26.A
purgatoire, *m*....... 26.B
purge 21.A
purgeur 21.B
purification 25.A
purin.................. 8.A
purisme 18.A
puritain 8.B
puritanisme......... 18.A
pur-sang, *m* 32
purulence 9.A
pus 27
pusillanimité 22.B
pustule, *f* 22.A
pustuleux 6.B
putain 8.B
putatif 17.A
putois 24.B
putréfaction 25.A
putrescible 18.C
putridité 3.A
putsch, *m* 20.B
puy 4 14.B
puzzle, *m* 19.C
pygmée 4.B
pyjama 4.B
pylône............... 4.B

pyramidal 4.B
pyramide 4.B
pyrénéen 8.A
pyrex 2.C
pyrite, *f* 4.B
pyrogravure 4.B
pyrolyse 4.B
pyromane 4.B
pyromanie 4.B
pyrotechnie......... 14.C
pyrotechnique 14.C
pythagoricien 13.C
pythie, *f*.............. 13.C
python..........4 13.C
pythonisse 13.C

q

quadragénaire 14.B
quadrangulaire 14.B
quadrant 14 14.B
quadrature 14.B
quadrichromie 14.B
quadriennal........ 14.B
quadrige, *m*........ 14.B
quadrilatère......... 14.B
quadrillage.......... 11.B
quadrille, *m*......... 11.B
quadripartite 14.B
quadrumane........ 14.B
quadrupède 14.B
quadruple 14.B
quai 14.B
quaker............... 7.C
qualificatif 14.B
qualitatif............. 14.B
qualité................ 14.B
quand............9 9.C

quant 9   9.B
quanta, *m pl.* 14.B
quantième 2.A
quantification 14.B
quantique 14 14.B
quantitatif 14.B
quantité 14.B
quantum 16.A
quarantaine 14.B
quarante 14.B
quart 14 14.B
quart(s)-de-
   pouce, *m* 32
quart d'heure, *m* .. 32
quarte 14 14.B
quarté 14.B
quarteron 14.B
quartette, *m* 2.C
quartier 14 3.B
quartier(s)-
   maître(s), *m* 32
quarto 14.B
quartz, *m* 14.B
quasi 14.B
quasiment 14.B
quater 14.B
quaternaire 14.B
quatorze 19.A
quatorzième 19.A
quatrain............. 8.B
quatre 14.B
quatre-cent-vingt-
   et-un, *m (jeu)* .. 32
quatre-quarts, *m*.. 32
quatre-saisons, *f*.. 32
quatre-temps, *m*.. 32
quatre-vingts....... 32
quattrocento 14.B
quatuor 14.B
que 14.B
québécois 14.B
quel 33 14.B
quelconque......... 14.B

quelque..........33 14.B
quelque chose..... 32
quelquefois 14.B
quelques-uns 32
quelqu'un 19.B
quémandeur........ 14.B
qu'en-dira-t'on, *m* 32
quenelle 14.B
quenotte, *f*.......... 14.B
quenouille 11.B
querelle 2.C
question 14.B
questionnaire, *m* .. 26.B
questure 26.B
quête 2.A
quêteur 2.A
quetsche, *f*.......... 14.B
queue..........6 6.B
queue(s)-
   d'aronde, *f*....... 32
queue(s)-de-
   cheval, *f* 32
queue(s)-de-rat, *f* 32
queue leu leu (à la) 32
queux 6 6.B
qui 14 14.B
quiche 14.B
quinconque 14.B
quidam.............. 14.B
qui est-ce qui ?.... 32
quiétude 14.B
quignon 11.A
quille 11.B
quincaillerie 14.B
quincaillier.......... 3.B
quiconce, *m*........ 14.A
quine, *m*............. 14.B
quinine, *f*........... 14.B
quinquagénaire ... 14.B
quinquennal........ 14.B
quinquet............. 14.B
quintal 14.B
quinte 14.B

quintessence 14.B
quintette, *m* 2.C
quinzaine............ 19.A
quinze............... 19.A
quiproquo........... 5.A
quittance 18.B
quitte 14.B
quitus 14.B
quoi.............14 24.A
quoique 33 14.B
quolibet............. 14.B
quorum, *m*........... 5.C
quota, *m*........... 14.B
quote(s)-part(s), *f* 32
quotidien............ 8.A
quotient 18.C
quotité, *f* 14.B

ra 1 1.A
rabâchage........... 1.B
rabâcheur 1.B
rabais 2.B
rabatteur 23.A
rabbin 12.B
rab(e), *m*........... 12.B
rabelaisien 8.A
rabiot 5.B
rabique 14.B
râble 26.C
rabot............... 5.B
raboteux 6.B
rabougri 15.A
racaille 15.A
raccommodable ... 16.B
raccord............. 18.C
raccourci 18.C
raccroc 18.C

race	18.B	raffinerie	17.B	rameau	5.B
racé	3.A	raffut	17.B	ramequin	14.B
raté ..	3.A	rafiot	5.B	rameur	23.A
rachat	1.C	rafistolage	21.A	rami, *m* 4	4.A
rachidien	8.A	rafle	26.C	ramier	3.B
rachis, *m*	18.A	rafraîchissement...	2.B	ramification	25.A
rachitique	14.B	rage	21.A	ramille, *f*	11.B
racial	18.A	raglan, *m*	15.A	ramonage	21.A
racine	18.A	ragondin	15.A	rampe	9.B
racket [ɛt], *m* ...14	14.C	ragot	5.B	rancard.........23	27
raclée	3.B	ragoût	28.C	rancart 23	27
raclement	14.A	ragoûtant	15.A	rance	18.B
raclette	2.C	ragtime, *m*	15.A	ranch	20.A
racolage	21.A	rai, *m*........2*	2.B	rancœur, *f*	7.B
racoleur	23.A	raid.........26	2.B	rançon, *f*	18.A
racontar	23.A	raide 26	2.B	rancune	16.A
radar	23.A	raidillon	11.B	rancunier	3.B
rade	13.A	raie 2*	26.A	randonnée	3.B
radeau	5.B	raifort, *m*	2.B	rang	27
radian.......9	9.A	rail, *m*	11.B	rang d'oignon(s)	
radiateur	23.A	raillerie	11.B	(en)	32
radiation	25.A	railleur	11.B	rangée	3.B
radical	14.A	rainette.......2*	2.B	rapace	18.B
radicelle	2.C	rainure	2.B	rapatriement	26.A
radiesthésie	13.C	raisin	2.B	râpe	1.B
radieux	6.B	raison	2.B	râpeux	6.B
radin	8.A	raisonnable	2.B	raphia, *m*	17.C
radio	5.A	raisonnement	2.B	rapiat	1.C
radioactif	29.C	rajeunissement	18.B	rapidité	3.A
radioactivité	3.A	rajout	21.A	rapiéçage	18.A
radiodiffusion	19.A	raki, *m*	14.C	rapière	26.B
radioélément, *m*...	32	râle, *m*	1.B	rapine, *f*	16.A
radiographie	17.C	ralentissement	18.B	rappel	22.A
radiologie	4.B	ralliement	26.A	rapport	27
radioscopie	4.B	rallonge	21.A	rapprochement	12.B
radiothérapie	13.C	rallye, *m*	4.B	rapt	13.A
radis	27	ramadan	9.A	raquette, *f*......14	14.B
radium, *m*	16.A	ramage	21.A	rare	26.B
radius, *m*	18.A	ramassage	18.B	raréfaction	25.A
radjah	2.C	ramassis	4.B	rarement	9.B
radoub, *m*	12.A	rambarde	9.B	rareté	26.B
rafale	22.A	ramdam, *m*	15.A	rarissime	18.B
raffermissement ...	18.B	rame	16.A	ras 1	1.C

rasade 19.A
rascasse, f 18.B
rase-mottes, m 32
rasoir 23.A
rassemblement 9.B
rassis 4.B
rasta 18.A
rastaquouère, m ... 14.B
rat 1 1.C
rata, m 1.A
ratafia, m 1.A
ratatouille 11.B
rate 13.A
râteau 5.B
râtelier 3.B
ratification 25.A
ration 25.A
rationalisme 18.C
rationnel 18.C
ratissage 21.A
raton 10.A
raton laveur, m 32
rattachement 13.B
rattrapage 13.B
rature 26.B
rauque 5 5.B
ravalement 9.B
ravaudage 5.B
ravier 3.B
ravigote, f 15.A
ravin 8.A
ravine 16.A
ravioli 4.A
ravissement 18.B
ravitaillement 11.B
rayon 11.A
rayonnage 11.A
rayonne 11.A
rayure 11.A
raz 1 27
raz(-)de(-)marée,
m 32
razzia, f 19.C

ré 2* 9.A
réaction 25.A
réactionnaire 25.A
réajustement 9.B
réalisateur 23.A
réalité 3.A
réassortiment 18.B
rébarbatif 17.A
rebec, m 14.A
rebelle 2.C
rébellion, f 2.C
reblochon 20.A
rebond 10.C
rebondissement ... 18.B
rebord 27
rebours 27
rebouteux 6.B
rebuffade 13.B
rébus, m 18.A
rebut 27
récapitulation 25.C
recel 22.A
receleur 23.A
récemment 1.C
recensement 18.A
recension 25.A
récent 9.B
récépissé 18.B
réceptacle 26.C
récepteur 23.A
réception 25.A
réceptionniste 25.A
récession 25.A
recette 2.C
receveur 23.A
rechapage 21.A
rechargeable 21.B
réchaud 5.B
réchauffement 5.B
rêche 2.A
rechute 13.A
récidive 18.A
récif 18.A

récipiendaire, m ... 26.B
récipient 9.B
réciprocité 18.A
réciproque 14.B
récit 27
récital 18.A
réclame 16.A
reclus 27
réclusion 19.A
recoin 24.A
récolte 5.A
recommandation .. 25.A
récompense 10.B
réconciliation 25.A
reconnaissance.... 18.B
reconversion 25.A
record 23 27
recordman 16.A
recoupement 9.B
recours 27
recréation 25.A
récréation 25.A
recru 26 14.A
recrû 26 28
recrudescence 18.C
recrue 26 26.A
recrutement 9.B
rectangle 15.A
rectangulaire 26.B
recteur 23.A
rectification 25.A
rectiligne 11.A
rectitude 14.A
recto 14.A
rectorat 27
recto verso 32
rectum 16.A
reçu 18.A
recueil 7.B
recueillement 7.B
recul 14.A
récupération 25.A
récurage 21.A

récurrence, f 18.B
récursif 18.A
recyclage 4.B
rédacteur 23.A
rédactionnel 25.A
reddition 25.A
rédempteur 2.B
redevance 18.B
rédhibitoire 29.A
redingote 15.A
redite 13.A
redondance 18.B
redoute 13.A
redoux 27
redressement 2.C
réducteur 23.A
réduit 27
réécriture 29.C
réédition 29.C
réel 29.C
réélection 29.C
réemploi 29.C
réfection 25.A
réfectoire, m 26.B
référé, m 3.A
référence 18.B
referendum aussi
   référendum 16.A
référentiel 25.C
reflet 2.B
reflex 26 2.C
réflexe............26 18.C
réflexion 25.A
reflux 18.C
réformateur 23.A
réforme 16.A
refoulement 9.B
réfractaire 26.B
refrain 8.B
réfrigérateur 23.A
réfringence 21.A
refroidissement 18.B
refuge 21.A

réfugié 21.A
refus 27
réfutation 25.A
regain 8.B
régal 22 15.A
régalien 8.A
regard 27
régate, f 15.A
régence 18.B
régent 9.B
reggae, m [rege] .. 15.C
régicide 21.A
régie 4.B
régime 21.A
régiment 9.B
régional 21.A
régisseur 23.A
registre 26.C
réglage 21.A
règle 26.C
règlement 9.B
réglementaire 26.B
réglementation 25.A
réglette 2.C
réglisse, f 18.B
règne 2.A
régression 25.A
regret 2.B
regrettable 2.C
régularité 3.A
réhabilitation 29.B
réimpression 29.C
rein 8.B
réincarnation 29.C
reine................2 2.B
reine(s)-
   claude(s), f 32
reine(s)-
   marguerite(s), f 32
reinette 2* 2.C
réinsertion 18.A
réintégration 25.A
reître, m 26.C

rejet 2.B
rejeton 10.A
réjouissance 29.C
relâche, f 1.A
relais 2.B
relance 18.B
relation 25.A
relativité 3.A
relaxation 18.C
relaxe 18.C
relégation 25.A
relent 9.B
relève 2.A
relief 17.A
religieux 6.B
religion 2.A
reliquaire, m 14.B
reliquat 14.B
reliure 26.B
rem, m 16.A
remake [ek], m 14.C
rémanence 18.B
remaniement 26.A
remarquable 14.B
remblai, m 2.B
remblaiement 26.A
rembourrage 23.A
remboursement 9.B
remède 2.A
remembrement 9.B
remerciement 26.A
réminiscence 18.C
remise 19.A
rémission 25.A
rémittent............. 9.B
rémois 24.B
remonte-pente(s),
   m 32
remontoir............ 23.A
remontrance........ 18.B
remords 27
remorqueur 14.B
rémoulade 3.A

rémouleur 23.A
remous 27
rempailleur 11.B
rempart 27
remplissage 18.B
remuement 26.A
rémunération 25.A
renaissance 18.B
rénal 22.A
renard 27
rencard 27
renchérisseur 18.B
rencontre 26.C
rendement 9.B
rendez-vous, m.... 32
rêne, f 2 2.A
renégat 1.C
renflouement 26.A
renfort 27
rengaine 2.B
reniement 26.A
renifleur 23.A
renne, m 2 16.B
renom 10.B
renommée 16.B
renonciation 25.A
renoncule, f 14.A
renouveau 5.B
renouvelable 26.C
renouvellement 2.C
rénovateur 23.A
renseignement 2.B
rentable 26.C
rente 9.A
rentier 3.B
rentrée 3.B
renvoi 24.A
repaire, m 2 2.B
réparation 25.A
repartie 4.B
répartition 25.A
repas 1.C
repassage 18.B

repêchage 2.A
repentir 8.A
repérage 2.A
répercussion 25.A
repère 2 2.A
répertoire 23.A
répétiteur 23.A
répétition 25.A
répit 4.B
replet 2.B
repli 4.A
réplique 14.B
répondant 9.B
répons, m 27
réponse 18.A
report 27
reportage 21.A
reporter 3.B
repos 5.B
repose-pied, m 32
repose-tête, m 32
repoussoir 23.A
répréhensible 29.B
représailles 31
répression 25.A
réprimande 9.A
repris de justice, m 32
reprise 19.A
réprobation 25.A
reproche 2.A
reproduction 25.A
reprographie 17.C
reps, m 18.A
reptation 25.A
reptile 22.A
républicain 8.B
république 14.B
répugnance 11.A
répulsion 25.A
réputation 25.A
requête 2.A
requiem, m 14.B
requin 14.B

requin pèlerin, m.. 32
réquisition 25.A
réquisitoire, m 23.A
rescapé 14.A
rescousse 18.B
réseau 5.B
réséda, m 19.A
réservation 25.A
réserve 19.A
réservoir 23.A
résident 9 9.B
résidentiel 25.C
résidu 19.A
résignation 25.A
résiliation 11.A
résille, f 11.B
résine 19.A
résineux 6.B
résistance 18.B
résolument 9.B
résolution 25.A
résonance 18.B
résorption 12.A
respect 27
respectif 14.A
respectueux 6.B
respiration 25.A
respiratoire 23.A
responsabilité 3.A
resquilleur 11.B
ressac 14.A
ressaisissement 18.B
ressemblance 9.B
ressemelage 18.B
ressentiment 18.B
resserrement 2.C
ressort 18.B
ressortissant 18.B
ressource 18.B
restaurant 5.B
restauration 5.B
restitution 25.A
restoroute, m 5.A

restriction 25.A
résultat 1.C
résumé 3.A
résurgence 9.A
résurrection 25.A
retable, *m* 26.C
rétablissement 18.B
retard 27
retardataire 28.B
rétention 25.A
retentissement 18.B
retenue 26.A
réticence, *f* 18.A
réticule, *m* 14.A
rétif 17.A
rétine 16.A
retors 2.A
rétorsion 25.A
retouche 20.A
retour 23.A
rétractation 25.A
rétractile 22.A
retrait 2.B
retraite 2.B
retranchement 9.B
rétrécissement 18.A
rétribution 25.A
rétro 5.A
rétroactif 29.C
rétrograde 15.A
rétrospective 14.A
retrouvailles 31
rétroviseur 19.A
rets, *m* 2* 27
réunion 11.A
réussite 18.B
revalorisation 25.A
revanchard 27
revanche 9.A
rêve 2.A
revêche 2.A
réveil 11.B
réveille-matin, *m*.. 32

réveillon 11.B
révélation 25.A
revendicatif 14.A
revenu 26 6.A
réverbération 25.A
réverbère 26.B
révérence 18.B
révérend 9.C
rêverie 26.A
revers 27
réversible 26.C
revêtement 2.A
rêveur 2.A
revient 8.A
revirement 6.A
révisionnel 16.B
réviviscence 18.C
révocation 25.A
révolte 5.A
révolu 5.A
révolution 25.A
révolutionnaire 26.B
revolver 23.A
revue 26.A
révulsif 18.A
révulsion 25.B
rewriter, *m* 7.C
rez-de-chaussée .. 32
rhapsodie 23.C
rhénan 23.C
rhéostat, *m* 23.C
rhésus, *m* 23.C
rhétorique 23.C
rhinite 23.C
rhinocéros 23.C
rhino-
   pharyngite(s), *f* 32
rhizome, *m* 23.C
rhô 5 23.C
rhodanien 23.C
rhododendron 23.C
rhubarbe 23.C
rhum [rɔm] 23.C

rhumatisme 23.C
rhume [rym] 23.C
ria, *f* 11.A
ribambelle, *f* 9.B
ribonucléique 29.C
ribote, *f* 13.A
ricanement 14.A
richard 27
riche 26.C
richesse 2.C
ricin 8.A
ricochet 2.B
ric-rac 32
rictus 18.A
ride 13.A
rideau 5.B
ridelle 2.C
ridicule 14.A
riemannien 9.A
rien 9.A
riesling 26.A
rieur 23.A
rififi 4.A
rifle, *m* 26.C
rigidité 3.A
rigole, *f* 15.A
rigolo 31 15.A
   f rigolote 15.A
rigorisme 15.A
rigoureux 6.B
rigueur 15.B
rillettes, *f* 11.B
rimailleur, *f* 11.B
rime, *f* 16.A
rimmel 16.B
rinçage 18.A
rince-bouche, *m* .. 32
rince-bouteilles, *m* 32
rince-doigts, *m* 32
ring, *m* 15.A
ripaille 11.B
ripolin 8.A
riposte, *f* 5.A

riquiqui (ou rikiki)	32	
rire	26.B	
ris	4	4.B
risée	3.B	
risette	2.C	
risible	26.C	
risotto	5.A	
risque	14.B	
risque-tout, m	32	
ristourne, f	18.A	
rite, m	13.A	
ritournelle	2.C	
rituel	22.A	
rituellement	2.C	
rivage	21.A	
rival	22.A	
rivalité	3.A	
riverain	8.B	
rivet	2.B	
rivetage	21.A	
rivière	26.B	
rixe, f	18.C	
riz	4	27
rizière	19.A	
robe	26	12.A
robinet	2.B	
robinetterie	2.C	
robot	5.B	
robotisation, f	25.A	
robustesse, f	2.C	
roc	5* 14	14.A
rocade	14.A	
rocaille	11.B	
rocailleux	6.B	
rocambolesque	14.B	
roche	26.C	
rocher	2*	3.B
rocheux	6.B	
rock	14	14.C
rock and roll, m		
(roc'n roll)	32	
rocker	14.C	
rocking-chair, m	32	
rococo	14.A	
rodage	21.A	
rodéo	5.A	
rôdeur	5.B	
rogatoire	26.B	
rogne	11.B	
rognon	11.B	
rognure, f	11.B	
rogue	15.B	
roi	24.A	
roitelet	2.B	
rôle	5.B	
romain	8.B	
roman	9	30
roman, m	9	9.A
romance	18.B	
romanche, m	9.A	
romancier	3.B	
romand	9	9.C
romanesque	14.B	
romanichel	14.C	
romantique	14.B	
romantisme	9.A	
romarin	8.A	
rombière, f	26.B	
rompu	10.B	
romsteck	14.C	
ronce, f	18.B	
ronchonneur	23.A	
rond	10.C	
rond(s)-de-cuir, m	32	
ronde	10.A	
rondeau	5	2.B
rondelet	2.B	
rondelle	22	2.C
rondeur	23.A	
rondin	8.A	
rondo	5	5.A
rond(s)-point(s),		
m	32	
ronéo	5.A	
ronflement	9.B	
rongeur	21.A	
ronronnement	16.B	
röntgen	2.C	
roque, m	14	14.B
roquefort	14.B	
roquet	2.B	
roquette, f	2.C	
rosace, f	19.A	
rosaire, m	26.B	
rosâtre	26.C	
rosbif	17.A	
rose	19.A	
rosé	3	19.A
roseau	5.B	
rosée	3	3.B
roséole, f	19.A	
roseraie	26.A	
rosette	2.C	
rosière	26.B	
rosse	18.B	
rosserie	18.B	
rossignol	18.B	
rostre, m	26.C	
rot	5	5.B
rôt	5	5.B
rotary	4.B	
rotatif	17.A	
rotation	25.A	
rote, f	26	5.A
rôti	4	5.B
rôtie	4	26.A
rotin	8.A	
rôtisserie	18.B	
rôtisseur	23.A	
rôtissoire	26.B	
rotonde	10.A	
rotor, m	23.A	
rotule, f	5.A	
roturier	3.B	
rouage, m	21.A	
roublard	27	
rouble, m	26.C	
roucoulade	14.A	
roucoulement	9.B	

roue 26	26.A
rouelle	2.C
rouerie	26.A
rouet	2.B
rouge	21.A
rougeâtre	21.B
rougeaud	21.B
rouge(s)-gorge(s)	32
rougeoiment	21.B
rougeole	21.B
rouget	2.B
rougeur	21.A
rouille	11.B
rouissage, *m*........	18.B
roulade	13.CB
rouleau..............	5.B
roulement	9.B
roulette	2.C
roulis	4.B
roulotte	13.B
roumi	4.A
round	13.CB
roupie	26.A
rouquin	14.B
roussâtre	26.C
roussette	18.B
rousseur	18.B
roussin	18.B
routage	21.A
route.................	15.A
routier	3.B
routine	16.A
routinier	3.B
roux............26	27
royalement	11.A
royalties, *f*..........	11.A
royaume	11.A
royauté	11.A
ru 26	23.A
ruade	13.A
ruban	9.A
rubato	5.A
rubéole..............	5.A

rubicond	10.C
rubis	4.B
rubrique	14.B
rucher	3.B
rude	13.A
rudement	9.B
rudesse	2.C
rudimentaire........	26.A
rudiments	31.B
rudoiement	26.A
rue 26	26.A
ruée	3.B
ruelle	2.C
ruf(f)ian	9.A
rugby	4.B
rugbyman	4.B
rugissement	18.B
rugosité	15.A
rugueux.............	15.B
ruine	16.A
ruineux.............	6.B
ruisseau.............	6.B
ruissellement	18.B
rumba, *f*	16.A
rumeur	23.A
ruminant............	9.B
rumination	25.A
rumsteck............	16.A
rupestre.............	26.C
rupin	8.A
rupture	26.B
rural	22.A
ruse	19.A
rush	20.B
russe	18.B
rustaud.............	5.B
rustine	18.A
rustique.............	14.B
rustre	26.C
rut, *m*................	13.A
rutabaga, *m*.........	15.A
rythme	4.B
rythmique	4.B

S

sa 18	1.A
sabayon	11.A
sabbat...............	1.C
sabbatique..........	14.B
sabir	23.A
sable	26.C
sablier	3.B
sablière	26.B
sablonneux	6.B
sabordage...........	21.A
sabot	5.B
sabotage	21.A
saboteur	23.A
sabra................	1.A
sabre................	1.A
sac	14.A
saccade	14.B
saccage	2.A
saccharine	14.C
saccharose, *m*	14.C
sacerdoce, *m*.......	18.A
sacerdotal	18.A
sachem..............	14.C
sachet 2*	2.B
sacoche	5.A
sacramentaire	26.B
sacramental.........	9.A
sacre	26.C
sacrement	9.B
sacrément	3.A
sacrifice, *m*	18.B
sacrificiel	25.C
sacrilège, *m*.........	21.A
sacripant	9.B
sacristain	8.B

sacro-iliaque(s) ... 32
sacro-lombaire(s) 32
sacro-saint(s) 32
sacrum 16.A
sadique 14.B
sadomasochisme,
m 32
safari, m 4.A
safran............... 9.A
saga, f................ 15.A
sagace............... 18.B
sagacité............. 18.A
sagaie, f.............. 26.A
sage.................. 21.A
sage(s)-femme(s) 32
sagesse 2.C
sagittaire 26.B
sagouin 24.B
saharien 29.B
sahélien............. 29.B
sahraoui 29.A
saie, f................ 26.A
saignée 2.B
saignement 2.B
saillie 11.B
sain...............8 8.B
saindoux 27
sainement........... 2.B
saint...............8 8.B
sainte-barbe, f..... 32
sainte-nitouche, f. 32
sainteté 3.A
saint-honoré, m... 32
saint-marcellin, m. 32
saint-nectaire, m.. 32
saint-paulin, m 32
saisie 26.A
saisie(s)-arrêt(s),
f.................... 32
saisie(s)-
exécution(s), f.. 32
saisissement........ 18.B
saison 19.A

saisonnier 3.B
saké, m.............. 14.C
salace................ 18.B
salade 13.CB
saladier 3.B
salaire 26.B
salaison 2.B
salamalecs, m...... 14.A
salamandre, f....... 26.C
salami 4.A
salariat 1.C
salaud 5.B
sale.............27 22.A
salement............. 9.B
salésien 9.A
saleté 3.A
salière 2.A
saligaud 5.B
salin................. 8.A
saline 16.A
salinité 3.A
salique 14.B
salissure 18.B
salivaire............. 26.B
salive 26.B
salle.............27 22.B
salmigondis, m 4.B
salmis 4.B
saloir................ 23.A
salon............... 10.A
saloon 5.C
salopard 2.A
salope 5.A
salopette 2.C
salpêtre, m......... 26.C
salpingite........... 8.A
salsifis, m........... 4.B
saltimbanque....... 8.B
salubre 26.C
salubrité 3.A
salut 27
salutaire 26.B
salutation 25.A

salve 22.A
samaritain........... 8.B
samba, f 9.B
sam(o)uraï......... 29.C
samovar, m 23.A
sampan(g) 9.C
sana(torium) 16.A
sancerre............. 2.C
sanctification....... 25.A
sanction 25.A
sanctuaire, m...... 26.B
sanctus 9.A
sandale 9.A
sandalette 2.C
sandow, m.......... 27
sandwich............ 24.C
sang...........9 9.C
sanglant 9.B
sangle, f 26.C
sanglier 3.B
sanglot.............. 5.B
sang-mêlé, m et f. 32
sangria, f 11.A
sangsue, f........... 9.C
sanguin 15.B
sanguinaire 15.B
sanguine 15.B
sanguinolent 15.B
sanhédrin 29.B
sanitaire 26.B
sans 9 27
sans-abri, m et f... 32
sans-cœur, m et f. 32
sans-culotte(s), m 32
sanscrit 4.B
sans-façon, m 32
sans-fil.............. 32
sans-gêne.......... 32
sanskrit 14.C
sans-logis, m et f. 32
sans-soin, m et f.. 32
sansonnet........... 2.B
sans-souci 32

santal 9.A
santé 3.A
santon 18 10.A
saoudien 8.A
saoul 26 22.A
sa(pa)jou............ 21.A
sape, f 12.A
saperlipopette ! 23.A
sapeur 23.A
sapeur(s)-
   pompier(s), m .. 32
saphique 17.C
saphir, m 17.C
sapidité 3.A
sapience, f 9.A
sapin 8.A
sapinière............. 11.A
sapristi ! 4.A
sarabande 9.A
sarbacane, f 14.A
sarcasme, m 14.A
sarcastique.......... 14.B
sarcelle............... 2.C
sarcloir 23.A
sarcome, m 5.A
sarcophage, m..... 17.C
sardane, f............ 16.A
sarde 13.A
sardine 16.A
sardinier 3.B
sardonique.......... 14.B
sari, m 4.A
sarment 9.B
sarrasin 19.A
sarrau 5.B
sarriette 2.C
sas..................... 18.A
satané 3.A
satanique............ 14.B
satellisation......... 2.C
satellite, m 2.C
satiété 18.C
satin 8.A

satinette 2.C
satire, f 4 26.B
satirique............4 14.B
satisfaction 25.A
satisfecit, m inv ... 14.A
satrape, m........... 13.A
saturation 25.A
saturnales, f 31.B
saturnisme 18.A
satyre, m 4 4.B
satyrique...........4 14.B
sauce 5.B
saucière.............. 5.B
saucisse.............. 5.B
saucisson............ 5.B
sauf 5.B
sauf-conduit(s), m 32
sauge, f 5.B
saugrenu 5.B
saule, m...........5* 22.A
saumâtre............. 5.B
saumon 5.B
saumoné 5.B
saumure 5.B
sauna, m............. 5.B
saupoudrage 21.A
saur, m 5* 5.A
sauret................. 2.B
saurien 8.A
saurisserie........... 5.B
saut..................5 5.B
saute 5* 5.B
saute-mouton,
  m sg 32
sauterelle............ 2.C
sauterie 26.A
sauternes, m........ 27
sauteur............... 23.A
sautillement 11.B
sautoir................ 23.A
sauvage.............. 5.B
sauvagement....... 5.B
sauvageon 21.B

sauvagerie 26.A
sauvegarde 5.B
sauve-qui-peut, m 32
sauvetage 5.B
sauveteur............ 23.A
sauvette.............. 5.B
sauveur 23.A
sauvignon............ 11.A
savamment 1.C
savane................ 16.A
savant 9.B
savarin 8.A
savate 13.A
savetier............... 3.B
saveur, f 23.A
savoir 23.A
savoir-faire, m 32
savoir-vivre, m..... 32
savon 10.A
savonnette.......... 2.C
savonneux 6.B
savoureux 6.B
savoyard............. 11.A
saxe, m............... 18.C
saxhorn 29.B
saxifrage, f 18.C
saxo................... 18.C
saxon 18.C
saxophone 18.C
saynète, f............ 2.C
sbire, m 26.B
scabreux............. 6.B
scalaire............... 26.B
scalène 2.A
scalp 14.A
scalpel 14.A
scandale 14.A
scandaleux.......... 6.B
scandinave.......... 9.A
scanner/scanneur 23.A
scanographie....... 17.C
scansion 25.A
scaphandre, m..... 17.C

sédimentaire........ 26.B
sédimentation...... 25.A
séditieux............. 25.B
sédition.............. 25.A
séducteur 23.A
séduction 25.A
sefar(ad)di.......... 13.C
  pl sefar(ad)dim. 13.B
segment 15.A
segmentation 25.A
ségrégation......... 15.A
ségrégationniste .. 25.A
seiche, *f*............2 2.B
séide, *m*............. 29.C
seigle, *m*............ 2.B
seigneur........2 2.B
seigneurie........... 6.A
sein................8 8.B
seine, *f*..........18 2.B
seing 8 8.B
séisme............... 29.C
s(é)ismique......... 14.B
seize 19.A
séjour................ 21.A
sel 22 22.A
sélect 13.A
sélectif 17.A
sélection............. 25.A
sélectionneur....... 25.A
sélénium............. 16.A
self, *m*.............. 17.A
self, *f* 17.A
self-control, *m sg.* 32
self-made-man, *m* 32
selle.............22 2.C
sellerie, *f*.......18 2.C
sellette 2.C
sellier...........18 2.C
selon................. 10.A
semailles............ 11.B
semaine............. 2.B
semainier........... 2.B
sémantique, *f* 14.B

sémaphore, *m*...... 17.C
semblable 9.B
semblant 9.B
sém(é)iotique...... 11.A
semelle.............. 2.C
semence............ 18.B
semestre............ 26.C
semestriel 22.A
semeur 23.A
semi-
  automatique(s) 32
semi-auxiliaire(s) . 32
semi-
  conducteur(s),
  m 32
sémillant............ 11.B
séminaire, *m*....... 26.B
séminal 3.A
séminariste......... 3.A
semi-public(s), *m*. 32
semi-publique(s),
  f.................... 32
semi-remorque(s)
  m ou f............. 32
semis, *m*............. 4.B
sémite 3.A
sémitique........... 14.B
semi-voyelle(s), *f*. 32
semoir 23.A
semonce, *f*.......... 18.B
semoule 22.A
sempiternel 9.B
sénat................. 1.C
sénatorial........... 11.A
séné.................. 3.A
sénéchal............. 3.A
sénescence 18.C
sénevé, *m* 3.A
sénile 3.A
senior................ 11.A
senne, *f*..........18 16.B
sens..............18 18.A
sensation 25.A

sensationnel........ 16.B
sensé 18 18.A
sensément 9.B
sensibilité 3.A
sensiblement 9.B
sensiblerie.......... 26.A
sensitif 18.A
sensoriel............. 18.A
sensorimoteur...... 18.A
sensori-
  moteur(s), *m*.... 32
sensori-
  motrice(s), *f*..... 32
sensualité 18.A
sensuel.............. 18.A
sente................. 8.A
sentence............ 8.A
sentencieux......... 25.B
senteur.............. 23.A
sentier............... 3.B
sentiment 9.B
sentinelle........... 2.C
sépale, *m*........... 22.A
séparation........... 25.A
séparatisme......... 3.A
séparément 9.A
sépia, *f*.............. 11.A
sept 2.C
septante 9.A
septembre 9.B
septennal........... 16.B
septennat 16.B
septentrion 11.A
septentrional 11.A
septicémie 26.A
septique 18 14.B
septuagénaire...... 26.B
septuor.............. 2.C
sépulcral............. 14.A
sépulcre, *m* 26.C
sépulture 26.B
séquelle.............. 14.A
séquence, *f*......... 14.B

séquentiel 25.B
séquestration 14.B
séquestre, m 26.C
sequin 14.B
séquoia, m 11.A
sérac 14.A
sérail 11.B
séraphin 17.C
serbo-croate(s) ... 32
serein 8 8.B
sereinement 2.B
sérénade 2.A
sérénité 3.A
séreux 6.B
serf 23 17.A
serge, f 21.A
sergent 9.B
sergent(s)-
  chef(s), m 32
sergent(s)-
  major(s), m 32
sériciculture 18.A
série 26.A
sériel 11.A
sérieux 6.B
sérigraphie 17.C
serin 8 8.A
seringue 15.B
serment 23 9.B
sermon 10.A
sermonneur 16.B
séro-
  agglutination, f. 32
sérologie 26.A
sérothérapie 13.C
serpe 23.A
serpent 9.B
serpentaire, m. 26.B
serpentin 8.A
serpette 2.C
serpillière 2.B
serpolet 2.B
serrage 2.C

serre 23 2.C
serre-file(s), m 32
serre-joint(s), m .. 32
serre-livre(s), m... 32
serrement 23 2.C
serre-tête, m 32
serrure 2.C
serrurerie 2.C
sérum, m 16.A
servage 21.A
servante 9.A
serveur 23.A
serviabilité 11.A
service 18.B
serviette.......... 2.C
serviette(s)-
  éponge(s), f..... 32
servilité 3.A
serviteur 23.A
servitude 13.C
servocommande .. 16.B
servofrein 8.B
servomécanisme .. 14.A
ses, pl 18 3.C
sésame, m 19.A
session 18 25.A
sesterce, m 18.B
set, m 13.A
séton 10.A
setter 2.C
seuil 11.B
seul 6.A
seulement 6.A
sève 2.A
sévère 2.A
sévérité........... 3.A
sévices, m 31
sèvres, m 31
sexagénaire 18.C
sex-appeal, m sg.. 32
sexe 18.C
sexologie 18.C
sex-shop(s), m.... 32

sextant 2.C
sexto 2.C
sextuor 2.C
sexualité 2.C
sexuel 2.C
sexy, inv 2.C
seyant 11.A
sforzando 19.A
sfumato, m........ 5.A
shah 20 20.B
shaker 20.B
s(c)hako.......... 20.B
shampooing 20.B
shérif 20 20.B
sherpa, m......... 20.B
sherry.........20 20.B
shetland, m 20.B
shilling 20.B
shimmy, m 20.B
shintô 20.B
shintoïsme 29.C
shoot [ut] 13.A
shop(p)ing 20.B
short 20.B
show, m........5 20.B
show-business, m 32
shunt, m.......... 20.B
si 18 4.A
sial 22.A
siamois........... 24.B
sibylle, f.......... 4.B
sibyllin 4.B
sic 14.A
sicaire, m......... 26.B
siccatif 18.C
side-car(s), m 32
sidéral 22.A
sidérurgie 26.A
siècle 26.C
siège 2.A
sien 8.A
sierra, f........... 2.C
sieste 2.C

sieur 18 23.A
sifflement 17.B
sifflet 17.B
sifflotement......... 17.B
sigillographie 17.C
sigle, *m* 15.A
sigma, *m*............. 15.A
signal 11.A
signalement 11.A
signalétique 14.B
signalisation........ 25.A
signataire............ 26.B
signature 11.A
signe.................. 11.A
signet ....…4 11.A
significatif........... 11.A
signification 11.A
silence 18.B
silencieux 25.B
silentbloc, *m* 14.A
silex.................... 2.C
silhouette 29.B
silicate, *m* 14.A
silice, *f* ....…18 18.B
siliceux.............. 6.B
silicium 16.A
silicone, *f*............ 14.A
silicose, *f* 19.A
sillage 11.B
sillon.................. 11.B
silo, *m*................ 5.A
simagrées, *f*........ 31
simiesque 14.B
similaire.............. 26.B
simili 4.A
similigravure........ 26.B
similitude............ 13.C
simonie 26.A
simoun, *m*........... 16.A
simple 8.B
simplement 8.B
simplet 8.B
simplexe, *m*......... 18.C

simplicité 8.B
simplification 25.A
simulacre, *m*........ 26.C
simulation........... 25.A
simultané........... 3.A
simultanéité 29.C
simultanément..... 9.B
sinanthrope......... 13.C
sinapisme 18.A
sincère 2.A
sincèrement 18.A
sincérité 3.A
sinécure, *f*........... 26.B
sine qua non 32
singe.................. 21.A
singerie 26.A
single, *m*............. 8.A
singleton 8.A
singularité........... 3.A
singulier 3.A
sinisant 19.A
sinistre, *m*........... 26.C
sinistré 3.A
sinistrement 9.B
sinistrose 19.A
sinologie 26.A
sinon 10.A
sinueux 6.B
sinuosité............. 3.A
sinus, *m*.............. 18.A
sinusite 19.A
sinusoïde, *f*......... 29.C
sioniste 13.A
sioux, *inv*............ 27
siphon................ 17.C
siphonné 17.C
sire 23 26.B
sirène................. 2.A
siroc(c)o 18.C
sirop 5.B
sirupeux 6.B
sis 18 4.B
sisal, *m*............... 19.A

sismique............. 14.B
sismographe, *m* ... 17.C
s(é)ismologie 29.C
sistre, *m* 18 26.C
site.................4 13.A
sitôt...............33 5.B
sittelle, *f* 2.C
situation 25.A
six 18 18.C
sixième............... 19.B
skaï, *m* 29.C
skateboard 5.B
sketch 20.A
 pl. sketches...... 26.A
ski 14.C
skieur................. 11.A
skif(f) 17.B
skipper 7.C
slalom 16.A
slalomeur............ 23.A
slang.................. 9.A
slave 1.A
sleeping [i] 4.C
slip 4.A
slogan 9.A
sloop [u] 5.C
slovaque 14.B
slovène 2.A
slow 27
smala(h), *f*.......... 27
smart 13.A
smash, *m*............ 20.B
smicard 27
smocks, *m* 14.C
smog 15.A
smoking 14.C
snack 14.C
snob 5.A
sobrement 9.B
sobriété 3.A
sobriquet 2.B
soc ....…14 14.A
sociabilité 18.A

social 18.A
social-démocrate . 32
   (sociaux-
   démocrates)
socialement......... 18.A
socialisme........... 18.A
sociétaire 26.B
société 3.A
sociodrame 18.A
sociogramme....... 18.A
sociologie........... 26.A
sociopro-
   fessionnel(les) . 32
socle 26.C
socque, m.......14 14.C
socquette 14.C
socratique........... 14.B
soda 1.A
sodium 16.A
sodomie 26.A
sœur 6.B
sofa 1.A
software, m......... 26.B
soi 24 24.A
soi-disant
   (soi=se) 32
soie 24 26.A
soierie 26.A
soif 17.A
soiffard.............. 17.B
soigneux 6.B
soin 24.A
soir 23.A
soirée 3.B
soit 24 24.B
soixantaine 18.C
soixante 18.C
soja, m 21.A
sol 5* 22.A
sol-air 32
solaire 26.B
solarium 16.A
soldat................. 1.C

soldatesque......... 14.B
solde, m 13.A
solde, f.............. 13.B
soldes 31
sole, f...........5* 5.A
solécisme............ 18.A
soleil 11.B
solennel 16.B
solennellement 16.B
solennité 16.B
solénoïde, m 29.C
solfatare, f.......... 26.B
solfège, m 2.A
solidaire 26.B
solidarité 3.A
solide................. 13.A
solidité 3.A
soliloque, m 14.B
solipsisme........... 18.A
soliste 18.A
solitaire 26.B
solitude 13.A
solive 5.A
soliveau.............. 5.B
sollicitation 25.A
solliciteur............ 23.A
sollicitude 22.B
solo 5.A
sol-sol 32
solstice, m 18.B
solubilité 3.A
soluble 26.C
soluté 3.A
solution 25.A
solvabilité 3.A
solvant 9.B
somatique........... 14.B
sombre 10.B
sombrero 10.B
sommaire............ 16.B
sommairement..... 16.B
sommation......27 16.B
somme, m........... 16.B

somme, f 16.B
sommeil 11.B
sommelier 3.B
sommet 2.B
sommier 2.B
sommité 3.A
somnambule 9.B
somnifère, m 2.A
somnolence 9.A
somnolent 9.B
somptuaire.......... 26.B
somptueux.......... 6.B
somptuosité 3.A
son 10.A
sonagramme 16.B
sonagraphe 17.C
sonar, m 23.A
sonate, f............. 13.A
sonatine 16.A
sondage 21.A
sonde................. 10.A
sondeur.............. 23.A
songe-creux, m ... 32
songerie 26.A
songeur.............. 23.A
sonnaille............. 11.B
sonnerie 26.A
sonnet................ 2.B
sonnette 2.C
sonneur.............. 23.A
sonomètre 2.A
sonore................ 26.B
sonorisateur 23.A
sonorisation 23.A
sonorité 3.A
sonothèque.......... 13.C
sophisme, m......... 17.C
sophistiqué 17.C
sophrologie......... 17.C
soporifique 14.B
soprano............. 5.A
sorbet 2.B
sorbetière 2.A

sorbier............... 3.B
sorbonnard 27
sorcellerie 2.C
sorcier............... 3.B
sordide.............. 13.A
sorgho, m 15.A
sornette............. 2.C
sort 5* 27
sorte 13.A
sortie 26.A
sortilège 2.A
sosie, m............. 26.A
sot 5 5.B
sottement 13.B
sottise 13.B
sotto voce.......... 32
sou...............26 18.A
soubassement 18.A
soubresaut......... 27
soubrette 2.C
souche 20.A
souci................. 18.A
soucieux............ 6.B
soucoupe 14.A
soudain 8.B
soudainement...... 2.A
soudaineté 2.A
soudard............. 27
soude............... 13.A
soudure............. 26.B
soue, f...........26 26.A
soufflage 17.B
souffle.............. 17.B
soufflerie 17.B
soufflet............. 2.B
souffleur........... 23.A
souffrance 17.B
souffre-douleur, m 32
souffreteux 6.B
soufisme............ 18.A
soufrage 21.A
soufre, m 26.A
soufrière 2.A

souhait.............. 29.B
souille 11.B
souillon 11.B
souillure 11.B
souk, m 14.C
soûl 28
soulagement 9.B
soûlerie 26.A
soulèvement........ 2.A
soulier............... 3.B
soumission 25.A
soumissionnaire... 18.B
soupape 12.A
soupçon 18.A
soupçonneux 18.A
soupe................ 12.A
soupente 9.A
souper.............. 3.B
soupière 2.A
soupir 23.A
soupirail 11.B
souplesse........... 2.C
source............... 18.B
sourcier 3.B
sourcil............... 22.A
sourcilleux 11.B
sourd 27
sourdement........ 9.B
sourdine 16.A
sourd(s)-muet(s),
   m 32
souriceau........... 5.B
souricière........... 2.A
sourire............... 26.B
souris............... 27
sournois 24.B
sous 26 27
sous-
   alimentation, f.. 32
sous-alimenté(es) 32
sous-bois, m 32
sous-brigadier(s),
   m 32

sous-chef(s), m... 32
sous-
   commission(s), f 32
souscripteur 23.A
souscription 25.A
sous-cutané(es) .. 32
sous-
   développement . 32
sous-directeur(s),
   m 32
sous-emploi(s), m 32
sous-ensemble(s),
   m 32
sous-entendu(s),
   m 32
sous-
   estimation(s), f. 32
sous-fifre(s), m ... 32
sous-jacent(es) ... 32
sous-
   lieutenant(s), m 32
sous-location(s), f 32
sous-main, m 32
sous-marin(es) 32
sous-multiple(s) .. 32
sous-officier(s), m 32
sous-
   préfecture(s), f. 32
sous-préfet(s), m. 32
sous-produit(s), m 32
sous-prolétariat, m 32
sous-seing, m...... 32
soussigné(es)...... 32
soussigné 18.B
sous-sol(s), m..... 32
sous-tension(s), f. 32
sous-titrage(s), m. 32
soustraction 25.A
sous-traitance, f... 32
sous-traitant(s), m 32
sous-vêtement(s),
   m 32
soutane 16.A

soute 13.A
soutenance 18.B
soutènement 2.A
souteneur 23.A
souterrain 8.B
soutien 8.A
soutien(s)-gorge,
m 32
souvenance......... 18.B
souvenir 23.A
souvent 9.B
souverain............ 8.B
souverainement ... 2.B
souveraineté........ 2.B
soviet 21.A
soviétique........... 14.B
soya................. 11.A
soyeux 11.A
spacieux 6.B
spadassin............ 18.B
spaghetti, m 2.C
spahi................. 29.B
spalter, m............ 23.A
sparadrap 27
spartakisme......... 14.C
sparterie, f.......... 26.A
spartiate 18.C
spasme, m 18.A
spatial 18.C
spatialité............. 18.C
spatio-
temporel(s) 32
spatule, f 22.A
speaker.............. 4.C
speakerine 4.C
spécial 22.A
spécialement 9.B
spécialité 3.A
spécieux 6.B
spécification........ 25.A
spécificité 3.A
spécifique........... 14.B
spécimen............ 16.A

spectacle 26.C
spectaculaire 26.B
spectateur........... 23.A
spectral 3.A
spectre 3.A
sprectroscopie 26.A
spéculateur 23.A
spéculatif........... 14.A
spéculation 25.A
spéculum............ 16.A
speech 4.C
spéléologie 26.A
spermatozoïde, m. 29.C
sperme 18.A
sphère, f 17.C
sphéricité 17.C
sphérique 17.C
sphéroïde 17.C
sphincter 17.C
sphinx 17.C
spinal 18.A
spinnaker............ 7.C
spiral 22 22.A
spirale 22 22.A
spire, f............... 26.B
spirite............... 13.A
spiritisme 18.A
spiritual, m.......... 22.A
spiritualisme........ 18.A
spiritualité.......... 3.A
spirituel 22.A
spiritueux 6.B
spiroïdal 29.C
spleen 4.C
splendeur 23.A
splendide........... 9.A
splendidement..... 9.B
spoliation 25.A
spondée, m......... 3.B
spongieux........... 6.B
sponsor 18.A
spontané 3.A
spontanéité......... 3.A

spontanément 9.B
sporadique.......... 14.B
spore, f...........23 26.B
sport 23 27
sportif 17.A
spot 13.A
spoutnik 14.C
sprat, m.............. 13.A
spray................. 2.C
springbok, m....... 14.C
sprint 13.A
sprinter.............. 7.C
spumeux 6.B
squale, m............ 14.B
square 14.B
squash 20.B
squatter............. 14.B
squaw 14.B
squelette 14.B
stabilisateur........ 23.A
stabilité 3.A
stabulation.......... 25.A
staccato............. 18.C
stade................. 18.A
staff 17.B
stage................. 21.A
stagflation 25.A
stagiaire 26.B
stagnation 25.A
stakhanovisme..... 14.C
stalactite, f......... 14.A
stalag 15.A
stalagmite, f........ 15.A
stalinien 8.A
stalle, f.............. 22.B
stance, f 18.B
stand, m............. 9.A
standard 27
standardisation 25.A
standing 15.C
staphylococcie 14.B
staphylocoque..... 17.C
star, f 2.A

starlette 2.C
starter 29.A
starting-block(s),
  m 32
station 25.A
stationnaire 26.B
stationnement 16.B
station(s)-service. 32
statique 14.B
statisticien 25.E
statistique 14.B
stator 23.A
statoréacteur 23.A
statu(quo) 14.B
statuaire 26.B
statue............26 26.A
statuette 2.C
statu quo 26 32
stature 26.B
statut 26 27
statutaire 26.B
steak 14.C
steamer 4.C
stéarine, f............ 3.A
steeple 4.C
steeple-chase(s),
  m 32
stèle, f................. 32
stellaire 2.C
stencil, m 18.A
sténodactylo 4.B
sténographie 17.C
sténose, f............ 19.A
sténotypiste 4.B
stentor 23.A
stéphanois 24.B
steppe, f............. 2.C
stère, m 2.A
stéréophonie 17.C
stéréoscope......... 14.A
stéréotype, m 4.B
stérile 22.A
stérilement 9.B

stérilet 2.B
stérilisation 25.A
stérilité 3.A
sterling 15.A
sterne, f............. 16.A
sternum, m.......... 5.C
stéthoscope, m.... 13.C
steward 24.C
stick 14.C
stigmate, m 15.A
stimulation 25.A
stimulus, m 18.A
stipulation 25.A
stochastique........ 20.A
stock.................. 14.C
stock-car(s), m.... 32
stoïcien 29.C
stoïque 29.C
stomacal............ 14.A
stomatite, f.......... 13.A
stop 12.A
stoppage 12.B
stoppeur............. 23.A
store, m.............. 23.A
stout, m.............. 13.A
strabisme 18.A
stradivarius 18.A
stangulation........ 25.A
strapontin 8.A
strasbourgeois..... 21.B
strass, m............ 18.B
stratagème, m...... 2.A
strate, f.............. 13.A
stratège, m.......... 2.A
stratégie 26.A
stratification 25.A
strato-cumulus, m 32
stratosphère 17.C
stratus, m............ 18.A
streptococcie....... 18.C
streptocoque, m... 14.B
streptomycine, f... 4.B
stress, m............. 2.C

strict 13.A
stricto 32
stridence 18.B
strident.............. 9.B
strie 26.A
strip-tease, m sg .. 32
strip-teaseuse(s), f 32
stroboscope, m.... 14.A
strombolien......... 8.A
strontium, m....... 18.C
strophe, f............ 17.C
structural 22.A
structuration 25.A
structure............. 23.A
strychnine, f........ 14.C
stuc 14.A
studieux 6.B
studio 5.A
stupéfaction 25.A
stupéfait 27
stupéfiant 9.B
stupeur............... 23.A
stupide............... 13.C
stupidité 3.A
stupre, m 26.C
style................... 4.B
stylet................. 4.B
styliste 4.B
stylisticien........... 25.C
stylo 4.B
stylo(s)-feutre, m. 32
stylographe 17.C
su 18.A
suaire, m............. 26.B
suave 1.A
suavité 3.A
subalterne........... 16.A
subconscient....... 18.C
subit............4 4.B
subitement.......... 9.B
subito 5.A
subjectif 2.C
subjectivité 2.C

subjonctif	21.A	
sublimation	25.A	
sublime	16.A	
sublunaire	26.B	
submersion	25.A	
subordination	25.A	
suborneur	23.A	
subreptice	18.B	
subrogatoire	26.B	
subséquemment	1.C	
subséquent	14.B	
subside, *m*	12.C	
subsidiaire	12.C	
subsistance	18.B	
subsonique	12.C	
substance	18.B	
substantiel	25.C	
substantiellement	9.B	
substantif	9.A	
substantivation	25.A	
substitut	27	
substitution	25.A	
substrat, *m*	27	
subterfuge, *m*	21.A	
subtil	22.A	
subtilement	26.A	
subtilité	3.A	
suburbain	8.B	
subvention	25.A	
subversif	18.A	
suc	14.A	
succédané	14.B	
succès	14.B	
successeur	14.B	
successif	14.B	
succession	25.A	
successivement	18.C	
successoral	18.C	
succinct	8 27	
succinctement	18.C	
succion	18.C	
succulent	14.B	
succursale	14.B	

sucette	18.A	
suçon	18.A	
sucre	14.A	
sucrerie	26.A	
sucrier	3.B	
sud	13.A	
sud-africain(es)	32	
sud-américain(es)	32	
sudation	25.A	
sud-est	32	
sudiste	13.A	
sudorifique	14.B	
sudoripare	26.B	
sud-ouest	32	
suédois	24.B	
suée	3.B	
sueur	23.A	
suffisamment	1.C	
suffisance	19.A	
suffisant	9.B	
suffixe	18.C	
suffocant	9.B	
suffocation	25.A	
suffrage	21.A	
suffragette	2.C	
suggestif	15.C	
suggestion	15.C	
suggestivité	15.C	
suicidaire	26.B	
suicide	18.A	
suie, *f*	26.A	
suif, *m*	17.A	
suiffeux	6.B	
suin(t)	27	
suisse	18.B	
suite	13.A	
sujet	2.B	
sujétion	25.A	
sulfamide, *m*	13.CB	
sulfatage	21.A	
sulfate, *m*	13.A	
sulfite, *m*	13.A	
sulfure, *m*	23.A	

sulfureux	6.B	
sulfurique	14.B	
sulky, *m*	4.B	
sultan	9.A	
sultanat	1.C	
sultane	16.A	
sumérien	8.A	
summum	5.C	
sunlight, *m*	27	
sunnite	16.B	
super	23 23.A	
superbe	23.A	
supercherie	26.A	
superfétatoire	26.B	
superficie	25.C	
superficiel	25.C	
superficiellement	2.C	
superflu	18.A	
supérieur	23.A	
supérieurement	26.A	
supériorité	3.A	
superlatif	17.A	
superman	16.A	
supermarché	3.A	
supernova, *f*	5.A	
superposition	25.A	
supersonique	14.B	
superstitieux	25.B	
superstition	25.A	
superstrat	27	
superstructure	23.A	
supervision	19.A	
suppléance	18.B	
suppléant	9.B	
supplément	9.B	
supplémentaire	26.B	
supplétif	12.B	
supplication	25.A	
supplice, *m*	18.B	
supplique, *f*	14.B	
support	27	
supposition	25.A	
suppositoire	26.B	

symptôme........... 8.C
synagogue, f....... 15.B
synapse, f.......... 4.B
synchrone........... 8.C
synchronique 14.C
synchronisme...... 14.C
synclinal............. 8.C
syncopal............. 8.C
syncope 8.C
syncrétisme......... 8.C
syndic 8.C
syndical............. 8.C
syndicat 1.C
syndrome, m 8.C
synecdoque, f...... 14.B
synesthésie 13.C
synodal 4.B
synode 4.B
synonyme........... 4.B
synonymie 4.B
synopsis, m ou f.. 4.B
synoptique.......... 14.B
synovie, f............ 4.B
syntacticien 25.E
syntactique 8.C
syntagmatique..... 8.C
syntagme, m 15.A
syntaxe.............. 8.C
syntaxique 14.B
synthèse............ 13.C
synthétique......... 14.B
synthétiseur 8.C
syphilis.............. 17.C
syphilitique 4.B
syriaque 14.B
syrinx, m ou f...... 8.A
systématicien 25.E
systématique 14.B
systématisation 25.A
système 4.B
systémique.......... 14.B
systole, f............ 4.B
systolique 14.B

t

ta....................1 1.A
tabac 27
tabagie............. 26.A
tabatière 26.B
tabellion 2.C
tabernacle, m 26.C
tablature 26.B
table 26.C
tableau 5.B
tablée............... 3.B
tabletier............. 3.B
tablette.............. 2.C
tabletterie 2.C
tablier 3.B
tabou 12.A
tabouret 2.B
tabulaire 26.B
tabulateur 23.A
tabulatrice 18.B
tac.................... 14.A
tache.............1* 20.A
tâche.............1* 28
tâcheron 10.A
tacheture 26.A
tachisme............ 14.C
tachycardie, f 14.C
tacite 18.A
taciturne 18.A
tacle, m 26.C
tacot 5.B
tact.................. 13.A
tacticien............. 25.E
tactile................ 22.A
tactique.............. 14.B
tænia, m............. 2.C
taffetas.............. 27
tafia, m.............. 1.A
tagliatelles, f pl.... 31

tahitien 25.E
taïaut ! 29.B
taie 2 26.A
taïga 29.C
taille 11.B
taille-crayon(s), m 32
taille(s)-douce(s),
f..................... 32
tailleur............... 11.B
taillis................. 11.B
tain 8.B
taiseux 6.B
talc 14.A
talent 9.B
talentueux 6.B
talion 11.A
talisman 9.A
talkie(s)-
walkie(s), m..... 32
talmud 15.A
talmudique 14.B
taloche............. 26.C
talon 10.A
talonnade 16.B
talonnette 2.C
talonneur 23.A
talus 27
tamanoir............. 23.A
tamarin 8.A
tamaris 18.A
tambouille 11.B
tambour 9.B
tambourin 8.A
tambour(s)-
major(s), m...... 32
tamis................. 4.B
tampon 9.B
tamponnement 9.B
tamponnoir 9.B
tam(s)-tam(s), m. 32
tan 9 9.A
tanche............... 9.A
tandem, m 9.A

tandis	4.B	tare, f	23 26.B	tavernier	3.B
tandis que	32	taré	3.A	taxation	18.C
tangage	21.A	tarentelle	2.C	taxe	18.C
tangence	9.A	tarentule, f	9.A	taxi	18.C
tangentiel	25.C	targette	2.C	taxidermie	26.A
tangibilité	3.A	targui	15.B	taxinomie	26.A
tango	5.A	targum	5.C	taxiphone	17.C
tangon	10.A	tarière	26.B	taxonomie	18.C
tanière	11.A	tarif	17.A	tayaut !	11.A
tan(n)in	8.A	tarifaire	26.B	taylorisme	2.C
tank	14.C	tarification	25.A	tchador	20.A
tanker	23.A	tarissement	18.B	tchèque	20.A
tannage	16.B	tarot	5 5.B	te	6.A
tannerie	16.B	tarse, m	18.A	té, m	3 3.A
tanneur	16.B	tartan	9.A	team	4.C
tant	9 9.B	tartare	26.B	technicien	14.C
tante	9 9.A	tarte	13.A	technicité	14.C
tantième	2.A	tartelette	2.C	technicolor	14.C
tantinet	2.B	tartine	16.A	technocratie	18.C
tant mieux	32	tartre, m	26.C	technologie	14.C
tantôt	27	tartreux	6.B	te(c)k	14.C
tao	5.A	tartuf(f)e	17.B	teckel	14.C
taoïsme	29.C	tas	1 1.C	tectonique	14.B
taon	9 1.C	tasse	18.B	tee-shirt(s), m (ou	
tapage	21.A	tasseau	5.B	T-shirt(s), m)	32
tapageur	23.A	tassement	18.B	téflon, m	10.A
tape	12.A	taste-vin, m	32	tégument	15.A
tape-à-l'œil	32	tatar	23.A	teigne, f	2.B
tapecul	27	tatillon	11.B	teigneux	11.A
tapinois	24.B	tâtonnement	16.B	teint	8 8.B
tapioca	14.A	tâtons	31	teinture	8.B
tapir	23.A	tatouage	21.A	teinturier	3.B
tapis	4 4.B	taudis	4.B	tel	22 22.A
tapis-brosse(s), m	32	taule	5 5.B	télé	3.A
tapisserie	18.B	taupe	5* 5.B	télécommande	16.B
taque, f	14.B	taupinière	11.A	télé-	
taquet	2.B	taureau	5.B	communication	25.A
taquin	8.A	taurillon	11.B	télé-enseignement.	32
taquinerie	26.A	tauromachie	26.A	téléférique	14.B
taratata !	1.A	tautologie	26.A	télégramme	16.B
taraud	5 5.B	taux	5 27	télégraphe	17.C
tard	23 27	tavelure	26.A	téléguidage	15.B
tardif	17.A	taverne	16.A	téléinformatique, f	32

télématique	14.B	tendanciel	25.C	ternissure	18.B
télémètre	26.C	tendancieux	25.B	terrain	2.C
téléobjectif	2.C	tender	7.C	terrasse	2.C
télépathie	13.C	tendeur	7.A	terrassement	2.C
téléphérique	17.C	tendinite	9.A	terre 23	2.C
téléphone	17.C	tendon	9.A	terre-à-terre (ou	
téléphonique	14.C	tendre	26.C	terre à terre)	32
télescope	12.A	tendresse	2.C	terreau	5.B
télescopique	14.B	tendron	10.A	terre-neuvas, m	32
télescripteur	23.A	ténèbres, f.	31	terre-plein(s), m	32
télésiège	21.A	ténébreux	6.B	terrestre	2.C
téléspectateur	23.A	teneur	7.A	terreur	2.C
téléviseur	23.A	ténia, m	11.A	terreux	6.B
télévisuel	19.A	tennis	16.B	terri(l)	2.C
télex	18.C	tennisman	16.B	terrible	2.C
tell 22	2.C	tenon	10.A	terrien	8.A
tellement	2.C	ténor	23.A	terrine	2.C
tellurique	14.B	tension	25.A	territoire	26.B
téméraire	26.B	tensoriel	11.A	territorial	2.C
témérité	3.A	tentaculaire	2.B	territorialité	2.C
témoignage	11.A	tentacule, m	9.A	terroir	23.A
témoin	24.D	tentateur	9.A	terrorisme	2.C
tempe	9.B	tentation	25.A	tertiaire	25.D
tempera, f	9.B	tentative	9.A	tertio	18.C
tempérament	9.B	tente 9	9.A	tertre	26.C
tempérance	9.A	tenture	9.A	tes, pl	3.C
température	9.B	ténu	3.A	tessiture, f	18.B
tempête	9.B	tenue	27	tesson	18.B
tempétueux	6.B	ter 23	23.A	test	13.A
temple	9.B	tératogène	2.A	testament	9.B
tempo	9.B	tercet	2.B	testamentaire	26.B
temporaire	9.B	térébenthine, f	13.C	testateur	7.A
temporal	9.B	tergal	15.A	testicule, m	14.A
temporalité	9.B	tergiversation	25.A	testimonial	2.C
temporel	9.B	terme 13	16.A	testostérone, f	32
temporisation	25.A	terminaison	19.A	têt 2	28.A
temps 9	27	terminal	22.A	tétanos	18.A
tenable	26.C	terminologie	26.A	têtard	27
tenace	18.B	terminus	18.A	tête	2.A
ténacité	3.A	termite, m 13	13.A	tête-à-queue, m	32
tenaille, f	11.B	termitière	2.A	tête-à-tête, m	32
tenancier	3.B	ternaire	2.B	tête-bêche	32
tendance	9.A	terne	16.A	tétée	3.B

tétine 16.A
téton 10.A
tétraèdre, *m* 26.C
tétras 3.A
tette, *f* 2.C
têtu 2.A
teuton 6.A
teutonique 6.A
texte 18.C
textile 18.C
textuel 22.A
texture 18.C
thaï 29.C
thalamus 13.C
thalassothérapie... 13.C
thaler, *m* 13.C
thalidomide, *f* 13.C
thalle, *m* 3 13.C
thanatologie........ 13.C
thaumaturge 5.B
thé 3 13.C
théâtral.............. 13.C
théâtre 13.C
thébaïde 29.C
théier 3.B
théière.............. 13.C
théiste 13.C
thématique 14.B
thème 13.C
théocratie 18.C
théodicée, *f* 13.C
théodolite, *m* 13.C
théogonie 13.C
théologal 13.C
théologien 8.A
t(h)éorbe, *m* 13.C
théorème 13.C
théorétique 14.B
théoricien 8.A
théorie 13.C
théorique........... 14.B
théosophe 17.C
thérapeute 6.A

thérapeutique 6.A
thérapie 13.C
thermal.............. 13.C
thermes, *m* ...13 31
thermie.............. 13.C
thermique 14.B
thermodynamique 13.C
thermomètre........ 13.C
thermonucléaire... 13.C
thermos, *m ou f* ... 13.C
thermostat 1.C
thésaurisation, *f* ... 5.B
thesaurus............ 5.B
thèse................. 13.C
thêta 13.C
thibaude, *f* 5.B
thon 13 13.C
thonier 13.C
thora(h), *f* 13.C
thoraco-
   abdominal(aux) 32
thorax 18.C
thrène, *m* 13.C
thriller 7.C
thrombose, *f* 13.C
thuriféraire 13.C
thuya, *m* 11.A
thym 8 8.C
thymus, *m* 13.C
thyroïde............. 29.C
tiare, *f* 23.A
tibia, *m* 11.A
tic 14 14.A
ticket 14.C
tiède 2.A
tiédeur 23.A
tien.................. 8.A
tierce, *f* 18.B
tiercé 18.A
tiers 27
   f tierce 18.B
tiers-temps, *m sg* . 32
tige.................. 21.A

tignasse............. 11.A
tigre.................. 26.C
tigresse 2.C
tilbury 4.B
tilde, *m* 13.A
tilleul 11.B
tilt, *m* 13.A
timbale 8.B
timbre 8.B
timbre(s)-
   amende(s), *m*... 32
timbre(s)-poste, *m* 32
timide 13.A
timidité............. 3.A
timon 10.A
timonerie 26.A
timoré 3.A
tinette 2.C
tintamarre 8.A
tintement........... 9.B
tintouin 8.A
tique, *f* 14 14.B
tir 23 23.A
tirade 13.A
tirage 21.A
tiraillement........ 11.B
tirailleur 11.B
tire, *f* 23 26.B
tire-au-flanc, *m* ... 32
tire-bouchon(s), *m* 32
tire-d'aile (à) 32
tire-fesse(s), *m*.... 32
tire-fond, *m*........ 32
tire-lait, *m* 32
tirelire, *f*............. 26.B
tiret................... 2.A
tirette 2.C
tireur................. 7.A
tire-veille, *m*........ 32
tiroir.................. 23.A
tiroir(s)-caisse(s),
   m 32
tisane................ 19.A

tison 19.A
tisonnier 3.B
tissage 18.B
tisserand............ 9.C
tissu.................. 18.B
titan 9.A
titane, *m*............ 16.A
titanesque.......... 14.B
titre................. 26.C
titulaire............. 26.B
toast, *m*............. 5.B
toboggan............ 9.A
toc 14 14.A
tocard 27
toccata, *f*........... 18.C
tocsin............... 8.A
toge, *f*.............. 21.A
tohu-bohu, *m sg*.. 32
toi 24 24.A
toile 24.A
toilettage 2.C
toilette 2.C
toise, *f*.............. 19.A
toison 19.A
toit 24 24.B
toiture 26.B
tôle, *f* 5 5.B
tolérance 9.A
tôlerie 26.A
tôlier 3.B
tollé 3.A
toluène, *m* 2.A
tomahawk........... 29.B
tomate 13.A
tombal 10.B
tombe 10.B
tombeau............. 5.B
tombée.............. 10.B
tombereau 5.B
tombola, *f*.......... 10.B
tome, *m*.........27 5.A
tomme, *f*........27 16.B
tom(m)ette 2.C

tommy, *m* 4.B
   pl. tommies...... 31
tomographie 17.C
ton 13 10.A
tonal 22.A
tonalité............. 3.A
tondeur 23.A
tonicité............. 3.A
tonique 14.B
tonne 16.B
tonneau............ 5.B
tonnelet............ 2.B
tonnelle............ 2.C
tonnellerie 2.C
tonnerre 2.C
tonsure 18.A
tonte............... 10.A
tonus 18.A
top.............5* 12.A
topaze, *f*.......... 19.A
tope ! 5* 12.A
topinambour, *m*... 9.B
topique 14.B
topo, *m* 5.A
topographie 17.C
topologie.......... 26.A
toponyme 4.B
toponymie 4.B
toquade............. 14.B
toquante............ 14.B
toquard 14.B
toque..........14 14.B
torah, *f* 27
torche 26.B
torchère............ 2.A
torchis............. 4.B
torchon 10.A
tord-boyaux, *m*.... 32
tore, *m*.........23 23.A
toréador 23.A
torero............... 5.A
torgnole 11.A
toril, *m* 22.A

tornade 5.A
toron................ 10.A
torpédo 5.A
torpeur 23.A
torpille 11.B
torpilleur........... 11.B
torréfaction 25.A
torrent.............. 9.B
torrentiel........... 25.C
torride...........23 23.B
tors...............23 27
torsade 18.A
torse, *m*............ 5.A
torsion 25.A
tort 23 27
torticolis 4.B
tortillard 11.B
tortionnaire 18.C
tortue 5.A
tortueux 6.B
torture 26.B
torve 5.A
tory.................. 4.B
   pl. tories 31
tôt..............5 33 5.B
total................. 22.A
totalement 9.B
totalisateur......... 7.A
totalitaire 2.B
totalité 3.A
totem 16.A
totémique 14.B
toton............... 10.A
touareg 15.A
toubib 12.B
toucan 9.A
touche 26.C
touche-à-tout...... 32
toue, *f*.............. 27
touffe 17.B
touffu 17.B
toujours............. 27
toundra, *f* 1.A

toupet	2.B
toupie	4.B
touque, f	14.B
tour, m 23	23.A
tour, f 23	23.A
tourangeau	5.B
tourbe, f	12.A
tourbeux	6.B
tourbier	3.B
tourbillon	11.B
tourbillonnement	11.B
tourelle	2.C
touret	2.B
tourie, f	26.A
tourillon	11.B
tourisme	19.A
touristique	14.B
tourmaline, f	16.A
tourment	9.B
tourmente	9.A
tourmentin	8.A
tournebroche, m	26.C
tourne-disque(s), m	32
tournedos, m	27
tournée	3.B
tournemain	8.B
tournesol	18.A
tourneur	23.A
tournevis	18.A
tourniquet	14.B
tournis, m	18.A
tournoi 24	24.A
tournoiement	26.A
tournure	26.B
tourte	13.A
tourteau	5.B
tourtereau	5.B
tourterelle	2.C
tourtière	11.A
tous, m pl	18.A
toussotement	18.B
tout	27

tout à coup	32
tout à fait	32
tout-à-l'égout, m	32
tout à l'heure	32
tout de suite	32
toutefois	24.B
toute-puissance, f	32
toutes, f pl	13.A
tout-fou(s)	32
toutou	13.A
tout-petit(s)	32
tout-puissant(s)	32
tout-venant, m sg	32
toux	27
toxicomane	18.C
toxine, f	18.C
toxique	18.C
trac 14	14.A
traçage	18.A
tracas	1.C
tracasserie	18.B
trace	18.B
traceur	18.A
trachée	3.B
trachée(s)-artère(s), f	32
trachéite, f	14.C
trachome	14.C
traçoir	18.A
tract	13.A
tractation	25.A
tracteur	23.A
traction	25.A
tradition	25.A
traditionaliste	18.C
traditionnel	18.C
traditionnellement	9.B
traducteur	23.A
traduction	25.A
traduisible	19.A
trafic	14.A
tragédie	4.B
tragédien	8.A

tragi-comédie(s), f	32
tragi-comique(s)	32
tragiquement	14.B
trahison	29.B
train 8	8.B
traînard	27
traîne	2.B
traîneau	2.B
traînée	3.B
traîne-misère	32
traîne-savates	32
traîneur	23.A
training	15.A
train-train	32
trait 2	27
traite	2.B
traité	3.A
traitement	2.B
traiteur	23.A
traître	2.B
traîtresse	2.C
traîtreusement	6.A
traîtrise	19.A
trajectoire, f	26.B
trajet	2.B
tralala, m	1.A
tram, m 26	16.A
trame, f 26	16.A
tramontane, f	10.A
tramway	2.C
tranche	9.A
tranchée, f	3.B
tranchet, m	2.B
tranchoir	23.A
tranquille	22.B
tranquillement	14.B
tranquillité	22.B
transaction	25.A
transactionnel	19.A
transafricain	8.B
transalpin	8.A
transat, m	13.A
transat, f	13.A

transatlantique	14.B	transsibérien	8.A	trekking	14.C
transbordeur	23.A	transsubstantiation.	18.C	tréma, *m*	3.A
transcendance	18.C	transvasement	19.A	tremble, *m*	9.B
transcendantal	18.C	transversal	18.A	tremblement	9.B
transcontinental	14.A	transversalement	9.B	tremblote	9.B
transcripteur	23.A	trapèze, *m*	19.A	tremblotement	9.B
transcription	25.A	trapéziste	19.A	trémie, *f*	4.B
transe, *f*	9.A	trapézoïdal	29.C	trémolo	3.A
transept, *m*	13.A	trappe	12.B	trémoussement	18.B
transfert, *m*	27	trappeur	23.A	trempage	9.B
transfiguration	25.A	trappiste	12.B	trempe, *f* 9	9.B
transformateur	23.A	trapu	12.A	trempette	2.C
transformation	25.A	traque, *f* 14	14.B	tremplin	9.B
transformationnel	22.A	traquenard	14.B	trench-coat(s), *m*	32
transfuge	21.A	traqueur	14.B	trentaine	2.B
transfusion	19.A	trattoria, *f*	11.A	trente	9.A
transgression	25.A	traumatisme, *m*	5.B	trente-et-	
transhumance	29.B	traumatologie	5.B	quarante, *m*	32
transi	9.A	travail	11.B	trente(-)et(-)un	
transistor	9.A	*pl. aussi* travails	31	(sur son)	32
transit	13.A	travailleur	11.B	trépan 9	9.A
transitaire	26.B	travailliste	11.B	trépanation	25.A
transitif	9.A	travée, *f*	3.B	trépas	1.C
transition	25.A	travel(l)ing, *m*	26.A	trépidation	25.A
transitoire	26.B	travers, *m*	27	trépied	3.C
translatif	9.A	traverse	18.A	trépignement	11.A
translation	25.A	traversée	3.B	très 2	27
translit(t)ération	25.A	traversier	3.B	trésor	23.A
translucide	18.A	traversin	8.A	trésorerie	4.B
translucidité	3.A	travestissement	9.B	trésorier	3.B
transmetteur	2.C	traviole	5.A	tressage	2.C
transmissibilité	18.B	trayeur	11.A	tressaillement	11.B
transmission	25.A	trébuchet	2.B	tresse	2.C
transocéanique	14.B	tréfilage	21.A	tréteau	5.B
transparence	9.A	tréfilerie	26.A	treuil, *m*	11.B
transparent	9.B	trèfle, *m*	2.A	trêve	2.A
transpiration	25.A	tréfonds, *m*	27	tri	4.A
transplant	9.B	treillage	11.B	triade	11.A
transplantation	25.B	treille	11.B	triage	11.A
transport	27	treillis	11.B	trial, *m*	11.A
transporteur	23.A	treize	19.A	triangle	11.A
transposition	25.A	treizième	2.B	triangulaire	26.B
transsaharien	29.B	treizièmement	19.A	triangulation	25.A

triathlon 13.C
triatomique 14.B
tribal 22 22.A
tribalisme............ 16.A
tribord................ 27
tribu, f...........27 12.A
tribulation........... 25.A
tribun................ 8.A
tribunal 22.A
tribune 16.A
tribut, m........27 27
tributaire............. 26.B
tricentenaire........ 18.A
tricéphale 17.C
triceps, m............ 18.A
triche, f 26.C
tricherie............. 4.B
tricheur 23.A
trichromie 14.C
trick, m..........14 14.C
tricolore............. 26.B
tricorne 16.A
tricot................. 5.B
tricoteur 23.A
tricycle, m........... 4.B
trident, m............ 9.B
tridimensionnel.... 25.A
trièdre, f 26.C
triennal.............. 16.B
trière 2.A
trieur................. 23.A
triforium 16.A
trigonométrie 4.B
trilatéral 22.A
trilingue............. 15.B
trille, m.............. 11.B
trillion 11.B
trilogie 4.B
trimaran............. 9.A
trimardeur........... 23.A
trimbal(l)age 8.B
trimestriel 22.A
trimmer 7.C

trimoteur 23.A
tringle 8.A
trinitaire............. 26.B
trinité 3.A
trinitrotoluène 2.A
trinôme 5.B
trinquet 14.B
trio 5.A
triomphal............ 10.B
triomphalement ... 17.C
triomphateur 10.B
triomphe, m 10.B
tripaille 11.B
tripartite 13.A
tripartition........... 25.A
tripatouillage....... 11.B
tripatouilleur 11.B
trip, m................ 12.A
tripe.................. 12.A
triperie 26.A
tripette 2.C
triphasé 17.C
tripier 3.B
triplace.............. 18.B
triple 26.C
triplement 9.B
triplés................ 31
triplette 2.C
triplex 2.C
tripode 5.A
triporteur 23.A
tripot................. 5.B
tripotage............ 21.A
triptyque, m 4.B
trique, f........14 14.B
trirème, f............ 2.A
trisaïeul 29.C
   pl. -ïeuls
   ou -ïeux 32
trisannuel 16.B
triste 13.A
tristesse 2.C
triton................. 10.A

trituration 25.A
triumvirat............ 27
trivalent.............. 9.B
trivial 22.A
trivialement 9.B
trivialité 3.A
troc 14 14.A
trocart 27
troène, m............ 29.B
troglodyte, m....... 4.B
troglodytique 4.B
trogne, f 11.A
trognon 11.A
troïka, f 29.C
trois 24.B
troisième 2.A
troisièmement...... 9.B
trois-mâts, m....... 32
trois-quarts, m..... 32
troll, m 22 22.B
trolley 2.C
trolleybus 2.C
trombe, f 10.B
trombine 13 10.B
tromblon 10.B
trombone, m 10.B
trompe 10.B
trompe-la-mort.... 32
trompe-l'œil, m.... 32
tromperie 4.B
trompette, m 2.C
trompette, f........ 2.C
trompettiste 10.B
trompeur 23.A
trompeusement.... 6.A
tronc.................. 10.C
tronçon 18.A
tronçonnage 18.A
tronçonneuse 6.A
trône.................. 5.B
trop.............5 5.B
trope, m 5.A
trophée, m 17.C

tropical	14.A	
tropique, *m*	14.B	
tropisme, *m*	16.A	
trop-perçu(s), *m*	32	
trop-plein(s), *m*	32	
troquet	2.B	
trot	5.B	
trotskiste	14.C	
trotte	13.B	
trotteur	23.A	
trottinette	2.C	
trottoir	23.A	
trou	13.A	
troubadour	23.A	
trouble	26.C	
trouble-fête	32	
trouée	3.B	
troufion	10.A	
trouille	11.B	
troupe	12.A	
troupeau	5.B	
troupier	3.B	
troussage	18.B	
trousse	18.B	
trousseau	5.B	
trouvaille	11.B	
trouvère, *m*	26.B	
troyen	11.A	
truand	9.C	
truanderie	4.B	
trublion	10.A	
truc	14.A	
trucage	14.A	
truck	14.C	
truculence	9.A	
truculent	9.B	
truelle	2.C	
truffe	17.B	
truffier	3.B	
truie	26.A	
truisme, *m*	16.A	
truite	13.A	
trumeau	5.B	

truquage	14.B	
truqueur	14.B	
trusquin	14.B	
trust [œ]	7.C	
trusteur	7.C	
tsar	23.A	
tsarine	16.A	
tsigane	16.A	
tu	13.A	
tub	7.C	
tuba, *m*	1.A	
tube	12.A	
tubercule, *m*	14.A	
tuberculeux	6.B	
tuberculine, *f*	14.A	
tuberculose	19.A	
tubulaire	26.B	
tubuleux	6.B	
tubulure	26.B	
tudesque	2.C	
tue-mouche(s), *m*	32	
tuerie	26.A	
tue-tête (à)	32	
tueur	23.A	
tuf	17.A	
tuile	22.A	
tuilerie	4.B	
tulipe	12.A	
tulle, *m*	22.B	
tuméfaction	25.A	
tumescence	18.C	
tumescent	18.C	
tumeur	23.A	
tumoral	22.A	
tumulaire	26.B	
tumulte	13.A	
tumultueux	6.B	
tumulus	18.A	
tuner, *m*	2.C	
tungstène, *m*	8.A	
tunique	14.B	
tunisien	8.A	
tunnel	22.A	

turban	9.A	
turbin	8.A	
turbine	16.A	
turbo	5.A	
turbocompresseur	2.C	
turbopropulseur	23.A	
turboréacteur	23.A	
turbot	5.B	
turbotière	26.B	
turbulence	9.A	
turbulent	9.B	
turc	14.A	
turf	7.C	
turfiste	7.C	
turgescent	18.C	
turlututu !	13.A	
turne, *f*	16.A	
turpitude	4.A	
turquerie	14.B	
turquoise	14.B	
tussor(e), *m*	18.B	
tutélaire	26.B	
tutelle	2.C	
tuteur	23.A	
tutoiement	26.A	
tutti, *inv*	13.B	
tutti quanti	32	
tutu	13.A	
tuyau	11.A	
tuyautage	11.A	
tuyauterie	11.A	
tuyère	11.A	
T.V.A. (taxe à la valeur ajoutée)	32	
tweed, *m*	4.C	
tweeter	4.C	
twist	4.C	
tympan	8.C	
tympanon	8.C	
type	4.B	
typhoïde	29.C	
typhon	17.C	
typhus	17.C	

typique............... 4.B
typiquement........ 4.B
typographe 4.B
typologie 4.B
tyran 4 4.B
tyranneau 5.B
tyrannicide.......... 4.A
tyrannie.............. 4.A
tyrannique 14.B
tyrolien.............. 9.A
tzar 9.A
tzigane 9.A

u

ubac, *m*.............. 14.A
ubiquité.............. 14.B
ubuesque 14.B
ukase, *m*............. 14.B
ulcération, *f*........ 25.A
ulcère, *m* 2.A
ulcéreux 6.B
ultérieur.............. 23.A
ultimatum 16.A
ultime 16.A
ultra.................. 1.A
ultra-chic(s)........ 32
ultra-court(s) 32
ultramoderne....... 5.A
ultrason 18.A
ultraviolet 2.B
ululement 9.B
un 8.A
unanime 16.A
unanimement 9.B
unanimité 9.B
underground [œn] 7.A
une.............29 16.A
uni.................... 4.A

unicellulaire 2.C
unicité............... 3.A
unidirectionnel 25.A
unification 25.A
uniformément...... 9.B
uniformité.......... 3.A
unilatéralement.... 9.B
unilingue 15.B
uniment.............. 9.B
union 11.A
unionisme........... 11.A
unipare.............. 26.B
unique 14.B
uniquement 14.B
unisson 18.B
unitaire.............. 26.B
unité 3.A
univers 27
universalité 3.A
universaux 27
universel............. 22.A
universitaire 26.B
université........... 3.A
univocité 18.A
univoque 14.B
uppercut, *m* 13.A
upsilon, *m* 10.A
uranifère 2.A
uranium.............. 16.A
urbain 8.B
urbanisme........... 16.A
urbanité............. 3.A
urbi et orbi.......... 32
urée, *f* 3.B
uretère, *m* 26.A
urètre, *m*............. 26.C
urgence 9.A
urinaire.............. 26.B
urinoir 23.A
urique 14.B
urne, *f* 16.A
urologie 26.A
urticaire, *f*.......... 2.B

uruguayen 11.A
us, *m* 18.A
usage................ 19.A
usinage 19.A
usité 3.A
ustensile............ 18.A
usuel................. 19.A
usufruit 27
usuraire 26.B
usurpateur 23.A
usurpation 25.A
ut 29 13.A
utéro-vaginal(aux) 32
utérus, *m* 18.A
utilement 9.B
utilisateur 23.A
utilité 3.A
utopie 26.A
uvulaire 26.B
uvule, *f*.............. 22.A

v

vacance.............. 9.A
vacancier............ 3.B
vacant 9.B
vacarme.............. 14.A
vacataire............. 26.B
vacation 25.A
vaccin 18.C
vaccination 18.C
vache................. 26.B
vacher................ 3.B
vacherin 8.A
vachette 2.C
vacillement 11.B
vacuité 3.A
vadrouille 11.B
va-et-vient, *m, inv* 32

vagabond	10.C	vandale	9.A	vassalité	3.A
vagabondage	21.A	vanille	11.B	vaste	18.A
vagin	8.A	vanilline	11.B	va-t-en-guerre, *m*	32
vaginal	21.A	vanité	13.A	vaticination	25.A
vague	15.B	vaniteux	6.B	va-tout, *m.*	32
vague à l'âme, *m.*.	32	vannage	21.A	vaudeville, *m.*	11.B
vaguelette	15.B	vanne	16.B	vaudevillesque	11.B
vaguemestre	15.B	vanneau	5.B	vaudou	5.B
vahiné, *f*	29.B	vannerie	4.B	vau-l'eau (à) 5	32
vaillamment	1.C	vantail, *m* 9	11.B	vaurien	8.A
vaillance	11.B	vantard	27	vautour	5.B
vaillant	11.B	va-nu-pieds	32	va-vite (à la)	32
vaille que vaille....	32	vapeur	23.A	veau 5	5.B
vain...........8	8.B	vaporeux	6.B	vecteur	2.C
vainement	2.B	vaporisation	25.A	vectoriel	2.C
vainqueur	14.B	var	23.A	vedettariat	2.C
vair.........23	2.B	varan 9	9.A	vedette	2.C
vairon	2.B	varappe, *f*	12.B	védique	14.B
vaisseau	5.B	varech	14.C	végétal	21.A
vaisselier	3.B	vareuse	6.A	végétarien	8.A
vaisselle	2.C	variance	9.A	végétatif	17.A
val	22.A	variante	9.A	véhémence	29.B
pl. vals *et* vaux .	31	variation	25.A	veille	11.B
valablement	9.B	varice	18.B	veillée	11.B
valence, *f*	9.A	varicelle	2.C	veilleur	11.B
valériane, *f*	11.A	variété	3.A	veilleuse	11.B
valet............2*	2.B	variole	5.A	veinard	2.B
valétudinaire	26.B	variqueux	14.B	veine 2	2.B
valeur	23.A	varlope, *f*	5.A	veineux	2.B
valeureux	6.B	vasculaire	14.A	veinule	2.B
valide	22.A	vase	19.A	vêlage	2.A
valise	19.A	vasectomie	4.B	vélaire	26.B
vallée 2*	3.B	vaseline	19.A	veld(t), *m*	13.A
vallon	10.A	vaseux	6.B	vélin	8.A
vallonné	16.B	vasistas, *m*	6.B	velléitaire	29.C
vallonnement	16.B	vasocons-		velléité	29.C
valorisation	25.A	tricteur(s), *m*....	32	vélo	5.A
valse	18.A	vasodilatateur(s),		véloce	5.A
valve	22.A	*m*	32	vélocité	3.A
vamp, *f*	9.B	vasodilatation(s),		vélodrome	5.A
vampire, *m*	9.B	*f*	32	velours	27
van 9	9.A	vasque, *f*	14.B	velouté	3.A
vanadium	6.A	vassal	18.B	velu	6.A

velum................. 16.A
venaison............. 2.B
vénal................. 22.A
vénalité 3.A
vendangeur......... 23.A
vendetta, f.......... 2.C
vendeur.............. 23.A
venelle, f............. 2.C
vénéneux............. 6.B
vénérien 8.A
veneur................ 23.A
vénézuélien......... 19.A
vengeance 21.B
vengeur............. 23.A
véniel................ 11.A
venimeux............ 6.B
venin 8.A
vénitien 25.E
vent 9 9.B
vente 9.A
venteux............. 6.B
ventilateur 23.A
ventilation 25.A
ventouse 19.A
ventral............... 9.A
ventre 26.B
ventricule, m 14.C
ventriloque 14.B
ventripotent 9.B
venue............26 26.A
vêpres, f 31
ver...............23 23.A
véracité 3.A
véranda 9.A
verbal................ 22.A
verbeux 6.B
verbiage 21.A
verdâtre............. 26.C
verdeur.............. 23.A
verdict............... 13.A
verdure.............. 26.B
véreux 6.B
verge, f.............. 21.A

vergé 3 3.A
verger............3 3.B
vergeture, f 21.A
verglacé............. 15.A
verglas 1.C
vergogne, f 5.A
véridique 14.B
vérificateur.......... 23.A
vérification........... 25.A
vérin 8.A
vérisme.............. 6.A
véritable 26.C
vérité 3.A
verlan................ 9.A
vermeil 11.B
vermicelle, m....... 2.C
vermifuge 21.A
vermillon 11.B
vermine 16.A
vermisseau......... 5.B
vermoulu 23.A
vermout(h) 13.C
vernaculaire 26.B
verni...............4 4.A
vernis 4 4.B
vernissage........... 18.B
vérole................ 5.A
verrat 2.C
verre 23 2.C
verrière.............. 2.C
verroterie 2.C
verrou 2.C
verrouillage......... 11.B
verrue 26.A
vers 23 27
versant 9.B
versatile............. 18.A
versatilité............ 3.A
versement 9.B
verset 2.B
versificateur 23.A
version 25.A
verso................. 5.A

vert..............23 27
vert-de-gris, m 32
vertèbre, f 26.C
vertébré 3.A
vertical 14.A
verticalement....... 9.B
verticalité............ 3.A
vertigineux.......... 6.B
vertu 13.A
vertueux 6.B
verve, f............... 26.A
verveine.............. 2.B
vésicule, f........... 19.A
vespa 18.A
vespéral.............. 18.A
vesse, f............... 2.C
vesse(s)-de-loup,
   f..................... 32
vessie................. 2.C
vestale, f............. 18.A
vestiaire, m 26.B
vestibule, m 18.A
vestige, m........... 21.A
vestimentaire....... 26.B
vêtement 9.B
vétéran 9.A
vétérinaire........... 26.B
vétille, f.............. 11.B
veto 5.A
vétuste 18.A
vétusté 3.A
veuf 6.A
veule................. 7.A
veulerie 7.A
veuvage.............. 6.A
vexation 2.C
vexatoire............. 2.C
viabilité 3.A
viable................. 26.C
viaduc 14.A
viager................. 3.B
viande............... 9.A
viatique, m.......... 14.B

vibraphone	17.C	
vibration	25.A	
vibrato	5.B	
vibrion	11.A	
vibrisse, *f*	18.B	
vicaire, *m*	26.B	
vicariat	11.A	
vice 18	18.B	
vice-amiral(aux),		
m	32	
vice-		
présidence(s), *f*	32	
vice-président(s),		
m	32	
vice versa	32	
vicieux	6.B	
vicinal	18.A	
vicissitude...........	18.B	
vicomte	10.B	
victime	16.A	
victoire	26.B	
victorieux	6.B	
victuailles, *f*........	11.B	
vidange	9.A	
vide	13.A	
vidéo	5.A	
vidéocassette	2.C	
vide-ordures, *m* ...	32	
vide-poches, *m*....	32	
videur	23.A	
vie	4.B	
vieil	11.B	
vieillard	11.B	
vieillesse.............	11.B	
vieillissement.......	11.B	
vieillot	11.B	
vielle	2.C	
vierge.................	21.A	
vieux.................	6.B	
vif...................	17.A	
vif-argent, *m sg* ...	32	
vigie	4.B	
vigilance.............	9.A	

vigile.................	21.A	
vigne	11.A	
vigneron	11.A	
vignette	11.A	
vignoble	11.A	
vigogne, *f*	15.A	
vigoureux	6.B	
vigueur..............	15.B	
viking.................	14.C	
vil................. ...22	22.A	
vilain.................	8.B	
vilebrequin..........	14.B	
vilenie	4.B	
villa	22.B	
villageois	24.B	
ville 22	22.B	
ville(s)-		
dortoir(s), *f*	32	
villégiature	24.B	
vin 8	8.A	
vinaigrette	2.C	
vindicatif	8.A	
vindicte, *f*	8.A	
vineux.................	6.B	
vingt 8	27	
vingtaine	27	
vinicole	14.A	
vinylique	4.B	
viol, *m*............ ...22	5.A	
violacé	5.A	
violation	25.A	
viole, *f*.......... ...22	5.A	
violemment	1.C	
violence	9.A	
violent................	9.B	
violet	2.B	
violette	2.C	
violon	10.A	
violoncelle	2.C	
vipère.................	2.A	
virage.................	21.A	
virago, *f*..............	15.A	
viral	22.A	

virée	3.B	
virginal..............	21.A	
virginité..............	3.A	
virgule...............	15.A	
viril	22.A	
virilement	9.B	
virilité..............	3.A	
virole, *f*..............	5.A	
virologie	4.B	
virtualité	3.A	
virtuel	22.A	
virtuellement	2.C	
virtuosité	3.A	
virulence	9.A	
virus	18.A	
vis 18	18.A	
visa....................	19.A	
visage	21.A	
vis-à-vis	32	
viscéral..............	18.C	
viscère, *m*	18.C	
viscosité	3.A	
visée.............. 3	3.B	
viseur	23.A	
visibilité..............	3.A	
visière	2.A	
vision.................	10.A	
visionnaire	26.B	
visite	19.A	
visiteur	23.A	
vison.................	19.A	
visqueux..............	14.B	
visserie	18.B	
visuel	19.A	
vitalité	3.A	
vitamine, *f*..........	4.A	
vite	4.A	
vitesse...............	2.C	
viticole	11.B	
vitrail	11.B	
vitreux...............	6.B	
vitrification	25.A	
vitrine	4.A	

vitriol 11.A
vitupération 25.A
vivace 18.B
vivacité.............. 3.A
vivarium 5.C
vivement............ 9.B
viveur................. 23.A
vivipare 26.B
vivisection 25.A
vivoir 23.A
vivres, *m*............. 31
vivrier................. 3.B
vizir 19.A
v(')lan ! 9.A
vocable 26.C
vocabulaire 26.B
vocal................ 14.A
vocalique........... 14.B
vocalisateur........ 23.A
vocatif............... 14.A
vocation 25.A
vocifération......... 25.A
vocodeur 23.A
vodka, *f*.............. 14.C
vœu 7.B
vogue 15.B
voici 18.A
voie 24 24.B
voilà 1.A
voile 24.A
voilette.............. 2.C
voilier................. 3.B
voilure............... 26.B
voire 26.B
voirie 4.B
voisinage........... 19.A
voiture 26.B
voiture(s)-bar(s),
    f................... 32
voiture(s)-
    restaurant(s), *f* . 32
voix 24 24.B
vol..................22 5.A

volage 21.A
volaille 11.B
volant 9.B
volatil 22 5.A
volatile, *m*......22 22.A
volcan 9.A
volcanique 14.B
volcanologue 15.B
volée, *f*.............. 3.B
volet, *m*.............. 2.B
voleur 23.A
volière 26.B
volition.............. 25.A
volley................ 2.C
volley-ball.......... 32
volleyeur 11.A
volontaire 26.B
volontariat 1.C
volonté.............. 3.A
volontiers 27
volt, *m* 13 13.A
voltaïque 29.C
voltamètre........... 26.C
voltampère.......... 9.B
volte, *f* 13 5.A
volte-face, *f* 32
voltige, *f*............ 21.A
volubile 4.A
volubilité 3.A
volume............... 5.A
volupté............... 3.A
voluptueux 6.B
volute, *f*............. 5.A
vomitif 5.A
voracement........ 9.B
voracité 3.A
vos, *pl* 5 5.B
vosgien 27
vote 5.A
votif.................. 5.A
votre 5* 5.A
vôtre 5* 5.B
vous 27

voussure............. 18.A
voûte 13.A
voûté................. 3.A
vouvoiement 26.A
vox populi, *f*........ 32
voyage 11.A
voyageur 11.A
voyance............. 11.A
voyelle 11.A
voyeur............... 11.A
voyou 11.A
vrac 14.A
vrai 2.B
vraiment 2.B
vraisemblance 9.B
vrille 11.B
vrombissant 10.B
vue...............26 27
vulcanisation....... 25.A
vulgaire 15.A
vulgarisation 25.A
vulgarité 3.A
vulnérabilité 3.A
vulnérable........... 26.C
vulnéraire 26.B
vulve, *f*............. 22.A
vumètre.............. 26.C
vu que 32

wagnérien 8.A
wagon(s)-bar(s),
    m 32
wagon(s)-
    citerne(s), *m* 32
wagon(s)-lit(s), *m* 32
wagonnet........... 2.B

wagon(s-
  restaurant(s), *m* 32
walkman, *m* 24.C
wallon................ 10.A
wapiti, *m* 4.A
wassingue, *f.*....... 15.B
water-closet(s)
  (w.-c.), *m*........ 32
watergang 9.C
wateringue, *f.*...... 15.B
water-polo, *m* 32
waters............... 24.C
watt, *m* 24 24.C
wattman............ 24.C
  pl. wattmen
welter 2.C
western, *m*......... 2.C
westphalien 17.C
whisky 24.C
  pl. whiskies
whist 4.A
white spirit(s), *m*. 32
wigwam, *m*......... 16.A
windsurf............ 7.C
wisigoth 13.C
wolfram, *m* 16.A

y

y 4.B
yacht 11.A
ya(c)k 11.A
yang, *m* 11.A
yankee 11.A
yaourt 11.A
yard, *m*............ 11.A
yearling 4.C
yéménite........... 11.A
yen 2 11.A
yéti, *m*............. 11.A
yeux, *pl* 6.B
yiddish 20.B
  aussi yiddisch
yin, *m* 11.A
yod................. 11.A
yoga 11.A
yog(h)ourt.......... 11.A
yogi 11.A
yole, *f* 11.A
yougoslave 11.A
youyou............. 11.A
ypérite, *f*........... 4.B

x

xénon 19.B
xénophobie........ 17.C
xérès 19.B
xérographie........ 17.C
xérophtalmie 17.C
xi.................... 18.C
xylographe, *m* 17.C
xylophage, *m* 17.C
xylophone, *m* 17.C

z

zazou 19.A
zèbre................ 28.C
zébrure............. 28

zébu 19.A
zélateur 23.A
zèle.................. 28
zélé.................. 28
zélote............... 19.A
zen 19.A
zénith.............. 13.C
zéphyr.............. 4.B
zeppelin 19.A
zéro 19.A
zeste, *m*........... 13.A
zêta 2.A
zézaiement......... 26.A
zibeline 19.A
zigzag 19.A
zinc 8.A
zincifère 18.A
zingage 21.A
zingueur 15.B
zinnia, *m*.......... 16.B
zinzin 8.A
zizanie.............. 4.B
zloty, *m*............ 4.B
zodiacal............ 14.A
zodiaque, *m* 14.B
zombi(e), *m*....... 10.B
zona, *m* 19.A
zonage 19.A
zonard.............. 27
zone 19.A
zonure.............. 26.B
zoo 5.B
zoolâtre 5.B
zoologie 5.B
zoom [u], *m*....... 5.B
zoomorphe 5.B
zoophilie 5.B
zoophobie 5.B
zouave, *m*.......... 19.A
zut ! 19.A
zygomatique 4.B
zygote, *m*.......... 4.B

alphabet phonétique

VOYELLES		CONSONNES	
[a]	patte	[p]	pain
[ɑ]	pâte	[b]	bain
[ɛ]	fête	[t]	toit
[e]	fée	[d]	doit
[i]	nid	[k]	camp
[ɔ]	sol	[g]	gant
[o]	saule	[m]	main
[u]	loup	[n]	nain
[y]	dur	[ɲ]	agneau
[ø]	jeu	[f]	faim
[œ]	jeune	[s]	seau
[ɛ̃]	brin	[z]	zoo
[œ̃]	brun	[ʃ]	chou
[ã]	banc	[ʒ]	joue
[ɔ̃]	bon	[l]	loup
		[r]	roue

SEMI-CONSONNES

[j]	ail
[w]	oui

Achevé d'imprimer sur les presses de
Maury-Imprimeur S.A. – Malesherbes
Dépôt légal n° 14375 – Janvier 1995
N° d'impression : 48657 B
Imprimé en France